Elogios para *Uno tan diferente como yo*, Edición especial para la película

Admiro profundamente lo que Debbie, Ron y Denver han sido capaces de lograr a favor de los necesitados. Su firme decisión de marcar una diferencia ha inspirado a personas del mundo entero a reconocer en ellas mismas la capacidad para llevar a la práctica unos cambios de un valor incalculable por medio de unos actos de bondad aparentemente pequeños. Me honra el haber compartido el relato de la historia de Debbie, y formar parte de este hermoso esfuerzo por perpetuar el legado de su trabajo.

—Renée Zellweger

Raras veces un actor tiene la oportunidad de ser bendecido con un papel tan conmovedor. Encarnar el espíritu de Denver ha sido a la vez un reto emocional y un privilegio extremo, al aprender la historia de un hombre que salió de tan poco y dio tanto. Ciertamente, los generosos son los que le abren las puertas al mundo. Tengo la esperanza de que todos podamos hallar las mejores partes de la vida de Denver y continuar esa obra para beneficiar a la humanidad.

—Djimon Hounsou

La indigencia es epidémica, y todo aquel que pelee la batalla para ayudar a corregir este problema merece nuestro respeto y agradecimiento. Denver Moore y Ron Hall hicieron más que la mayoría en cuanto a tratar de arrojar luz sobre esta vida de aprietos y, al hacerlo, revelaron que tal vez la herramienta más poderosa para batallar con la indigencia sea sencillamente acercarnos a aquellos que nos rodean cuyas circunstancias los han dejado con menos que nosotros. Fue un gozo de creatividad trabajar con un elenco y un equipo de trabajo excelentes [illegible] desafiante viaje personal [illegible]

Uno tan diferente como yo

Uno tan diferente como yo

Un esclavo en los tiempos modernos, un negociante internacional de arte y la inesperada mujer que los unió

RON HALL y
DENVER MOORE
con LYNN VINCENT

GRUPO NELSON
Desde 1798
Para otros materiales, visítenos a:
gruponelson.com

Publicado en Nashville, Tennessee, Estados Unidos de América. Grupo Nelson, Inc. es una subsidiaria que pertenece completamente a Thomas Nelson, Inc.
Grupo Nelson es una marca registrada de Thomas Nelson, Inc. www.gruponelson.com

Título en inglés: *Same Kind of Different as Me*

Publicado por W Publishing, un sello de Thomas Nelson
El autor está respresentado por la agencia literaria de Alive Communications, Inc., 7680 Goddard Street, Suite 200, Colorado Springs, Colorado 80920. www.alivecommunications.com.

Aunque esta no es una obra de ficción, algunos nombres se han cambiado.

Editora en Jefe: *Graciela Lelli*
Traducción: *Andrés Carrodeguas*
Adaptación del diseño al español: *Grupo Nivel Uno, Inc.*

ISBN: 978-0-71808-058-7

Impreso en Estados Unidos de América

16 17 18 19 20 DCI 9 8 7 6 5 4 3 2 1

1

Bueno... Un pobre Lázaro tan pobre como yo,
cuando murió tuvo un hogar en las alturas...
El hombre rico murió y vivió muy bien
cuando murió, tuvo un hogar en el infierno...
Mejor que consigas un hogar en esa Roca, ¿no lo ves?
—CANTO NEGRO ESPIRITUAL

Denver

Hasta que hablé con miss Debbie, nunca había conversado con una mujer blanca. Tal vez había respondido unas pocas preguntas, quizás... pero, en realidad, eso no era *hablar*. Y para mí, hasta eso era muy arriesgado porque la última vez que fui tan tonto como para abrir la boca delante de una mujer blanca, terminé medio muerto y casi ciego.

Debo haber tenido quince o dieciséis años, andaba por el camino de tierra roja que pasaba por el frente de la plantación de algodón donde yo vivía, en la parroquia de Red River, en Luisiana. La plantación era grande y llana, como un montón de fincas puestas juntas con un canal pantanoso que serpenteaba por todas ellas. Los cipreses se agachaban como arañas en el agua, que era del color de las manzanas verde pálido. Había un montón de campos distintos en toda aquella extensión, tal vez cien, de ochenta hectáreas cada uno, separados por árboles de madera dura, la mayoría de ellos nogales.

Pero no había muchos árboles al lado del camino, así que cuando iba aquel día de vuelta desde la casa de mi tía —que era la hermana de mi abuela por parte de padre—, andaba a la intemperie. Pronto, vi a esa dama blanca junto a su auto, un Ford azul, sería modelo 1950, 51 o algo así. Allí estaba parada con su sombrero y su falda, como si hubiese ido al pueblo. Me pareció que estaba tratando de descubrir cómo se arregla una rueda pinchada. Así que me detuve.

«¿Necesita ayuda, señora?».

«Sí, gracias», me dijo, y se veía bastante agradecida, a decir verdad. «De veras que la necesito».

Le pregunté si tenía un gato y ella me dijo que sí, eso fue todo lo que hablamos.

Bueno, más o menos cuando ya había arreglado la rueda, llegaron tres muchachos blancos saliendo del bosque en unos caballos alazanes. Habían estado cazando, me parece, pasaron al trote y ni me vieron porque estaban en el camino mientras yo estaba agachado arreglando la rueda al otro lado del auto. El polvo rojo que levantaron los cascos de los caballos flotó encima de mí. Primero me quedé quieto, pensando que era mejor esperar que ellos siguieran su camino. Después decidí que no quería que se creyeran que me estaba escondiendo, así que empecé a pararme. Entonces, uno de ellos le preguntó a la señora blanca si necesitaba que la ayudaran.

«¡Me parece que no!», dijo un dientudo pelirrojo cuando me vio. «¡La está ayudando *un negro*!».

Otro de ellos, pelinegro y con tipo como de comadreja, puso una mano en el cabezal de su montura, y con la otra se echó para atrás el sombrero: «Muchacho, ¿qué estás haciendo, molestando a esta amable dama?».

No era más que otro chico, tal vez de dieciocho o diecinueve años. Yo no dije nada, sino que me le quedé mirando.

«¿Qué estás viendo, muchacho?», me dijo, y después escupió en el polvo.

Los otros dos se rieron. La dama blanca no dijo nada, solo miró sus zapatos. Todo quedó en silencio; solo se oía a los caballos arrastrar los cascos por el suelo. Como cuando llega la calma antes del ciclón. Entonces el muchacho que tenía más cerca me enlazó con una soga por el cuello, como si estuviera enlazando un ternero. Apretó la soga, dejándome sin aliento. El nudo se me clavó en el cuello como si fuera un montón de espinas y el temor me subió por las piernas hasta la barriga.

Fui mirando a los tres muchachos, recuerdo que pensé que ninguno de ellos tenía mucha más edad que yo. Pero su mirada era superficial y malintencionada.

«Te vamos a enseñar una lección para que dejes de estorbar a las damas blancas», me dijo el que aguantaba la soga. Eso fue lo último que aquellos muchachos me dijeron.

No me gusta hablar mucho de lo que pasó después, porque no ando buscando que nadie me tenga lástima. Solo que así eran las cosas en Luisiana en aquellos días. En Misisipí también, tengo entendido, porque un par de años después, la gente me empezó a contar la historia de un joven de color llamado Emmett Till, al que golpearon hasta que ya no pudo decir ni quién era. Le había silbado a una mujer blanca y, como los demás muchachos buenos —tal parecía que andaban todo el tiempo por los bosques—, aquello no les gustó ni un poquito. Le entraron a golpes a aquel muchacho, hasta que se le salió uno de los ojos, después le amarraron al cuello una máquina para desmotar algodón y lo tiraron por un puente al río Tallahatchie. La gente dice que todavía hoy, si alguien cruza a pie ese puente, puede oír que salen del agua los gritos de aquel joven que se ahogó.

Hubo muchos Emmett Tills, solo que la mayoría de ellos no salían en las noticias. La gente dice que el canal de la parroquia de Red River está lleno hasta su borde verdoso, con los huesos de gente de color que los hombres blancos lanzaron en él para alimento de los caimanes por codiciar a sus mujeres, o hasta por haberles parecido que eran bizcos. No es que esas cosas pasaran todos los días. Pero la posibilidad de que ocurriera, la amenaza continua, se cernía sobre los campos de algodón como un fantasma.

Yo trabajé en esos campos por casi treinta años, como esclavo, a pesar de que se suponía que la esclavitud se había terminado cuando mi abuela era niña. Tenía una choza que no era mía, dos pares de overoles que había conseguido fiados, un chancho y una letrina. Trabajaba aquellos campos, sembrando, recogiendo y entregando todo el algodón al dueño de las tierras, todo sin que me dieran un solo cheque. Ni siquiera sabía lo que era eso.

Tal vez te sea difícil imaginártelo, pero así estuve trabajando mientras iban pasando las estaciones una tras otra, desde que era un muchachito, hasta después del tiempo en que mataron en Dallas a aquel presidente que se llamaba Kennedy.

Todos esos años, había un tren de carga que solía atravesar la parroquia de Red River por unos raíles que estaban allí mismo, junto a la carretera número uno. Todos los días lo oía tocar el silbato y traquetear, y me imaginaba que me estaba llamando para decirme todos los lugares donde me podía llevar... como la ciudad de Nueva York, o Detroit, donde había oído decir que se les podía pagar a los hombres de color, o California, donde decían que casi todos los que vivían allí estaban amontonando pilas de billetes como si fueran panqueques. Un día, me cansé de ser pobre. Así que caminé hasta la carretera número uno, esperé a que aquel tren fuera un poco más lento y salté a él. No volví a salir hasta que las puertas se volvieron a abrir, eso fue en Fort Worth, Texas. Pero cuando un negro no puede leer, no puede escribir, no puede hacer cuentas, y no sabe trabajar en nada más que en el algodón, llega a la gran ciudad, no tiene demasiadas de esas cosas que los blancos llaman «oportunidades de trabajo». Así fue como acabé durmiendo en la calle.

No te lo voy a poner bonito: las calles vuelven canalla a cualquiera. Y yo había sido un canalla: sin un lugar donde vivir, metido en problemas con la ley, en la prisión de Angola, y ahora otra vez sin lugar donde vivir cantidad de años, cuando por fin conocí a miss Debbie. Te quiero decir esto sobre ella: era la mujer más flaca, entrometida y mandona que he conocido en toda mi vida, tanto entre las negras como entre las blancas.

Era tan dominante que no pude impedir que averiguara que yo me llamaba Denver. Estuvo investigando, hasta que lo averiguó. Durante mucho tiempo, traté de mantenerme fuera de su alcance por completo. Pero con el tiempo, miss Debbie logró que conversara de las cosas que no me gusta hablar, y le dijera unas que nunca le he dicho a nadie... hasta lo de los tres muchachos con la soga. Algunas de esas cosas son las que te quiero contar.

2

Ron

La vida produce algunos momentos nada gloriosos que viven para siempre en la mente de uno. Uno de esos, que tuvo lugar en 1952, permanece grabado a fuego en mi mente como la marca de un buey longhorn. En aquellos días, todos los alumnos tuvieron que llevar a la escuela muestras de orina para que los empleados de salud del gobierno las analizaran en busca de las enfermedades más temibles. Yo estaba en segundo grado en la Escuela Primaria Riverside, en Fort Worth, Texas. Llevé con todo cuidado mi orina a la escuela en un vasito de cartón, como los demás niños y niñas buenos. Pero en vez de llevársela a la enfermera de la escuela me equivoqué, y se la llevé directamente a miss Poe, la maestra más malvada y fea que jamás tuve.

Mi error le causó un ataque de bufidos y resoplidos tan bien desarrollado, que cualquiera habría pensado que le había echado mi muestra directamente en la taza de café que tenía en su escritorio. Para castigarme, nos arrastró a la fuerza a mí y a toda la clase de segundo grado al patio como si fuera un sargento instructor, dando una palmada para que le prestáramos atención.

«Alumnos, tengo un anuncio que hacer», dijo con su rasposa voz, afectada por el humo de los cigarrillos, que chirriaba como si fueran los frenos en mal estado de un camión enorme. «Ronnie Hall se va a quedar hoy sin recreo. Puesto que fue lo suficientemente estúpido como para traer su vaso de cartón con orina al aula, en vez de entregarlo en la oficina de la enfermera, se va a pasar la próxima media hora oliéndolo en un círculo».

Entonces, miss Poe sacó una tiza nueva y trazó con ella —en la pared de ladrillo rojo de la escuela— un círculo que quedó a unos diez centímetros por encima del punto donde mi nariz habría alcanzado sin empinar los pies. Humillado, avancé al frente en punta de pies y pegué mi nariz a la pared. Después de cinco minutos, la vista se me cruzó y tuve que cerrar los ojos, recordando que mi mamá me había advertido que nunca la cruzara, porque los ojos se me podían quedar bizcos para siempre. Un cuarto de hora más tarde, me entraron unos feroces calambres en los dedos de los pies y las pantorrillas, tanto que al cabo de veinte minutos borré con las lágrimas la mitad inferior del círculo que miss Poe trazó en la pared.

Con la tensa aversión típica de un niño al que han avergonzado, odié a miss Poe por lo que me hizo. De modo que cuando crecí, siempre tuve ganas de poderle enviar un mensaje para decirle que yo no era ningún estúpido. Sin embargo, llevaba años sin pensar en ella cuando un hermoso día del mes de junio de 1978 recorrí North Main Street, en Fort Worth, conduciendo mi Mercedes convertible, y me saludó el guardia de seguridad, abriéndome la verja que daba a la pista privada del aeropuerto de Meacham, para que pasara como si hubiera sido una estrella de rock.

Habría sido perfecto que hubiera podido tener a miss Poe, a un par de antiguas amigas de mi niñez —Lana y Rita Gail, por ejemplo— y, ¡qué caray!, a mi clase de graduación del Haltom High de 1963 completa, alineados como para ver un desfile, de forma que todos pudieran observar cómo había superado mi infancia, pasada en la clase media baja. Ahora que lo recuerdo, me sorprende haber llegado al aeropuerto aquel día, porque me pasé todo aquel recorrido de dieciséis kilómetros desde mi casa hasta allí, admirándome a mí mismo en el espejo retrovisor.

Llevé el auto hasta el lugar donde estaba de pie un piloto esperándome delante de un jet Falcon privado. Vestido con pantalones negros, camisa blanca almidonada y botas de vaquero resplandecientes, levantó la mano para saludarme, entrecerrando los ojos ante el ya hirviente calor tejano que se desprendía de la pista asfaltada.

«Buenos días, señor Hall», me dijo por encima del zumbido de las turbinas. «¿Necesita ayuda con esas pinturas?».

Con todo cuidado, uno por uno, fuimos pasando los tres cuadros de Georgia O'Keeffe del Mercedes al Falcon. Entre todas, las pinturas tenían un valor algo inferior al millón de dólares. Dos años antes, le había vendido la misma colección, dos de las icónicas pinturas de flores y una de una calavera, a una dama del sur de Texas que era muy rica, y me había pagado medio millón de dólares. Cuando desprendió un cheque personal por toda aquella cantidad de su chequera de piel de Hermès, le pregunté por broma si estaba segura de que su cheque tendría fondos.

«Eso espero, amor», me dijo sonriente con su dulce acento tejano. «El banco es mío».

Ahora, aquella clienta se estaba despojando, tanto de un esposo cazafortunas, como de los cuadros de O'Keeffe. La nueva compradora, una elegante dama en sus cincuenta y tantos años que era dueña de uno de los apartamentos más elegantes de la Avenida Madison, y que probablemente llevara perlas puestas mientras se bañaba, también se estaba divorciando. Iba a ser esa tarde la anfitriona de un almuerzo para mí y para un par de amigos suyos de la alta sociedad que eran amantes del arte, para celebrar sus nuevas adquisiciones. Partidaria sin duda de la filosofía de que vivir bien es la mejor venganza, había usado parte de la fortuna que sacó de su divorcio para comprar los cuadros de O'Keeffe, pagando cerca del doble de su precio anterior. Era demasiado rica para estar regateando por un precio de un millón de dólares. Eso me venía de maravilla a mí, porque en aquella negociación, había conseguido una comisión de cien mil dólares exactos.

Mi clienta hasta había enviado de Nueva York el Falcon para que me recogiera. Dentro del avión, me acomodé en un asiento de piel de color crema y me puse a ver los titulares del día. El piloto recorrió la pista como una flecha, tomó rumbo sur, y después fue girando lentamente hacia el norte. En la subida, contemplé Fort Worth, una ciudad a punto de ser transformada por los multimillonarios de allí. Se trataba de mucho más que unos simples arreglos: en el suelo se veían unos inmensos agujeros que anunciaban la inminente construcción de grandes torres resplandecientes de vidrio y acero. Pronto se levantarían galerías, cafeterías, museos y hoteles de lujo para unirse a los bancos y las oficinas legales, convirtiendo el centro de Fort Worth, antes un soñoliento pueblo de vaqueros, en un epicentro urbano lleno de vida.

Tan ambicioso era el proyecto, que estaba desplazando de manera sistemática a la población que carecía de un techo. Era una meta que se había expresado con claridad; una forma de convertir nuestra ciudad en un lugar donde vivir mejor. Mientras la contemplaba desde casi un kilómetro de altura, me sentía secretamente satisfecho de que estuvieran empujando a los indigentes hacia el otro lado de la línea férrea, porque me desagradaba que me estuvieran pidiendo dinero día tras día cuando iba a hacer ejercicios en el Fort Worth Club.

Mi esposa Debbie ignoraba que yo tuviera unos sentimientos tan fuertes al respecto. Yo desempeñaba mi papel de nuevo rico con mucha discreción. Al fin y al cabo, solo habían pasado nueve años desde que estaba ganando $450 al mes vendiendo sopas Campbell's para ganarme la vida, y solo siete desde que había comprado y vendido mi primer cuadro, usando en secreto (¿o robando?) las cincuenta acciones que tenía Debbie en la Ford Motor Company, regalo de sus padres cuando se graduó en la Universidad Cristiana de Texas.

En lo que a mí respectaba, aquello era historia antigua. Me había disparado como un cohete desde la venta de sopas hasta los bancos de inversionistas y de ahí a la cima del mundo del arte. La realidad era que Dios me había bendecido con dos ojos muy buenos, uno para el arte y el otro para un buen negocio. Pero en aquellos momentos, nadie me lo habría podido decir. Según mi manera de pensar, me había levantado a mí mismo desde la condición de joven campesino de clase media baja hasta la enrarecida atmósfera que oxigena el estilo de vida de los que forman el grupo de los Forbes 400.

Debbie me había amenazado con divorciarse por haber usado sus acciones de la Ford. «¡La única cosa que yo poseía por completo!», me dijo airada. Pero logré convencerla de que me concediera un cauteloso perdón, usando con descaro un par de sobornos: un reloj Piaget de oro y una chaqueta de mink adquirida en Koslow's.

Al principio, hacía alguna que otra venta de arte al mismo tiempo que conservaba mi trabajo diario en las inversiones. Pero en 1975 cobré $10.000

por una pintura de Charles Russell que le vendí a un hombre de Beverly Hills que usaba botas de vaquero blancas de piel de pitón con la punta de oro y, en el cinturón, una hebilla con diamantes incrustados que tenía el tamaño de un enorme plato. Después de aquello, dejé mis actividades bancarias y me aventuré a caminar por la cuerda floja del mundo del arte sin red protectora.

Las cosas salieron bien. En 1977 vendí mi primer Renoir y después me pasé un mes por Europa, dando a conocer mi nombre entre la élite del arte en el Antiguo Mundo y la noticia de que tenía una vista privilegiada para las obras valiosas. Muy pronto, los ceros de las cifras comenzaron a amontonarse en las cuentas de banco de Ron y Debbie Hall. No disfrutábamos del mismo nivel de ingresos que mis clientes, cuyo valor neto promedio se hallaba entre los $50 y los $200 millones. Pero ellos nos invitaron a entrar a su estratósfera: dar viajes en yate por el mar Caribe, cazar aves en Yucatán, codearnos con los poderosos en islas que eran centros vacacionales y en mansiones de herederos millonarios.

Yo aceptaba todo aquello con entusiasmo, adoptando como uniformes normales todo un armario lleno de trajes de Armani. Debbie no se sentía tan enamorada de las baratijas que traía consigo la riqueza. En 1981 la llamé desde el salón de exhibiciones de un vendedor de autos Rolls–Royce en Scottsdale, Arizona, que se había entusiasmado por una importante pintura occidental que yo poseía.

—¡No me vas a creer por qué cosa la acabo de cambiar! —le dije en el mismo instante en que ella levantó el teléfono en nuestra casa de Fort Worth. Yo estaba sentado en aquella «cosa»: un Corniche convertible de $160.000 del mismo color rojo que los carros de bomberos con un interior en cuero blanco repujado con los bordes en rojo para hacer juego. Le di toda la descripción por mi teléfono satelital.

Debbie me escuchó atentamente, y después me lanzó su veredicto:

—¡Ni te atrevas a traer a casa esa cosa! Ni siquiera la saques del salón de exhibición. Yo me sentiría avergonzada de que me vieran en un auto así, y hasta de tenerlo estacionado en el frente de nuestra casa.

¿Era verdad que acababa de llamar *esa cosa* a un Rolls-Royce de primera?

—Me parece que sería divertido —me atreví a responder.

—¡Ron, cariño!

—¿Sí? —le dije, esperanzado de pronto al oírla hablar con tanta dulzura.

—¿Ese Rolls-Royce tiene espejo retrovisor?

—Sí.

—Mírate en él —me dijo—. ¿Acaso ves una estrella de rock?

—Bueno, no...

—Solo recuerda que vendes cuadros para ganarte la vida. Y ahora, sal del Rolls-Royce, pon tu trasero de Haltom City en un avión y ven a casa.

Y así lo hice.

El mismo año que Debbie despreció el Rolls-Royce, abrí una nueva galería en la calle principal, dentro del floreciente distrito cultural de Fort Worth, una zona llamada Sundance Square, y contraté a una señora llamada Patty para que la administrara. Aunque exhibíamos pinturas de maestros impresionistas y modernos, como Monet, Picasso y otros de su misma categoría, que valían varios centenares de miles de dólares, éramos cuidadosos en cuanto a dar a conocer los precios o mantener demasiado inventario en el establecimiento, puesto que aún no habían podido convencer a un buen número de indeseables que se mudaran a sus nuevos lugares debajo de las carreteras que había en el sureste. Todos los días, varios de ellos entraban, llenos de grasa y malolientes, a disfrutar del aire acondicionado o a calentarse, o a inspeccionar el lugar. La mayoría de ellos eran negros, y yo estaba seguro de que también eran alcohólicos y adictos a drogas, aunque nunca había dedicado tiempo a escuchar sus historias; en realidad, no me importaban.

Un día, un hombre negro aturdido por las drogas, asqueroso con unos gastados pantalones del ejército puestos, entró en la galería arrastrando los pies.

—¿Cuánto quiere por ese cuadro? —dijo arrastrando las palabras, mientras señalaba hacia un cuadro de Mary Cassatt que valía $250.000.

Yo, temeroso de que me robara, traté de seguirle la corriente al mismo tiempo que evadía la verdad.

—¿Cuánto tiene en el bolsillo?

—Cincuenta dolass —me contestó.

—Entonces, démelos, y el cuadro se suyo.

—¡No señoh! ¡No pienso darle cincuenta dolass por ese cuadro!

—Bueno, pues esto no es un museo, y no le cobré por entrar, así que si usted no quiere comprar, ¿cómo voy a pagar yo la renta? —Entonces lo invité a marcharse.

Pocos días más tarde, volvió con un socio de un aspecto tan poco agradable como él, rompieron un vidrio y agarraron algo, saliendo disparados hacia la acera con un saco lleno de dinero y de joyería de artesanía. Patty apretó el botón indicador de pánico que habíamos instalado, y yo bajé corriendo desde la suite, comenzando una caza al estilo de las películas clásicas, con los ladrones metiéndose por los callejones y saltando sobre latones de basura, mientras yo los perseguía a toda velocidad gritando: «¡Detengan a esos hombres! ¡Me acaban de robar!».

Al principio, corrí con todas mis fuerzas, pero poco después desaceleré, después que se me ocurrió pensar qué les haría a aquellos vagabundos. (Grité más alto para compensar la lentitud en la carrera). Cuando por fin la policía los atrapó a unas cuantas cuadras de distancia, aquellos bandidos no tenían nada en las manos. Habían dejado una pista de diez cuadras de joyas finas y billetes de veinte dólares.

Ese incidente fijó firmemente la imagen que yo tenía de la gente que vive en la calle como una especie de desharrapado ejército de hormigas dedicadas a arruinarles su merienda campestre a las personas decentes. En aquellos momentos no tenía ni idea de que Dios, en su elaborado sentido del humor, estuviera sentando las bases para que uno de ellos me cambiara la vida.

3

Nadie me dijo jamás de dónde saqué el nombre de Denver. La mayor parte del tiempo, nadie me llamaba otra cosa que no fuera Li'l Buddy. Según dicen, cuando solo era un mocoso, PawPaw, mi abuelito, solía cargarme en el bolsillo delantero de sus overoles. Así que por eso, me llamaban Li'l Buddy, «amiguito», me imagino.

La verdad, nunca supe mucho sobre mi mamá. Solo que era muy joven; demasiado para cuidarme bien. Así que hizo lo que tenía que hacer y me entregó a PawPaw y a Big Mama. Así eran las cosas en las plantaciones y las fincas de la parroquia de Red River. Había familias de color de todas las formas y tamaños. Tal vez encontrabas una mujer crecida viviendo en una choza para guardar armas, recogiendo algodón y criando a sus propios hermanitos y hermanitas, y eso era una familia. O te encontrabas a un tío y una tía criando a los hijos de la hermana de ella, y también eso era una familia. Había un montón de niños que solo tenían mamá, pero no tenían papá.

En parte, eso venía de ser pobres. Yo sé que no es muy popular decir eso en estos días y tiempos, pero era la verdad. Muchas veces, los hombres estaban recogiendo algodón en sus plantaciones y miraban alrededor de ellos y se preguntaban por qué estaban trabajando tan duro la tierra, y cada año era el hombre —que era dueño de las tierras— el que se llevaba todas las ganancias.

Como ya esa manera de trabajar se acabó, te voy a contar cómo funcionaba: el hombre era el dueño de las tierras. Entonces, te daba las semillas de algodón, el fertilizante, la mula, un poco de ropa y, todo lo demás, te lo tenías que ir consiguiendo en el año. Pero, en realidad, no era que te lo *diera*: te lo dejaba comprar fiado en la tienda. Pero era su tienda, en la plantación que era de él.

Cuando aquel pavo huyó del corral, yo estaba seguro de que me iban a dar mi primera tunda. Pero Big Mama lo que hizo fue reírse hasta que parecía que iba a reventar. Supongo que eso fue porque sabía que yo había hecho todo lo que podía. Esa era la confianza que tenía en mí. En realidad, confiaba en mí más que en mi papá y en mis tíos, que eran sus propios hijos. Como ese cinturón monedero que tenía siempre en la cintura: yo, y solo yo, era el único al que ella le dejaba meterle la mano por debajo de la ropa para sacar el dinero.

«Li'l Buddy, métete aquí abajo de la ropa y sácame dos reales y una peseta», me decía. Yo sacaba ese dinero y se lo daba a quien ella quisiese.

Big Mama siempre tenía algo para mí. Un caramelo de menta o unas chapitas de botella para que me pudiera fabricar un camión. Si yo quería un camión, conseguía un pedazo de madera y le clavaba cuatro chapitas de botella, dos adelante y dos atrás, y así tenía un camión que podía rodar por la tierra. Pero esos tiempos eran pocos y muy distanciados. Nunca fui un muchacho de los que siempre estaban jugando. Nunca pedí juguetes en Navidad. Aquello no estaba en mi personalidad.

Supongo que por eso actué como lo hice cuando pasó la primera tragedia de mi vida.

— — —

Una noche, cuando tenía unos cinco o seis años, a Big Mama le estaban doliendo las piernas. Me pidió dos Diablos Rojos y se fue a acostar. Poco después, Thurman y yo nos acostamos también, aunque nuestro primo Chook dijo que se iba a quedar sentado un rato junto al fuego. Él se había estado quedando con nosotros.

Thurman y yo teníamos un cuarto al fondo de la casa. Yo no tenía una cama de verdad; solo un colchón encima de tablas y bloques de cemento. Pero a mí como que me gustaba, porque tenía una ventana encima de la cabeza. En el verano, podía dejar abiertas las persianas, oler la tierra todavía caliente y levantar la vista a las estrellas que me hacían guiños.

Parecía como que había más estrellas en aquellos días, que ahora. No había luces eléctricas que no dejaran ver el cielo. Menos la luna, que abría un agujero en la oscuridad, las noches eran tan negras como la melaza y las estrellas brillaban como si fueran vidrios a la luz del sol.

Ahora bien, conseguí un gatito que había encontrado cuando solo era un montoncito de pelo. Ni siquiera me acuerdo del nombre que le puse, pero dormía todas las noches sobre mi pecho. Me hacía cosquillas con la pelambre en la barbilla, su ronroneo me hacía el mismo efecto que un tónico; tenía un ritmo que me iba calmando hasta que me dormía. Sin embargo, aquella noche me parece que yo ya había estado durmiendo bastante rato, cuando aquel gato saltó de mi pecho y me arañó. Me desperté con un grito, el gato saltó a la ventana y empezó a maullar muy fuerte, sin parar. Así que me levanté para ver qué le pasaba al gato, y a la luz de la luna, pude ver humo en la casa.

Lo primero que pensé fue que estaba alucinando, por lo que me froté los ojos. Pero cuando los abrí otra vez, el humo seguía allí, dando vueltas. La primera cosa que hice fue espantar al gato para que se fuera por la ventana. Entonces corrí al cuarto de Big Mama, pero no vi fuego. Sin embargo, sabía que la casa se estaba quemando, porque el humo comenzó a hacerse más espeso. Aunque no podía ver las llamas, sentía como un fuego que me quemaba la garganta y los ojos. Comencé a toser muy fuerte y corrí hasta la puerta del frente, pero PawPaw ya se había ido a trabajar y la había dejado cerrada con llave. Yo sabía que la puerta de atrás tenía un pestillo que apenas podía alcanzar. Corrí de vuelta a mi cuarto y traté de despertar a mi hermano. «¡Thurman! ¡Thurman! ¡Se quema la casa! ¡Thurman, despierta!».

Lo seguí sacudiendo varias veces, pero estaba muy dormido. Por fin, le quité las mantas, cerré un puño y le di un golpe en la cabeza, tan duro como pude. Entonces saltó, tan furioso como un gato mojado, y me tiró al suelo. Rodamos por el piso arañándonos, mientras yo seguía tratando de decirle que se quemaba la casa. Después de un minuto entendió, así que saltamos por la ventana a la hierba de sorgo que había fuera. Aunque él era mayor que yo, se derrumbó en el suelo y se echó a llorar.

Yo traté de pensar enseguida qué podía hacer. Big Mama estaba todavía en la casa y también Chook. Decidí volver y tratar de sacarlos. Salté, me agarré del borde de la ventana y me fui moviendo por el costado de la casa, subiendo por las tablas con los dedos de los pies descalzos. Cuando logré entrar, corrí hasta el cuarto del frente, manteniéndome por debajo del humo y allí estaba Chook, sentado junto a la chimenea con un atizador en la mano, con los ojos fijos en algo y vidriosos.

«¡Chook! ¡Se quema la casa! ¡Ayúdame a sacar a Big Mama; tenemos que salir!». Pero Chook seguía atizando el fuego en la chimenea, como si estuviera en un trance.

Miré hacia arriba y vi chispas que bajaban y salían de la chimenea, mezclándose con el humo y dando vueltas como si fueran molinetes. Entonces fue cuando supe que la chimenea se estaba quemando y, probablemente, hasta el techo. Ya entonces estaba tosiendo y tosiendo, pero tenía que salvar a mi abuela. Me fui moviendo lo más bajo que pude y encontré el camino hacia su cuarto. Pude ver su cara, muy dormida, como Thurman, y la sacudí repetidas veces, pero no se despertaba.

«¡Big Mama! ¡Big Mama!», le gritaba en el oído, pero ella actuaba más como si estuviera muerta que dormida. Ya podía oír el fuego de la chimenea, rugiendo bajo como los trenes. Jalé y jamé a Big Mama, tratando de sacarla arrastrada de la cama, pero pesaba demasiado.

«¡Big Mama! ¡Por favor! ¡Big Mama! ¡Despierta! ¡Se quema la casa!». Pensé que a lo mejor el humo la había matado y se me partió el corazón en dos, allí mismo donde estaba parado. Sentía que las lágrimas me corrían por el rostro, en parte por el dolor y en parte por el humo. Aquello se estaba poniendo demasiado caliente, yo sabía que me tenía que salir de allí o moriría también.

Corrí otra vez al cuarto del frente, gritando, chillando y tosiendo, diciéndole a Chook: «¡Chook, tienes que salir! ¡El humo acabó con Big Mama! ¡Sal de aquí!».

Chook se volvió y me miró con unos ojos que tal parecían que ya estaba muerto. «¡No; yo me voy a quedar aquí, con Big Mama!». No puedo explicar por qué, pero no estaba tosiendo ni nada. Y siguió atizando la chimenea.

Entonces fue cuando oí un crujido que me hizo parar y mirar hacia arriba: el techo estaba a punto de derrumbarse. El humo se puso tan espeso, que ya no pude ver a Chook. Me fui gateando y tanteando el camino hasta que sentí las patas de la estufa. Entonces supe que estaba cerca de la puerta de atrás. Gateé un poco más lejos y pude ver un poco de la luz del día que se deslizaba por abajo de la puerta. Me paré y me estiré todo lo que pude, hasta que pude alcanzar a duras penas el pestillo de madera con la punta de los dedos. Entonces la puerta se abrió de pronto y yo salí rodando, con aquel humo negro hirviendo detrás de mí, como si fuera una manada de demonios.

Corrí alrededor de la casa y hallé a Thurman al costado que daba al cuarto de Big Mama. Estaba gimiendo. Yo también estaba llorando. Veíamos lenguas de fuego saliendo por debajo de los aleros, hasta que alcanzaron algunas tablas y comenzaron a quemar los lados de la casa. El calor nos hizo volver atrás, pero yo no podía dejar de gritar: «¡Big Mama! ¡Big Mama!».

El fuego se movía como si fuera un ciclón al amanecer, rugiendo y explotando, soltando el negro olor de unas cosas que no se suponía que se quemaran. Lo más horrible de todo fue cuando se cayó el techo, porque entonces fue cuando Big Mama logró despertar al fin. Entre las llamas y el humo, la pude ver rodando y clamando al Señor.

«¡Jesús, ayúdame! ¡Sálvame!», gritaba, dando golpes y tosiendo con el humo. Entonces se oyó un gran chasquido y Big Mama gritó. Vi que un gran madero caía y la dejaba sujeta a la cama. Ya no se podía mover, pero seguía gritando: «¡Señor Jesús, sálvame!».

A Chook solo lo oí gritar una vez más y después se calló. Me quedé allí parado y gritando, mientras veía cómo se quemaba mi abuela.

4

Como ya mencioné, no nací rico. Fui criado en un sector de clase media baja de Fort Worth llamado Haltom City, un pueblo tan feo, que era el único de Texas que no vendía tarjetas postales con fotografías suyas en la farmacia. En eso no había misterio alguno: ¿quién habría querido recordar una visita a un lugar donde la gente vivía en remolques, o se veían autos desmontados para usar sus piezas, regados por uno de cada dos patios y guardados por perros atados a largas cadenas? Nosotros solíamos bromear diciendo que la única industria pesada que había en Halton City era la señora que vendía productos Avon, que pesaba ciento cuarenta kilos.

Mi papá, Earl, fue criado por una madre soltera y dos tías solteronas que usaban rapé Garrett hasta que les corría por las mejillas y se les secaba en las arrugas. Yo detestaba besarlas. Papá comenzó siendo un hombre cómico, amigo de divertirse, que se retiró de la Coca-Cola después de más de cuarenta años de trabajo. Pero en algún momento de mi niñez, se metió en una botella de whisky y no volvió a salir hasta que yo ya estaba crecido.

Mi mamá, Tommye, era una jovencita campesina de Barry, Texas, que cosía cuanta ropa usábamos, horneaba galletas dulces y me iba a apoyar a los juegos de la pequeña liga. Cuando era niña, su hermana, su hermano y ella iban los tres en un caballo hasta la escuela... El mismo caballo y todos al mismo tiempo. Su hermano se llamaba Buddy, y su hermana se llamaba Elvice, que se pronuncia como «Elvis», hecho que más tarde se convirtió en un pequeño problema.

Tommye, Buddy, Elvice y más tarde Vida May, la más joven, recogían algodón en la finca de los *blackland* [faja geográfica de Texas] propiedad de su padre y abuelo mío, el señor Jack Brooks.

Ahora bien, la mayor parte de la gente no tiene interés alguno en las fincas de los *blackland* de Texas, porque no tienen nada de románticas. La topografía es llana mayormente, así que escasean las colinas bañadas por las puestas de sol desde las cuales se pueda contemplar la casa de la plantación de uno y declarar que algún amor irlandés por la tierra pronto se apoderaría de nuestra alma. De hecho, la tierra en sí es muy pobre, maldita por un suelo que muy bien habría podido ser la inspiración original para la idea del cemento. El rocío mañanero más leve hace que un hombre que traiga puestas las botas de trabajar, levante un poco de lodo cada vez que dé un paso. Un centímetro de lluvia hace que hasta el granjero más decidido ponga su tractor en la velocidad más baja y se dirija hacia el asfalto, si no quiere pasarse el siguiente día maldiciendo mientras saca su John Deere de su atasco.

Eso no quiere decir que el lugar de mi abuelito, en las afueras de Corsicana, a unos ciento veinte kilómetros al sureste de Fort Worth, no fuera un sitio agradable, campestre. Mi hermano John y yo pasábamos allí nuestros veranos porque nos gustaba. Era una opción que nos parecía muy superior a pasarnos tres meses yendo a la caza de nuestro papá en el Bar Tailless Monkey. Nueve meses de aquello al año ya eran suficientes para nosotros.

Así que todos los meses de junio, cuando mamá nos llevaba a su hogar, nosotros saltábamos de su Pontiac y corríamos hacia la casa de campo con tejas verdes de asfalto de abuelito y MawMaw con el mismo gozo que los soldados con permiso. La casa, hecha en la década de 1920, tenía la forma de una caja. No recuerdo cuándo le pusieron cañerías internas para el agua, pero mientras yo era niño, había una cisterna de poca altura para acumular el agua de lluvia que cayera del techo. MawMaw tenía una batea de porcelana blanca en el portal trasero. Cuando entrábamos para cenar, sacábamos agua de la cisterna y nos lavábamos las manos con una barra de jabón Lava, que es casi igual que lavarse con papel de lija. Pero Lava es la única clase de jabón que le quita la tierra de las manos a un hombre que ha estado trabajando en el campo en una finca de los *blackland*.

Abuelito trabajaba como un mulo, era un verdadero provinciano. Eso se debe a que usaba pantalones caqui y una camisa de trabajo caqui de mangas largas, además de unas botas de trabajo, seis días a la semana.

Tenía todo el cuerpo blanco como la nieve, menos las manos de piel gruesa y bronceada y, por supuesto, el cuello, que estaba cubierto de este a oeste con gruesas arrugas del color rojo de los indios, como unos surcos arados en unas tierras más clementes. Era un hombre honrado y decente, que siempre ayudaba a todo el que necesitara ayuda. También era el hombre más trabajador que he conocido en mi vida.

Mi tío Buddy cuenta la historia de cuando mi abuelito era un joven pobre que regresaba a Texas después de la Primera Guerra Mundial. Después de darles una buena pateadura a los alemanes en Francia, abuelito —a sus veintitantos años—, estaba tratando de entender cómo podía mantener una esposa, criar cuatro hijos y pagar por una finquita. Cuando iba por el camino, le preguntó a un vecino, un viejo granjero llamado Barnes, cómo lo hacía él.

«Jack, tú obsérvame», le dijo el señor Barnes. «Trabaja cuando yo trabaje y ve al pueblo cuando yo vaya al pueblo».

Como era de esperarse, el señor Barnes nunca iba al pueblo. Y mi abuelito casi que tampoco. Durante la época del desastre ecológico conocido como «Dust Bowl» y la Gran Depresión, se mantuvo firme, y tan delgado que tenía que llevar piedras en los bolsillos para que los vientos no se lo llevaran. En unos tiempos en que ni los bancos tenían dinero, y ningún hombre podía conseguir crédito por valor de cinco centavos, aunque fuera de apellido Rockefeller, él salía adelante recogiendo algodón todo el día y llevándolo en un carro de mulas a la desmotadora por la noche. Dormía en el algodón hasta que le llegaba el turno para que lo desmotaran, regresaba al campo al salir el sol y repetía ese vals con el algodón hasta terminar la cosecha.

Casi todos los días de verano, John y yo estábamos con abuelito en los campos, recogiendo algodón o montados en el tractor junto a él. Cuando no estábamos con él, tendíamos a meternos en problemas. MawMaw tenía un gran huerto de melocotoneros cerca del camino que pasaba junto a la finca. A mí me encantaba el olor del huerto cuando la fruta colgaba madura y dulce. Los melocotones maduros también se pueden convertir en unas granadas de mano terribles. Un día, John y yo competimos para ver cuál de los dos podía lanzar uno a la distancia suficiente y con la fuerza necesaria para pegarle a un auto que pasara.

«¡Te apuesto a que yo le doy primero a uno!», me gritaba John desde su puesto de combate, en lo alto de un árbol cargado de fruta madura.

En otro árbol, yo tenía alineadas mis blandas municiones en la horqueta entre dos ramas. «¡A que no!».

Lo intentamos varias veces, pero uno de nosotros, y todavía no sabemos cuál, terminó arreglándoselas para romperle el parabrisas a un Ford Fairlane 1954. Lo conducía una señora, que se detuvo en la cuneta y se fue caminando a la casa de la finca para quejarse con MawMaw. Cualquiera que la hubiera oído, creería que la habíamos atacado con artillería pesada. Cuando abuelito llegó a la casa, cortó una vara de uno de aquellos melocotoneros y nos dio una buena tunda. También nos calentó la piel aquella vez que pintamos sin permiso todo el gallinero, incluyendo el tejado de zinc, de un aterrador color azul celeste.

A pesar de todo eso, al propio abuelito le encantaba hacer travesuras. Cuando pienso en aquellas cosas, me viene a la mente que algunas de las suyas no eran tanto travesuras como maneras de enseñarnos a los niños a ser hombres. En una ocasión, nos tiró a John y a mí en el tanque de agua para enseñarnos a nadar, pero olvidó que él tampoco sabía nadar y no nos iba a poder rescatar. Los dos aprendimos a nadar con gran rapidez.

En unas navidades que pasamos en su hogar, John y yo abrimos dos paquetes resplandecientes, y en cada uno de ellos había un par de guantes de boxeo. Allí mismo, enseguida, abuelito nos montó a los dos en su camión de reparto Chevy 1947 y nos llevó a Barry a la estación de carga, que en aquellos días era también el lugar para que los viejos jugaran a las damas, bebieran café y hablaran del tiempo, y de los precios del ganado. Abuelito ya había llamado en secreto a los papás de todos los muchachos del pueblo cuyas edades estuvieran a un máximo de tres años de las nuestras. Así que aquella mañana se aparecieron en estampida en la estación, en medio de nubes de polvo, formando un cuadrilátero de boxeo con los camiones. John y yo tuvimos que pelear contra todos los muchachos del pueblo y, antes del desayuno, a los dos nos sangraba la nariz, lo cual nos pareció estupendo. Abuelito se moría de la risa. Eso y montar a los nuevos terneros cada mañana de Navidad, mientras su cálido aliento hacía espirales en medio del frío del amanecer, son mis recuerdos navideños favoritos.

En la finca, MawMaw cumplía con sus deberes de ordeñar las vacas, criar niños y cuidar de la huerta, hacer conservas de melocotones, judías verdes y calabaza para el invierno, así como también hornearle a abuelito dos pasteles de chocolate al día. Él se comía uno en el almuerzo y el otro en la cena y, sin embargo, se mantuvo durante toda su vida con 1,8 metros de altura y delgado como una judía verde.

La gente del lugar solía decir que abuelito se parecía a Kildee, el limpiabotas negro que trabajaba en la barbería de Blooming Grove. El viejo Kildee también era delgado y no le quedaba un solo diente en la boca. Solía divertir a la gente arqueando hacia arriba la barbilla hasta tocar con ella la nariz. Una vez, abuelito le dio a John cincuenta centavos para que le diera un beso a Kildee, lo cual hizo John con toda felicidad, no solo porque se había ganado unos centavos para gastarlos en caramelos, sino también porque todo el mundo quería a Kildee. Hasta el día de hoy, Kildee es el único hombre negro sepultado en el Cementerio de Rose Hill, en Blooming Grove, Texas, y descansa en medio de los restos de los antepasados de las familias blancas más distinguidas en el Condado de Navarro.

En otras partes del país, tal vez los muertos no se preocuparan tanto por el color de los cadáveres que los rodeaban. Pero el movimiento de derechos civiles que comenzó a tomar fuerza en los años cincuenta se saltó por encima a Corsicana, Texas, de la misma manera que una fuerte lluvia de primavera se puede saltar unas tierras resecas a pesar de las oraciones más fervorosas de un agricultor.

— — —

En la década de 1950, el orden de la sociedad en el Sur estaba tan claramente a la vista como un carbón en medio de la nieve. Pero desde el punto de vista de un niño pequeño de piel blanca, era un tema tan poco digno de consideración, como el de respirar. Las familias blancas de Corsicana vivían mayormente en fincas o en el pueblo, en cuidadas hileras de hogares recién pintados. Las personas de color tenían su propia sección al otro lado de las líneas del ferrocarril, cerca de la desmotadora de algodón y los corrales para ganado de la compañía comisionada. No sé si esa zona tenía algún nombre adecuado, pero nunca lo oí mencionar de otra manera que como el «Barrio de los negros».

En aquellos tiempos, eso no parecía nada malo, porque allí vivían personas muy buenas, y muchas de ellas trabajaban para mi abuelito. Que yo sepa, todos tenían un primer nombre, que era «Negro», y después otro que era como nuestros nombres: Bill, Charlie, Jim y demás. Hasta había algunos de ellos que tenían nombres bíblicos, como: Abraham, Moisés e Isaac. Así que había un «Negro Bill» y un «Negro Moisés», pero a ninguno de ellos se le llamaba usando nombre y apellido, como los míos, Ronnie Ray Hall, o los de mi abuelito, Jack Brooks. Y, en realidad, en aquellos días no parecía haber razón alguna para decir sus apellidos, porque nunca se les daban cheques y ciertamente, no tenían formularios de seguros ni cosas por el estilo que llenar. No es que yo pensara en esas cosas en aquel entonces con tanto detalle: sencillamente, así era la vida.

El barrio de los negros estaba formado, hilera tras hilera, de cabañas de uno o dos cuartos, construidas con tablas de color gris que parecían salvadas de algún naufragio. Algunas personas las solían llamar «chabolas tiro de rifle» porque, según descubrí más tarde, eran tan pequeñas que si te parabas en la puerta del frente y disparabas con un rifle hacia dentro de la casa, el tiro salía directamente por la puerta del fondo. Aquellas casas estaban alineadas todas como autos en una agencia de vehículos usados y tan cercanas entre sí, que una persona realmente gruesa que saliera por la puerta del frente, habría tenido que darle toda la vuelta a la manzana para volver a entrar por la de atrás.

Tal vez las habían construido en algún otro lugar, porque entre una y otra no había espacio suficiente para balancear un martillo. Parecía como si alguien las hubiera levantado con una grúa y las hubiera dejado caer sobre tocones cortados de naranjo de Luisiana, de manera que se pudiera ver por debajo de ellas. Pero aquello era algo bueno, porque esos sótanos abiertos eran los lugares perfectos para que los perros callejeros y los pollos se protegieran del ardiente sol de Texas.

Abuelito contrataba a muchas personas de color y a unos pocos blancos, para que le ayudaran a cultivar su algodón. Cada mañana, antes del amanecer, íbamos en un camión al barrio de los negros y comenzábamos a tocar la bocina del camión. Todos los que fueran capaces de cortar malas hierbas y quisieran trabajar aquel día, fueran hombres, mujeres o niños, salían de sus chabolas dando tumbos, vestidos como estaban, y se subían al camión. No había ninguna baranda protectora, ni regla sobre cargar gente en los camiones: abuelito lo que hacía era tratar de conducir lo suficientemente lento como para que no se cayera nadie.

Después de una mañana cortando algodón, volvíamos a cargar en el camión a todos los trabajadores y los llevábamos a la estación de recibida, que hacía también el papel de tienda de víveres. Los obreros de color hacían una fila ante el frente de vidrio del mostrador de la carne, que era de porcelana blanca, y escogían una gruesa lasca de boloña o de fiambre con encurtido y un pedazo de queso cheddar. Abuelito, de pie junto a la caja registradora, pagaba lo que comían, añadiéndole una caja de galletas con sal y un par de cebollas crudas para que todos las compartieran. Todos ellos tomaban su almuerzo, envuelto en papel blanco de carnicería, y se iban a sentar en el suelo detrás de la tienda. Allí había una cisterna para que pudieran beber, que tenía una lata marcada con cinta adhesiva negra, para que no cometieran un error en cuanto a cuál era la que les tocaba usar.

Una vez resuelto el asunto de los obreros de color, volvíamos a subir al camión para llevarnos a los blancos que estuvieran trabajando ese día, de vuelta a la casa de la finca para que comieran ellos. Abuelita siempre ponía un mantel y cosas como pollo frito, frijoles carita frescos, panecillos hechos en casa, calientes y con mantequilla, y siempre un pastel o una tarta de fruta. Desde que era pequeño, me molestaba que los obreros de color comieran aquellas boloñas sentados en el suelo detrás de la estación de recepción, mientras que los obreros blancos se reunían como una familia para disfrutar de una comida caliente, hecha en casa. A veces sentía necesidad de hacer algo al respecto, pero nunca hice nada.

Al final de cada día de trabajo, abuelito les pagaba lo mismo a todos los obreros, tres o cuatro dólares cada uno, y los llevaba de vuelta al pueblo. Siempre era honrado con ellos, y les hacía préstamos sin cobrarles intereses a las familias de color para que pudieran pasar el invierno, cuando el trabajo estaba escaso. Jack Brooks hacía esos préstamos con solo estrecharles la mano y sin un registro escrito, y eso hacía difícil que MawMaw supiera quién le debía dinero. Pero los negros de Corsicana lo respetaban tanto que, después que él murió en 1962, varios llegaron sin que se los llamara para presentar sus respetos y pagar sus deudas.

Desde los seis o siete años de edad, yo también trabajaba en los campos, cortando algodón junto con ellos.

Un día, cuando yo tenía unos catorce años, estaba con algunos de ellos cortando en una hilera larga, sudando a mares y espantando unos saltamontes del tamaño de los carros extranjeros pequeños. Los saltamontes de las fincas del *blackland* son criaturas malignas que se le aferran a uno a la ropa como si fueran erizos y lo escupen a uno con un repugnante líquido verde cuando se los arranca de la ropa. Aquel día, el aire zumbaba y nos achicharraba hasta que nos parecía como si abuelito hubiera sembrado su algodón sobre la superficie de algún sol extraño infestado de insectos.

Para pasar el tiempo, dos hombres que estaban cortando, uno a cada lado de donde yo estaba, comenzaron a hablar de su calendario social para esa noche. Uno, al que todo el mundo llamaba Negro Juan, y que había trabajado para abuelito desde que tengo memoria, clavó su azadón en un montón fresco de sorgo y de ortiga mayor.

—Cuando baje el sol —le dijo a su amigo Amos— me voy a ir de aquí, y voy a bajar a Fanny's Place para conseguirme una cerveza y una mujer. Me quisiera ir ahora mismo, antes que me acabe de quemar.

—Yo te acompaño —anunció Amos—. Solo que no puedo decidir si conseguirme una mujer y dos cervezas, o una cerveza y *dos* mujeres.

John le lanzó a Amos una sonrisa maliciosa.

—¿Por qué no te consigues dos mujeres y le das una de ellas a Ronnie Ray?

Ya yo sabía que Fanny's era lo que la gente de color llamaba un «juke joint», lo cual significaba legendariamente que era un bar, un lugar pequeño, oscuro y lleno de humo, frecuentado por personas de cuestionable reputación. Pero a mis catorce años, nunca se me había ocurrido que un hombre pudiera «conseguirse» una mujer, y mucho menos dos. Bajé la cabeza y escuché con atención, fingiendo que estaba dedicado a eliminar un montón de malas hierbas particularmente difícil de arrancar.

John no se dejó engañar.

—¿Por qué estás tan callado, Ronnie Ray? —me dijo en son de burla—. ¿Me quieres decir que tú nunca te has conseguido una cerveza caliente y una mujer fría?

En aquel momento de mi joven vida, era obvio que no era un hombre mundano. Pero tampoco era estúpido. Me enderecé, eché hacia atrás mi sombrero de paja y corregí a John con otra sonrisa.

—¿Estás seguro de que no lo dijiste al revés, John? ¿No querrás decir una cerveza *fría* y una mujer *caliente*?

Durante cosa de un minuto y medio, tal parecía que John y Amos iban a necesitar atención médica. Se tiraron uno encima de otro, aullando y jadeando, mientras sus carcajadas flotaban como música sobre los campos, hasta que por fin, John se recuperó lo suficiente para levantar una esquina de la cortina de mi inocencia.

—¡No, Ronnie Ray, yo no dije nada al revés! —me dijo—. Las mujeres de Fanny son tan calientes, que se tienen que sentar en un bloque de hielo para estar tan frías que puedan dedicarse a su negocio. Miss Fanny no se gasta el hielo en la cerveza.

Bueno, aquello fue lo que reventó la represa. John sabía que abuelito y MawMaw eran abstemios, y consideró que tenía el solemne deber de asegurarse de que yo no llegara al siguiente cumpleaños sin haber experimentado el placer de una cerveza tibia. Después de varios días de indirectas, finalmente él y Amos me lanzaron el desafío.

«Tú ven esta noche a Fanny's, que nosotros te lo vamos a arreglar todo», me prometió John.

Así que en una ardiente noche de agosto, dejé deslizarse el Chevy 1953 que tenía abuelito colina abajo desde la casa de la finca, con el motor silencioso, después metí el embrague y recorrí los dieciséis kilómetros que había hasta Corsicana. Mis compañeros de corte me estaban esperando justamente al otro lado de la línea del tren.

Yo nunca había estado en el barrio de los negros sin abuelito, así que estaba bastante nervioso mientras los tres caminábamos por caminos sucios, repletos de chabolas de tiro de rifle y sin un solo farol encendido. Mayormente, la gente estaba sentada en los portales, con los ojos mirando aquella negra noche interrumpida solamente por una linterna de aceite de carbón, una cerilla que se encendía o el anaranjado resplandor de un cigarrillo. Parecía como si hubiéramos caminado medio Texas, antes que el sonido de la música que tocaban las guitarras llegara hasta nosotros y, como en medio de un sueño, un edificio bajo cobró forma en medio de la oscuridad.

Dentro, Fanny's estaba lleno de humo, levemente iluminado por luces rojas. En medio de una pista de baile con piso de tierra, una mujer rolliza canturreaba los blues, llenando de vaho el lugar como una lluvia tropical en la arena caliente. John y Amos me presentaron a sus amigos, como si fuera una celebridad, y me pasaron una cerveza Pabst Blue Ribbon, tibia como la anunciaban, y después se marcharon.

Durante la mayor parte de la hora siguiente, me senté solo en una mesa de esquina, con la vista fija en las siluetas de unos hombres sin camisa empapados de sudor, y unas mujeres con vestidos que se les pegaban al cuerpo, unidos en una clase de baile lento y sexual que yo no había visto nunca antes. Pero ya había escuchado la música; eran blues reales y vivos, cantados por gente con nombres como Lightning Hopkins y Big Fat Sarah por unas chirriantes ondas de radio lanzadas en vivo desde Laredo por Wolfman Jack a media noche.

Yo fingía que me estaba bebiendo mi cerveza. Pero cuando estaba seguro de que nadie me estaba mirando, dejaba que se derramara en el suelo de tierra, y así descubrí que el olor de la cerveza me daba náuseas, trayéndome a la mente recuerdos de los momentos en que iba a buscar a mi padre al Bar Tailless Monkey.

5

A la casa de Big Mama no le llevó mucho tiempo convertirse en un montón de carbones encendidos. Cuando se apagaron las llamas, yo me quedé allí sentado al lado de ella, sin entender por qué Dios se quiso llevar a la persona que yo más amaba.

Después de un rato, vino alguien y nos llevó a Thurman y a mí a vivir en Grand Bayou con BB, mi papá. Yo no lo conocía muy bien, y sigo sin saber cómo se ganaba la vida; solamente sabía que trabajaba en la ciudad... Shreveport, creo, más allá de donde vivía mi tía Pearlie May. Tal vez estuviera trabajando en el tren, juntando un poco de billete, porque era tan rico que se compró un auto, un gran carro viejo de dos puertas, como un Pontiac.

BB era un hombre grande y de peso. No llegaba a un metro ochenta, pero lo parecía y, aunque yo solo era un niño, me daba cuenta de que era popular con las mujeres. A BB también le gustaban las mujeres, y solía traer con él tres o cuatro, una atrás de otra, al mismo tiempo. Por eso los domingos por la mañana, no ponía un pie en la Nueva Iglesia Bautista de María Magdalena. Una o dos de sus mujeres ya estaban casadas y formaban parte de la congregación junto con sus maridos.

Eso no quería decir que BB no amara a Jesús, sino que tenía que encontrar una forma distinta de visitarlo los domingos. Así que él, Thurman y yo íbamos a la iglesia algo así como si fuéramos a ver una película desde un auto. Ahora, la iglesia no estaba demasiado lejos. Estaba pintada de blanco y tenía un árbol de pecana bonito de verdad que daba bastante sombra sobre el poco de hierba que quedaba en el frente. En lugar de parquear y entrar por las grandes puertas dobles, como el resto del mundo, BB ponía su Pontiac pegado a la iglesia. Ellos deben haber sabido que nosotros llegábamos, porque cuando BB llegaba, el predicador aparecía y abría una ventana que quedaba al lado mismo del auto, para que nos quedáramos sentados en ese Pontiac y oyéramos la Palabra de Dios.

Yo no podía ver para dentro de la iglesia, pero escuchaba al coro y la congregación cantando unos himnos espirituales. Yo tenía algunos favoritos y cantaba con ellos.

Él tiene los ríos y los montes en sus manos,
Él tiene los océanos y los mares en sus manos,
Él te tiene a ti y me tiene a mí en sus manos,
Él tiene el mundo entero en sus manos.

Yo tenía la esperanza de que él tuviera a Big Mama y a Chook en sus manos. Seguro que sí.

Después que acababan de cantar, el predicador empezaba a predicar. Tenía su estilo; le gustaba comenzar suave y en voz baja, como quien canta una canción de cuna. Pero al poco tiempo se agitaba hasta llegar a sudar como los justos. Recuerdo la forma en que pronunciaba la palabra «Dios». La alargaba y arrastraba, y sonaba como algo así: «Diosss». Además, le *encantaba* hablar del pecado.

«Ahora *pecar* es cuando no das en el blanco donde Dios quiere que *des*», decía. «Ser vago es *pecado*, porque "Diosss" lo que quiere es que seas *diligente*. Ser tonto es *pecado*, porque "Diosss" lo que quiere es que seas *sabio*. Ser lujurioso es pecado, *porque* "Diosss" lo que quiere es que seas *casto*. ¿Alguien da testimonio?». Entonces la iglesia gritaba: «¡Amén! ¡Alabado Jesús!».

Yo no podía ver a nadie gritando porque estaba muy abajo de la ventana. Pero recuerdo que la gente de adentro parecía muy entusiasmada. Después del sermón, el coro cantaba algo más. Entonces alguien sacaba por la ventana el plato de la ofrenda, BB echaba unas monedas, y lo volvía a pasar para adentro.

Thurman y yo estuvimos con BB solo por unas semanas, porque él se fue de la casa una noche y no volvió. Unos dicen que su auto se le rompió en la Carretera 1. Otros dicen que fue sabotaje. Como fuera, se salió del camino allí junto al Grand Bayou Social Club y un hombre salió corriendo del bosque y lo mató a cuchilladas. La gente dice que el hombre que lo mató era el marido de una de las mujeres con las que BB se estaba metiendo. Yo nunca pude saber si ese hombre era uno de los que adoraban con nosotros los domingos.

– – –

Al otro día, mi tío James Stickman vino y nos recogió a Thurman y a mí en su carretón tirado por mulas. Fuimos a vivir en una finca donde mi tío James y mi tía Etha recogían unas pocas cosechas.

Había mucha gente que decía que esa manera de trabajar era una nueva forma de esclavitud. Un montón de cosechadores (hasta blancos, los pocos que había en Luisiana) no tenían un solo amo... sino que tenían dos. El primer amo era el hombre que era dueño de la tierra en la que estabas trabajando. El segundo amo era el dueño de la tienda donde conseguías a crédito tus cosas. A veces los dos eran el mismo hombre; a veces eran dos diferentes.

El hombre dueño de las tierras siempre quería que plantáramos menos y menos comida, y más y más cosechas que él pudiera vender por dinero. En la parroquia de Red River eso quería decir sembrar algodón desde la puerta misma hasta el borde del camino. Ese hombre terminaba siendo tu amo, porque parecía que por muchas balas de algodón que le entregaras, siempre acababas en el hoyo. El primer año que Thurman y yo estuvimos con tío James y tía Etha, creo que entregamos dos o tres balas de algodón. Al año siguiente entregamos cinco balas, pero seguíamos en el hoyo. No teníamos dinero ni conseguíamos más que el privilegio de quedarnos allí hasta la temporada siguiente para pagar lo que debíamos. Yo solo era un mocoso, pero no podía entender cómo podía ser que trabajábamos tan duro todos los años y siempre acabábamos en el hoyo.

Yo siempre sabía que los blancos no nos daban mucha importancia a los negros en aquellos tiempos; creían que éramos sobre todo, unos vagos, y que no éramos demasiado brillantes. Pero años después supe que ellos pensaban que los *cosechadores* negros tenían la carga extra de ser un poco como los gorgojos del algodón: destructores. Alguien me dijo que leyó en un lugar que decía que el cosechador tiene nada, quiere nada, espera nada, trata de tener nada, pero echa a perder y destruye todo.

Ese sembrador no conocía a mi tío James. Ese sí que trabajaba duro para llevarle todo el algodón al hombre, y esperaba que le pagaran para podernos mantener a nosotros. También era la clase de hombre que decía lo que pensaba. Nadie se metía con él; ni siquiera el hombre. Después de unos tres años, tío James se cansó de estar en el hoyo y le dijo al hombre que estaba cansado de todo aquello y que se estaba preparando para mudarnos a una plantación grande donde había oído que lo podían tratar mejor. Reconozco que el hombre no discutió mucho con él ni se preocupó por lo que le debía tío James, porque nunca nos cayó atrás.

La plantación a la que nos mudamos era muy ancha y profunda, con un campo tras otro, bordeados por hileras de árboles de nueces. Y cada uno de esos campos estaba dedicado al Rey Algodón. El primer año que llegamos, el algodón estaba floreciendo, y recuerdo ver hilera e hileras, hectáreas y hectáreas, de flores rojas y blancas marchando al encuentro del cielo azul en todas las direcciones.

El hombre de esa plantación contrató a tío James y tía Etha para que recogieran algodón, así como otras cosechas. La hermana de Big Mama, mi tía abuela, vivía allí también. No me acuerdo de cómo yo la llamaba; solo que le decía Tita.

Tal vez eso fuera porque me daba miedo ella y algo de aquellas cosas extrañas que hacía con polvos que molía de hojas y raíces. Sobre todo después de aquella vez que hizo llover.

Tío James araba con una mula que se llamaba Ginny. Ahora, en aquellos tiempos había grandes discusiones sobre cuál animal era mejor, si el caballo o el mulo. Yo crecí para volverme un hombre de mulos. Los mulos viven más tiempo que los caballos, no se enferman tanto y no se quejan cuando el verano está muy caliente. Y se puede entrenar a un mulo para que lo entienda a uno. Gira a la derecha cuando tú le dices «¡Giii!», y a la izquierda cuando le dices «¡Jooo!», y viene cuando le silbas. Eso no pasa con los caballos, que actúan un poco mañosos cuando uno les dice que hagan algo. Además, los mulos no te aplastan las matas de algodón, como los caballos con sus grandes patas, tan torpes. Y tampoco hay que perder el tiempo alimentando a un mulo. Ginny sabía meterse en los bosques y defenderse ella sola para conseguir comida.

Cuando tío James salía a los campos con Ginny, Thurman y yo íbamos siguiendo al arado. A veces nos poníamos a jugar a lo bruto, tirándonos terrones de tierra por la cabeza. Pero solo cuando tío James no nos estaba mirando. Cuando *sí* estaba mirando, actuábamos como si estuviéramos muy ocupados, sembrando semillas de algodón en la primavera y cazando polillas en el verano. Cuando estábamos ocupados y callados, yo pensaba mucho en Big Mama y me dolía la panza.

Tía Etha también trabajaba en los campos con nosotros. Era una bonita mestiza, alta y elegante. Trabajaba junto a tío James cortando algodón, raspando los surcos y recogiendo también. Pero cuando el sol se alzaba en el cielo, por lo general se levantaba la falta y volvía a la casa, porque tenía que cocinar.

A lo mejor piensas que en aquellos días las mujeres eran las únicas que cocinaban, pero no era cierto. Solo que las mujeres cocinaban en la casa y los hombres en los bosques.

Aunque se había acabado la prohibición, todavía no se podía comprar whisky en las tiendas de la parroquia de Red River. Te digo que en los bosques estaban brotando alambiques de licor de maíz como si fueran hongos.

Hay mucha gente que se cree que el alcohol ilegal lo fabricaban todo los palurdos y los pueblerinos blancos, sentados en el portal bebiendo rayo blanco en jarras Mason a plena luz del día. Y a veces era verdad. Tío James me contó una vez acerca de un cosechador blanco que conocía que se pasaba la mayor parte de los días tirado en el patio con una jarra de licor, metido entre los cerdos y muy feliz. A tío James no le caía muy bien.

Pero también había tipos respetables que estaban destilando alcohol. Yo conocí algunos hombres de color en otras fincas y plantaciones donde los dueños eran hombres blancos, banqueros y más. No había uno solo de ellos que no estuviera destilando licor en algún lugar de su propiedad. El hombre tenía su propio alambique metido en los bosques, para hacer un poco de whisky y bebérselo. Cuando yo crecí, él me llevó allí una o dos veces.

«Súbete allí y dime si ves que viene alguien», me decía el hombre, y yo me subía a un árbol y vigilaba por si llegaba el sheriff.

De todas maneras, era tía Etha la única que cocinaba en la familia de tío James. Todo lo que nosotros matáramos, ella lo podía convertir en comida: comadrejas, mapaches, conejos; no importaba. Las comadrejas daban un poco más de problemas, porque hay que saber prepararlas. Primero hay que tirarlas en fuego al aire libre y quemarles la pelambre. Después había que rasparlas todas, ponerlas en una cazuela y hervirlas, o tal vez ponerlas en una sartén junto al fuego y dejar que se asaran con la cabeza todavía en su lugar. Si uno no hace eso, no le saca la grasa a la comadreja.

Tía Etha nos preparó una huerta también, porque no había nada de eso de ir al Piggly Wiggly. La única tienda a la que uno iba era la del hombre, y eso era solo para conseguir un poco de sal, pimienta y harina, y no sabíamos qué hacer con esas cosas. Así que mayormente, todo lo que comíamos salía de los bosques o del suelo. La huerta de tía Etha estaba llena de cosas buenas, como chícharos, habas limas, cebollas, batatas y papas irlandesas. Todavía recuerdo el dulce olor que había cuando ella cortaba un montón de melocotones o peras silvestres y lo cocinaba en azúcar. Eran maravillosas las mañanas en que hacía panecillos y sacaba las conservas, con su sabor pegajoso y dulce, como el cielo en medio del verano.

Nosotros cultivábamos nuestros propios vegetales; coles, nabos y mostaza; todos cocidos a fuego lento con tocino y un poquito de sal, con un gran pedazo de pan de maíz al lado. Hacíamos la harina de maíz tomando el grano que recogíamos y llevándolo al pequeño molino que había en la tienda del hombre. Los blancos de la tienda nos molían el maíz y nos daban la harina, y el hombre anotaba en la cuenta nuestra que lo habíamos molido. Nunca llegué a saber exactamente cuánto costaba.

Pero nos daba la leche gratis, por cuidar de sus vacas. A menos que nos echara la culpa si una de ellas dejaba de dar leche.

Ahora, la Navidad era el tiempo de la matanza. Cada año, el hombre nos daba dos cerdos para que los criáramos. Nosotros los sacrificábamos en Navidad y los colgábamos en el ahumador. Yo era el responsable del ahumador, y tenía que encender el fuego y mantenerlo ardiendo; ese era el mejor trabajo porque de vez en cuando lograba comerme un pedacito de carne sin que se enteraran.

A tía Etha le encantaba hacer chicharrones de esos que ya no se ven mucho. Prendía un fuego debajo de una gran batea de hierro y la llenaba con lonjas de manteca de cerdo. Entonces las iba cocinando a fuego lento hasta que la batea estaba llena de manteca caliente burbujeante con chicharroncitos tostados que flotaban en la superficie. Esos eran los chicharrones y el olor que despedían mientras se cocinaban hacía que la gente soltara el azadón en los campos y siguieran a su nariz hasta la batea que echaba humo como hormigas yendo a un almuerzo campestre de la iglesia. Nos los comíamos como si fueran caramelos y, con las sobras, hacíamos pan de maíz con chicharrón.

Por lo general, esos cerdos nos duraban casi todo el año, porque no desperdiciábamos nada. Ahora, los blancos eran un poco quisquillosos para escoger las partes del cerdo que se comían. Nosotros no. Nos comíamos el hocico, el rabo y todo lo que había en el medio... ¡todo el cerdo!

Uno no puede estar desperdiciando nada cuando esa es toda la carne que tiene para que le dure el año entero. Y hasta así, la teníamos que estirar un poco, consiguiendo otras clases de carne. Me imagino que debemos haber comido de todo, menos zorrillo. Una vez metí uno en la casa y cuando tía Etha lo vio comenzó a chillar: «¡Saca enseguida ese zorrillo de mi casa, muchacho!».

Tío James me dio unos buenos azotes en el trasero, pero no entonces, porque yo apestaba demasiado. Tuve que bajar al arrollo y lavarme toda esa peste con jabón de lejía, y después *volver* para que me pegara los azotes.

Me dieron mi buena cantidad de azotes, por lo general con una vara de pecana. A veces me iba a caminar más allá de donde se suponía que fuera, para hablar con una niñita que me gustaba, porque pensaba que valía la pena que me dieran unos cuantos azotes cuando volviera. Recibí más azotes por eso, que por todas las demás cosas.

«El corazón de un niño está lleno de estupideces», me decía el tío James muy serio, citando las Escrituras. «Pero la vara de corrección seguro que las saca todas».

Sin embargo, había veces que yo me metía en problemas y él sonreía con los ojos. «Esta vez no te voy a pegar», me decía. «Pero haz eso otra vez y te doy una buena paliza». Una vez se me acumularon como cuatro. Tío James era un buen cristiano.

Mientras se ocupaba de nuestras estupideces, tía Etha cuidaba de nuestros cuerpos y nuestras almas. Ultimadamente, nunca nos enfermábamos mucho, pero cuando nos sentíamos mal, mi tita tenía la cura, por supuesto: algo que ella llamaba «té de labio de vaca».

Ahora, el té de labio de vaca era de color café y aguado, algo parecido al té Lipton que el hombre vendía en su tienda, pero mucho más fuerte. El té de labio de vaca se hacía con unas setas u hongos que salían en las boñigas de vaca. Pero había un secreto en la manera de hacerlo. Había que usar las setas *y también* parte de la boñiga. Por eso se llamaba así. «De vaca», por el excremento de vaca, y «labio» (*lip*) por «Lipton». Por lo menos, eso es lo que siempre me decía tía Etha.

La forma de hacer el té de labio de vaca es que se recogen las setas y un poco de boñiga de vaca seca, y se muele todo en el colador. No se puede usar boñiga verde o fresca para hacer un buen té, porque no se puede moler. Así que se toma la boñiga seca, y después de molerla hasta que se vuelve polvo, se mete en un trapo y se amarra el trapo por arriba. Entonces se echa un poco de miel en una cazuela de agua hirviendo y se echa el trapo en el agua, hasta que el agua hace burbujas y se pone de un buen color café. Así es que obtienes el té de labio de vaca.

Si me enfermaba, tía Etha siempre me hacía beber una lata entera.

«¡Todas las buenas medicinas saben mal!», me decía, y después me metía en la cama debajo de toda una pila de mantas, tanto si era en verano, como si era en invierno. Por la mañana, la cama estaba empapada en sudor y las sábanas estaban todas amarillas, pero siempre me curaba. Ya casi era un hombre cuando al fin me di cuenta de lo que me estaba haciendo beber.

6

Yo me pasaba todos los veranos en casa de abuelito y MawMaw hasta 1963, cuando me matriculé en el East Texas State, que en aquellos momentos era el colegio universitario más barato de Texas. Ya para entonces, las chicas, su persecución y captura final eran más o menos como el centro de mi universo. Pero el pequeño colegio que mi familia podía pagar estaba lleno mayormente de chicas campesinas. En cambio, mi amigo Scoot Cheney y yo oímos decir que la Texas Christian University, que estaba a ciento cuarenta kilómetros al oeste de Fort Worth, estaba desbordante de niñas ricas. Y aunque había crecido cerca de ella, nunca había estado allí.

En nuestras fantasías, las niñas ricas conducían a toda prisa por el pueblo sus autos deportivos de último modelo y sin abolladura alguna, pertenecían a los clubes de campo y vivían en casas que no estaban montadas en ruedas. También estábamos seguros de que estarían a kilómetros de distancia del aspecto que tenían las chicas de campo.

Aunque nunca me había encontrado con una, me había grabado en la mente la imagen del aspecto que tendría una niña rica. Cuando teníamos unos diez y doce años, mi hermano John y yo teníamos un juego favorito que era algo parecido a ese juego de naipes que se llama «bofetón a la jota». Nos sentábamos en el portal de MawMaw, pasando lentamente las páginas del catálogo de Sears, y cada uno trataba de ser el primero en golpear con la mano abierta a la chica más hermosa de cada página, la cual entonces se convertía en la novia imaginaria del que la hubiera golpeado primero. Más tarde, aseguraba que las chicas de la Texas Christian University se parecerían a las que salían en el catálogo de Sears.

Tal como resultaron las cosas, aquello estaba bastante cercano a la verdad. Pero mi primer encuentro con una criatura tan encantadora como esa fue espectacular.

Tommye, mi querida mamá, siempre nos había hecho toda nuestra ropa, así que cuando empaqué las maletas para irme al colegio universitario, estaban llenas de camisas que ella había cosido con todo cuidado y amor, usando tela de costales. Pero cuando llegué a East Texas State, noté que la mayoría de los varones usaban pantalones de caqui y camisas de madrás, la clase hecha con ese tinte natural procedente de la India. Al parecer, los costales habían pasado de moda. Preocupado, llamé a mi mamá y le dije:

—Aquí todo el mundo se viste distinto a como me visto yo. Todos usan camisas de madrás.

—¿Y qué es ese madrás? —me preguntó ella.

Yo traté torpemente de darle una explicación.

—Bueno, es una clase de tela como a cuadros.

Bueno, las intenciones de mamá eran buenas, pero para ella, cuadros eran cuadros. Así que se fue en el auto hasta la tienda de telas de Hancock, compró varias yardas de telas a cuadro, y me hizo un conjunto de camisa y pantalones cortos.

Mientras tanto, Scoot y yo conseguimos nuestras primeras citas a ciegas con chicas de Texas Christian, un par de chicas aún no iniciadas de Tri Delta. Las íbamos a llevar al estadio Amon Carter para apoyar al equipo de fútbol de la Texas Christian, los poderosos Horned Frogs, ante una multitud de gente del lugar que había acabado con las taquillas de entrada. El amigo que nos conectó me dijo que Karen McDaniel, la que iría conmigo, se parecía a Natalie Wood.

Claro, una cita como aquella exigía ropa nueva, así que mientras íbamos desde el East Texas State, Scoot y yo nos desviamos hasta mi casa, para que yo pudiera recoger la ropa que mi mamá acababa de terminar. Ella estaba radiante de orgullo cuando me la entregó. Eran un par de pantalones cortos un poco más largos de la cuenta, una camisa con botones, y los dos eran azules, con unas franjas negras y verdes tan anchas como las líneas centrales de las carreteras. Yo sabía que aquello no era madrás, pero me imaginé que era mejor que la tela de costal. Cuando modelé para mamá con esa ropa puesta, ella alardeó de lo buen mozo que me veía.

Entonces, Scoot y yo nos dirigimos a la residencia de las chicas de primer año de la Texas Christian.

«Una estrella de cine», es lo que pensé cuando Karen McDaniel salió al portal del frente de la residencia: llevaba recogida su negra cabellera y tenía unos grandes ojos azules que resplandecían como luces centelleantes. Yo nunca había visto a nadie así en Haltom City. Pero resultó que Karen tampoco había visto nunca a nadie que tuviera un aspecto como el mío. Nunca.

Yo había combinado el conjunto de pantalones cortos que me había hecho mamá con unos calcetines negros que me llegaban hasta la rodilla, y un par de zapatos de cordones que parecían zapatos de trabajo. Cuando me dirigí a la repleta escalera de la residencia para presentarme, otra encantadora morena salió de la residencia al portal. Pero cuando vio mi ropa, se detuvo tan rápido que parecía como si hubiera dejado caer un ancla de dos toneladas. «¡Pero mira eso!», dijo en una voz tan alta que hizo que todas las cabezas que se hallaban dentro de los cincuenta metros de distancia se volvieran hacia mí. «¡Si es Bobby Brooks, teñido para combinar con su ropa!».

Resultó ser Jill, la que iba a salir con Scoot, una Tri Delt que parecía sacada de una foto, y con unos ojos como los de Bambi. Después de haber pronunciado juicio sobre el trabajo hecho por mi mamá, me miró los zapatos y encogió su nariz perfectamente respingada, como si estuviera examinando a un animal atropellado en la carretera.

—¿Qué clase de zapatos son *esos*?

Yo me encogí de hombros, mientras me chorreaba el sudor por la cara roja como un tomate.

—No sé... solo unos zapatos y nada más, me imagino.

—Bueno, pues los muchachos de la Texas Christian usan *weejuns* —dijo Jill.

A Scoot le pareció que aquel nombre sonaba bastante exótico.

—¿Qué son esos weejuns? —me preguntó, acercándose a mí.

—No sé —le dije con escepticismo—. Me imagino que serán esas cosas puntiagudas que usan los afeminados.

—¡No señor! —protestaron las chicas al unísono, escandalizadas—. ¡Son mocasines!

Caminamos las dos cuadras que había hasta el estadio y, aunque la mayoría de las parejas iban tomadas de la mano, Karen mantenía una avergonzada distancia. Dentro del estadio, el cuerpo estudiantil en pleno pareció comerme con los ojos, como si yo hubiera sido víctima de una broma de mal gusto en alguna fraternidad. No recuerdo quién ganó ni quién perdió en aquel juego de fútbol. Ni siquiera recuerdo el nombre del equipo contrario. Solo recuerdo haberme sentido como si se hubiera muerto el payaso Bozo y yo hubiera heredado su ropa.

7

Tuve mi primer costal de algodón cuando tenía unos siete u ocho años. Era un saco grande de harina blanca. Es probable que no sepas mucho de lo que es recoger algodón, así que te voy a decir cómo era: con mucho calor. Señor todopoderoso, había muchísimo calor. Suficiente para el diablo y sus ángeles. Y entonces, también estaban los insectos y los mosquitos. Salían zumbando del canal lleno de lodo, parecían tan grandes como los gansos, y el doble de malos.

Salíamos todos los días precisamente en el momento en que el cielo se volvía un poco rosado con la mañana al borde de los campos, pero todavía se podían ver unas cuantas estrellas. Yo recogía todo el día, arrancando cuatro o cinco piezas de algodón de cada vaina que podía encontrar. Cuando las vainas se abrían, eran duras y crujían. Al cabo de un rato, tenía las manos peladas. El algodón era suave como las plumas, pero se volvía pesado bastante rápido. Todos los días, el hombre me decía que tenía en el saco unos nueve o diez kilos en mi costal. Tal parecía que por mucho tiempo que estuviera recogiendo, o aunque mi costal me pareciera más pesado aquel día, el hombre me decía lo mismo.

A veces nos daba una ficha para gastarla en su tienda. Yo iba allí y me compraba un caramelo, o un pedazo de queso.

Así fue como conocí a Bobby. La tienda del hombre estaba como en la mitad del frente de la plantación, y yo tenía que pasar al lado de su casa cuando volvía a la casa de tío James. Era una casa blanca grande, con un techo negro y un gran portal techado todo alrededor de ella. Un día, yo iba por el camino de tierra roja que pasaba junto a ella, cuando un muchacho blanco más o menos de mi edad, usando overoles como yo, salió y empezó a hablar conmigo.

—¡Eh! —me dijo, acercándose a mí.

—¡Eh! —le contesté.

—¿Adónde vas?

—A casa.

—¿Dónde está tu casa?

—Allá alante —le dije, apuntando con la barbilla hacia el frente.

—¿Quieres ir a montar bicicleta?

Bueno, eso hizo que me parara de un golpe. Me volví y miré al muchacho. Tenía un aspecto normal, más o menos de mi mismo tamaño, con unas cuantas pecas en la nariz y un enredo de pelo castaño rizado, con algo de rojo en él, como si alguien le hubiera echado polvo de canela en el pelo. Mientras lo miraba, también lo estaba midiendo, tratando de imaginarme qué quería, y por qué estaba tratando de hablarle a alguien como yo.

Por fin le di una respuesta:

—Yo no tengo bicicleta —le dije, y empecé a caminar otra vez—. ¿Entonces, ¿quieres ir a disparar perdigones? Te dejo usar mi rifle.

Ahora bien, eso sí era una invitación. Yo no tenía rifle de perdigones, pero tenía muchas ganas de tener uno, para poder meterme en el bosque y cazar unos cuantos mirlos, o tal vez una comadreja.

—Sí, te voy a acompañar a disparar perdigones. ¿Estás seguro de que a tu mamá no le va a importar?

—Noooo; a ella no le importa nada, siempre que vuelva a casa antes que se haga de noche. Espérame aquí. Voy corriendo a buscar mi rifle.

A partir de aquel día, Bobby y yo fuimos socios en nuestros delitos. Resultó ser el sobrino del hombre, que había ido a visitarlo. Él no sabía que se suponía que no debía ser amigo mío.

Cuando yo no estaba trabajando, me escurría hasta el portal posterior de la casa del hombre y le silbaba. Bobby salía sin hacer ruido por la puerta trasera y allí nos encontrábamos. Nos hicimos muy buenos amigos. Si él tenía algo para comer, yo comía también. A veces en la cena, él comía parte de su comida, y se metía el resto en el bolsillo y salía de la casa. Entonces, nos íbamos por el camino a un lugar donde el hombre no nos pudiera ver, y yo me comía un muslo de pollo o un emparedado o algo que él me llevara.

Muy pronto, su gente se dio cuenta de que éramos amigos, pero en realidad no trataron de separarnos, sobre todo porque yo era el único muchacho del lugar que tenía la misma edad que él, y él necesitaba alguien con quien jugar y no meterse en problemas. Cuando se dieron cuenta de que me estaba dando comida, pusieron afuera de la puerta de atrás una mesita de madera para que yo comiera allí. Después de un tiempo, cuando le daban a Bobby su comida, él salía enseguida de modo que los dos nos sentábamos junto a aquella mesita y comíamos.

Cuando yo no estaba trabajando, Bobby y yo siempre estábamos haciendo algo, arreglando bicicletas, nadando o haciendo hondas con ramas de árboles y recámaras de neumáticos. Algunas veces Thurman iba con nosotros, pero por lo general, solo éramos Bobby y yo.

Nos íbamos de caza y matábamos algunos pájaros con su rifle de perdigones Daisy Rider. Yo tenía una puntería bastante buena, podía tumbarlos mientras iban volando. Tenía un cinto de soga que usaba alrededor de mis overoles, y cada vez que mataba un mirlo, le metía las patas por debajo de la soga y lo dejaba colgando cabeza abajo. Cuando ya habíamos cazado unos cuantos, se los llevaba a tía Etha a casa, y ella hacía un pastel.

Ahora bien, al año siguiente que Bobby llegó a la plantación, tuve el valor de preguntarle al hombre si podía recoger restos de algodón para ganarme una bicicleta. Hasta entonces, solo había estado montando en montones de chatarra que Bobby y yo fabricábamos con piezas que encontrábamos botadas. Ni siquiera tenían llantas; las montaba solo con los aros. Yo necesitaba una bicicleta *de verdad*, para que con Bobby pudiéramos montar bicicleta en serio.

Los restos de algodón son los pedacitos pequeños que quedan colgando de las matas de algodón, y que se encuentran también dentro de las vainas sucias que quedan tiradas en el suelo después que se recoge el algodón en un campo. Como tío James y tía Etha no estaban ganando dinero ninguno, yo tenía que recoger los restos del algodón si quería conseguir la bicicleta.

Yo estaba dispuesto a recoger todos aquellos restos, por mucho tiempo que me tomara, pero Bobby tenía un plan. Venía y recogía junto conmigo. Raspaba los últimos mechones que había en las flores que ya se habían recogido, actuando como si se fuera a guardar para él algo de aquellos restos. Pero todo el algodón que recogía, me lo ponía en mi costal. Y cuando el hombre no estaba mirando, se metía en la caseta del algodón y se llenaba su costal con el algodón *que habían recogido*, el bueno; entonces salía y lo vaciaba en el mío. Lo escondíamos debajo de los otros restos.

Todos los veranos, Bobby y yo teníamos un proyecto nuevo, pero aquella recogida de restos nos llevó *largo* tiempo. Cada año, los recogíamos por los campos, y el hombre pesaba lo que recogíamos —¡y lo que Bobby robaba!— y cada año, el hombre posponía su promesa, diciéndome que todavía no había recogido suficientes restos para tener una bicicleta. Eso estuvo pasando por tres años, hasta que por fin, alrededor del día de Navidad, el hombre bajó a casa de tío James y me dijo que subiera a su casa; solo que nunca me dijo para qué.

—Tú ven y lo verás —me dijo.

Nos fuimos hasta allá y, cuando nos acercamos, la pude ver allí en el gran portal que rodeaba la casa, brillando como si fuera un sueño: una Schwinn resplandeciente, roja y blanca, y con una bocina de goma de esas que se aprietan.

Yo me volví, y miré al Hombre. Él estaba sonriendo; solo un poco.

—¿Es *mía*? —le pregunté. No lo podía creer.

—Es toda tuya, Li'l Buddy —dijo—. Sube y llévatela a tu casa.

—¡Gracias, señor! ¡Gracias, señor! —salí corriendo como si fuera un niño salvaje, salté sobre aquella hermosa bicicleta y fui a toda prisa por el camino para enseñársela a mi tío y a mi tita. Aquella Schwinn era la primera cosa nueva que tenía en la vida. Tenía entonces once años.

Metió su cabeza rapada por mi ventana, y me pude ver reflejado en sus lentes de sol. «Muchachos, ¿qué están haciendo ustedes aquí afuera?», nos dijo muy serio.

Escuchó nuestra explicación y nos dijo después: «Bueno, a menos que quieran que tome sus fotos y sus huellas digitales para la policía, lo mejor que pueden hacer es largarse».

«Sí, señor», le dije.

De mala gana, prendí el motor y salimos lentamente del estacionamiento del Hospital Parkland. No llevábamos ni diez minutos en la autopista, cuando el anunciador de la radio dio este sombrío informe: «El presidente ha muerto».

No nos hizo falta mucho tiempo para darnos cuenta de que estábamos entre los últimos civiles que lo habíamos visto vivo.

9

Todos los domingos, un trabajador del campo llevaba un carretón de mulas por los caminos de tierra de la plantación, recogiendo gente para llevarla a alabar al Señor. Eran como veinte las familias que trabajaban en el lugar del hombre. Todos se subían al carretón, los hombres ayudaban a las mujeres, después les pasaban a los bebés y por último ellos, así el trabajador los llevaba a todos a la congregación New Glory of Zion Baptist Church [Iglesia Bautista Nueva Gloria de Sion]. A decir verdad, no recuerdo exactamente cuál era el nombre, pero todas aquellas iglesias eran «Nueva» esto y «Gloria» lo otro, y por supuesto, casi todas eran bautistas.

Cada plantación tenía una iglesia para la gente de color, allí era donde más se socializaba. Nuestra pequeña congregación hecha de tablas estaba en un campo muy amplio y tenía una cruz sobre la puerta que nunca supo lo que era una capa de pintura. Parecía como si Dios usaba el techo de zinc como almohadilla para sus alfileres, porque estaba lleno de agujeros por los que se colaba la luz del sol, lo cual hacía que las bancas de madera parecieran telas con lunares. A veces venía la lluvia y el predicador tenía que barrer toda la basura para sacarla por la puerta del frente.

El hermano Eustis Brown, el predicador, no era más que uno de los trabajadores de los campos. Pero era el único hombre que conocí, sin contar a tío James, que podía leer la Biblia. Yo aprendí mucho de las Escrituras escuchando al hermano Brown puesto que predicaba el mismo sermón todas las semanas durante *meses*.

Digamos que el hermano Brown estaba predicando sobre la maldad de la concupiscencia. Nos decía: «Ahora escuchen, iglesia: el libro de primera de Juan dice que conocemos la concupiscencia de la carne, la concupiscencia de los ojos y la soberbia de la vida... ¡Nada de eso viene de *Dios*; viene de este *mundo*! ¡Pero este mundo *se va a acabar*! ¡Y sus lujurias van a *pasar*! Sin embargo, si ustedes hacen la voluntad de Dios, ¡van a vivir *para siempre*!».

Cada semana decía ese mismo verso, machacándolo una y otra vez, como si le estuviera clavando una herradura a un caballo cabeciduro. Pero algunas veces, la gente se empezaba a quejar.

«Hermano Brown, ya hemos oído ese mensaje como cien veces», le solía decir alguna de las mujeres más viejas; alguien con agallas, como mi tía, la hermana de Big Mama. «¿Cuándo piensa cambiar de sermón?».

El hermano Brown se ponía a mirar el techo lleno de agujeros y sacudía la cabeza, algo triste. «Yo salgo a los campos a trabajar en el algodón con todos ustedes y, cada semana, el Señor me enseña lo que está pasando en la congregación, para que sepa lo que tengo que predicar el domingo. Cuando empiece a ver cambios allí», decía, señalando hacia la plantación, «entonces cambiaré lo que predico aquí».

Así es cómo aprendí la Biblia sin saber leer.

Cuando tenía como doce años, mi tía Etha me vistió todo de blanco y me llevó al río para que me sumergieran. Aquel día eran como cuatro o cinco que nos íbamos a bautizar, y todas las familias de la plantación trajeron cubetas y canastas de comida para regarla sobre unas mantas y tener lo que llamábamos «comida en el suelo». Los blancos lo llaman «merienda campestre».

Mi tía le retorció el pescuezo a un pollo y lo frió de manera muy especial, sacó su famoso pastel de zarzamora y una jarra de té fresco que hizo con hojas de menta que consiguió con mi tía abuela. (O por lo menos, yo creo que eran hojas de menta. Con mi tía, uno nunca sabía qué clase de polvos y pociones iba a conseguir).

Pero no comimos hasta que el hermano Brown predicó un sermón sobre Juan el Bautista, cuando sumergió al propio Jesús, y Dios habló desde el cielo para decir que estaba muy contento con la clase de tipo que había resultado ser su Hijo. Cuando acabó su predicación el hermano Brown, se metió en aquel río verde tan fresco, hasta que el agua le llegó a la cintura de su túnica blanca que guardaba especialmente para bautizar. Yo lo seguí descalzo, sobre las piedras, pulidas y brillantes por el agua, hasta llegar al tibio y suave fango, más adentro del agua.

Ahora bien, Bobby y yo nadábamos mucho en el bebedero, pero solíamos hacerlo desnudos por completo. Así que me sentía un poco raro, entrando al agua totalmente vestido, mientras la ropa giraba alrededor de mí, toda blanca y suave como una nube. Pero fui vadeando hasta donde el hermano Brown me estaba esperando. El fango del río se me metía entre los dedos de los pies, mientras me mantenía observando, no fuera a aparecerse un caimán.

Me paré de lado frente al hermano Brown y él me puso la mano izquierda en la espalda. Yo podía oír algunos pájaros piando, y el agua moviéndose, y lejos —río abajo— vi unos hombres blancos pescando en un bote.

—Li'l Buddy —me dijo el predicador—, ¿crees que Jesús murió en la cruz por tus pecados, fue sepultado y resucitó en el tercer día?

—Sí, señor. Lo creo —le dije y sentí que algo me rozaba una pierna. Tuve la esperanza de que fuera un bagre.

—¡Y yo ahora te bautizo en el nombre del Padre, del Hijo y del Espíritu Santo! —me dijo el hermano Brown y, rápido como un rayo, tal vez por si acaso yo cambiaba de idea, me cerró la nariz con la mano derecha y me tiró de golpe hacia atrás en el agua.

El problema fue que el hermano Brown como que no me pudo aguantar y yo me hundí derecho hasta el fondo. Como no sabía si se suponía que me debía levantar yo solo, lo que hice fue ir flotando por el río hasta bastante lejos, echando burbujas y mirando a través del agua fangosa a las nubes que iban pasando. Tía Etha me dijo después que la congregación entró en pánico y se lanzó al río. Todavía estaban chapoteando por todas partes y llamándome, cuando yo salí río abajo a la superficie, como el corcho de una pita de pescar... ¡bastante más pálido y lleno del Espíritu Santo!

Mi tía se alegró tanto por verme que aquel día me tocó servirme dos veces del pastel de zarzamoras.

10

Las cosas estaban cambiando. Tío James se enfermó y murió y tía Etha se mudó. La última vez que la vi, estaba llorando. Yo no entendía por qué Dios me seguía quitando toda la gente que más amaba. Thurman y yo nos separamos, y me fui a vivir en una plantación diferente con mi hermana Hershalee. Me parece que Thurman se fue a quedar con alguna de la gente de BB, pero no estoy seguro. Debo haber tenido trece, catorce años. Esos años como que van siempre juntos en mi memoria. Nosotros nunca nos fijábamos en ningún calendario. No lo necesitábamos: cuando todo lo que haces es recoger el algodón del hombre, no tienes más lugar adonde ir, que donde estás.

Yo echaba de menos a Bobby, quería tener otro amigo como él. El nuevo hombre tenía un par de hijas que eran más o menos de mi edad, pero puedes estar seguro de que yo no era amigo de ninguna *muchacha* blanca. Además, los muchachos blancos, cuando ya tenían la edad, se pasaban el día en la escuela. Algunos muchachos de color también iban, pero yo no. Y muchísimas veces, el hombre sacaba de allí a los muchachos de color, para que se fueran a trabajar a los campos.

Tampoco se trataba solo de que la gente mayor hubiera levantado una pared entre blancos y negros. Años más tarde, oí hablar de cinco o seis muchachos blancos de Carolina del Sur que tenían la costumbre de ir juntos a la escuela caminando. Cada día, tenían que cruzar un arroyo en un lugar sombreado entre los bosques. Ahora bien, ese arroyo también estaba en el camino a la escuela de los muchachos de color, y un día los chicos blancos decidieron que no les parecía bien que los negros cruzaran el arroyo pasando por encima de los mismos troncos que ellos. Así que les prepararon una emboscada. Recogieron palos y maderos viejos, y los alinearon sobre los troncos, mientras ellos esperaban que los muchachos de color llegaran caminando.

«¡Estos troncos nos pertenecen a los blancos!», les gritó un chiquillo abusador a los muchachos de color cuando llegaron al arroyo. «¡Ustedes, los negros, si quieren pasar, van a tener que vadear por el arroyo!».

Bueno, pues los muchachos de color no aceptaron aquello, y empezó una guerra en la que volaban los palos y las piedras. Lo triste fue que los muchachos blancos ganaron la pelea: lanzaron suficientes piedras para controlar los troncos y los muchachos de color tuvieron que vadear el arroyo para llegar a la escuela.

Yo vine a oír ese cuento cuando ya había crecido, pero todavía me siento mal por esos muchachos. No tanto por tener que caminar hasta la escuela con los pantalones mojados, sino por saber lo que es que lo humillen a uno así por haber nacido con un color distinto en la piel. Y yo sé lo que es ir caminando con la vista baja, para impedir que vuelva a pasar.

Eso fue lo que hice después que me arrastraron.

Debo haber tenido quince o dieciséis años, cuando iba por el camino que pasaba al frente de la plantación, de vuelta a la casa de mi tita. Entonces fue cuando vi aquella señora blanca que estaba junto a su sedán Ford azul. Se estaba agachando un poco, mirando por debajo del auto, pero como hacen las damas, tratando de no manchar su falda blanca con el polvo. Su sombrero también era blanco; pequeño, lo suficiente para cubrirle la parte superior de la cabeza, con una cinta de color café alrededor de él, como una franja de chocolate. Como dije antes, estaba bien vestida, como si hubiese estado en el pueblo.

Le pregunté si necesitaba ayuda y ella me dijo que sí. Saqué el gato del maletero y lo puse debajo del auto, escogiendo el lugar más firme que pude encontrar. Le di movimiento a la palanca y el auto subió un poco, lo suficiente para que yo pudiera sacar la rueda.

Ya le estaba volviendo a poner las tuercas, cuando salieron aquellos tres muchachos del bosque y le preguntaron a la señora si necesitaba alguna ayuda. Por supuesto, el dientudo pelicolorado fue el primero que me vio, y me llamó negro. Y cuando me vine a dar cuenta, tenía una soga bien apretada alrededor del cuello, y un terror horrible que se me retorcía por la barriga como una serpiente mocasín de agua.

«Te vamos a enseñar una lección para que no vuelvas a molestar a las señoras blancas», me dijo el que tenía aguantada la soga.

Solo que yo no la había estado molestando, sino solamente arreglando su rueda. Pero ella no se ofreció a decir la verdad y yo no dije nada, porque estaba seguro de que no me iban a creer. Pensé que si hablaba, solo haría más grande mi problema.

Me mantuve vigilando al muchacho que tenía la soga y, cuando se la amarró a su silla de montar, supe lo que venía, y entonces sí que me asusté. Alcé las dos manos, tratando de soltarme de la soga. Entonces fue cuando ellos les dieron a las riendas y comenzaron a cabalgar riéndose.

Primero, los caballos iban trotando, suficientemente lento para que yo pudiera correr. Me iba tambaleando detrás de ellos, con las manos aferradas todavía al nudo corredizo, y tratando de mantenerme sobre mis pies. Los caballos solo estaban tal vez unos tres o cuatro metros delante de mí, y yo podía oír cuando golpeaban la tierra con las patas. El polvo me hacía daño en los ojos. Lo tenía hasta en la boca.

Entonces oí un par de gritos. Mis pies salieron volando de debajo de mí, y aterricé de un golpe en la tierra, mientras me seguía deslizando con las rodillas y los codos por el camino. Los caballos corrían y corrían, y yo me agarraba al nudo como si fuera el timón de un auto, tratando de meter los dedos dentro de él para impedir que se cerrara más. La tierra me estaba cegando y asfixiando. Se me rompieron las mangas de la camisa y las rodillas de los pantalones, y después se me peló la piel como la de un conejo listo para la olla. Ya no podía oír más risas, sino solo el terrible trueno de aquellos caballos que me arrastraban a la muerte.

Supongo que me habría muerto, si Bobby y su tía, la mujer del hombre de la otra plantación, no hubieran aparecido por el camino en ese mismo momento. Entonces, me desmayé y, en realidad, no recuerdo gran cosa de lo que pasó después. Solo sé que de repente, dejaron de arrastrarme. Logré mirar apenas un poco, porque se me habían hinchado tanto los párpados, que apenas los podía abrir un poco, y vi a la tía de Bobby apuntándoles con un rifle a aquellos muchachos de los caballos.

«¡Suéltenlo!», les gritó. Yo sentí que se aflojaba el nudo corredizo y que la otra punta de la soga cayó al suelo, como una serpiente de la que sale la maldad. Entonces oí cómo los muchachos se iban a caballo, riéndose.

Bobby y su tía me metieron de prisa en su auto y me llevaron hasta la casa de mi tita. Ella me atendió con sus raíces y sus pociones, y me puso una pasta en los ojos para bajar la hinchazón. Estuve en cama una semana, hasta que bajó la hinchazón y pude ver bien otra vez. Ese fue más o menos el tiempo que necesité para que aquello cicatrizara, y me pudiera poner unos pantalones y una camisa.

Yo sabía quiénes habían sido. Y me imagino que sus papás eran miembros del Klan. Pero en la parroquia de Red River, los hombres de color habían aprendido que era mejor quedarse callados, que decir lo que sabían, a menos que quisieran que les pasaran cosas peores a su familia, como despertarse en medio de la noche con la casa en llamas.

Al recordar aquello, pienso que eso que hicieron aquellos muchachos hizo que yo me sintiera un poco confundido con la vida. Y puedes tener por seguro que no me iba a ofrecer jamás a ayudar a ninguna señora blanca.

11

La primera vez que vi a Deborah, comencé a tramar la forma de robármela. Al principio, no para mí, sino para Sigma Chi, la fraternidad a la que me uní después de transferirme de East Texas State a Texas Christian como alumno de segundo año. Eso sucedió en la primavera de 1965, y yo estaba en un período académico de prueba. En cambio, Deborah era alumna de segundo año con una beca, y cuando yo la conocí, también era miembro de la fraternidad femenina Tri Delt y «princesa» de Delta Tau Delta, rival nuestra. Mi plan era hacerla princesa de Sigma Chi, un pequeño grupo interfraternidades que llevaba consigo la novedosa ventaja de añadir a una chica intelectual a nuestra mesa en la Unión de Estudiantes.

Deborah creció en Snyder, un pueblo al oeste de Texas por el que rodaban los matorrales con el viento y tan plana que uno se podía pararse sobre una boñiga de vaca y ver Nuevo México desde allí. Es uno de esos lugares en los cuales todo el mundo sabe lo que le toca hacer, donde los alumnos de la escuela sueñan con viajar a lugares tan exóticos como Lubbock o Abilene. Allí no crece nada verde fuera de la sección de hortalizas del Piggly Wiggly. Snyder es también el último lugar del que se registra que un ser humano vio un búfalo blanco, por lo que hoy un búfalo gigante hecho de yeso vigila el edificio de los tribunales desde la plaza del pueblo.

Deborah tiene dos hermanas: Gretchen, que quedó en segundo lugar en el concurso de belleza de miss Snyder, y Daphene, gemela de Deborah solo por el hecho de que las dos nacieron en el mismo día. Alta y voluptuosa, de joven Daphene era una chica siempre metida en todas las fiestas que nunca conoció un muchacho que no le gustara, ni un libro que le agradara. En cambio Deborah era el polo opuesto: era un ratón de biblioteca y tan pulcra como la esposa de un pastor los domingos. Siendo adolescente, Deborah tenía la figura de una pajilla de absorber y, como era más bien tímida, se llenaba por completo la boca de palomitas de maíz para impedir que los varones la besaran cuando se estuvieran tomando las fotos. Pero con su cabello negro y sus ojos achinados, era muy bonita y hablaba con un suave acento tejano y en un tono perfecto, como las aristócratas sureñas.

Esa fue el arma con la que me atrapó primero. Una cálida noche de otoño de 1966, Sigma Chi se estaba preparando para tener un un acontecimiento informal en el que todos los miembros de la fraternidad se iban a los bosques, cargando neveras llenas de cervezas heladas, y retozaban con las chicas con las que habían hecho su cita.

Solo que yo no había podido hacer cita con ninguna, una situación que estaba comentando con mi amigo Glenn Whittington cuando Deborah entró en la Unión de Estudiantes.

Glenn era el tipo al que todo el mundo quiere: divertido, afable y siempre concertando citas. Cuando vio entrar a Deborah, le hizo señas de que se acercara a nuestra mesa. Después de un poco de charla superficial para romper el hielo, se lanzó al ataque: «Deborah, ¿conoces a mi amigo Ron? Él necesita tener una cita con alguien para esta noche en la actividad del bosque».

Deborah perforó a Glenn con la mirada. Entonces le anunció de esa manera inquebrantable que tienen las mujeres sureñas: «Si tu amigo quiere tener una cita conmigo, me puede llamar». Hizo un giro con sus mocasines y se marchó. Ni siquiera volvió a mirar atrás.

Ahora bien, hasta aquel momento, yo solo había estado con rubias ricas amigas de las fiestas que tenían todo lo que necesitaban para el momento. Nunca había estado con alguien que viviera de una beca académica; alguien que realmente estudiara para aprobar los exámenes. Aquello me intrigó. Además, ella era muy, muy bonita. Al día siguiente la llamé.

Ella aceptó asistir al evento conmigo, aunque sin compromiso. Así supe que acababa de romper con su novio, un galán de Delta Tau Delta llamado Frank. Pero ya al lunes siguiente, había vuelto con él. No lo tomé como algo personal, pero hicimos un trato: la próxima vez que rompiera con él, me llamaría a mí. Un par de semanas más tarde, lo hizo.

Volvimos a salir un viernes por la noche. El lunes siguiente ella estaba de vuelta con Frank. Así fueron las cosas durante semanas: rompía con él y me llamaba para reunirnos un fin de semana. Entonces, el lunes siguiente ya estaban juntos otra vez. Tal vez pensarás que esas capitulaciones herían mi ego, pero en realidad, Deborah y yo éramos más amigos que otra cosa. Nos parecía que toda aquella manera de comportarse era divertida hasta la histeria.

Sin embargo, nuestras interrumpidas citas se acabaron en la primavera de mi último año de estudios, cuando abrí un sobre con aspecto de contener algo oficial y dentro encontré una invitación a participar en la Guerra de Vietnam. Eso me llevó al campo de entrenamiento básico de Fort Polk, Luisiana, después a Albuquerque, donde fumé marihuana una vez y me desperté en la misma cama que una chica gorda, y finalmente al servicio permanente en Fort Carson, Colorado.

Inmediatamente después de marcharme de Fort Polk, me faltó poco para que me destinaran como tirador en una unidad terrestre para la zona desmilitarizada. Acababa de terminar mi entrenamiento de infantería básico y avanzado, y me encontraba compartiendo un vivac con veinticinco mil soldados más recién entrenados en un aeropuerto de Colorado Springs.

«¡Hall! ¡Ronald R.!», ladró un teniente segundo más afilado que una navaja. «Tome sus cosas y suba a bordo». Me señaló hacia un jet de transporte militar situado dentro de una larga hilera de aviones, que yo sabía que iban directamente al frente de guerra.

Pero por alguna razón que desconozco, me hizo unas cuantas preguntas, y cuando supo que yo tenía tres años y medio de universidad, me dio otra asignación.

«Le tengo una noticia buena y otra mala», me dijo. «La buena es que hay un puesto libre en el apoyo a las armas nucleares en Albuquerque. La mala es que usted tendrá que ser aprobado para el nivel de máximo secreto. Si no lo aprueban, lo tendré que poner en un avión idéntico a aquel».

Le juré al teniente que mi historial estaba limpio. Él me despachó para Albuquerque, donde me aprobaron para el nivel de máximo secreto. Por supuesto, es probable que no hubiera aprobado, si el ejército hubiera sabido que había terminado fumando marihuana con una gordita.

— — —

Durante los dos años que estuve trabado en el ejército, Deborah y yo intercambiamos algunas cartas. Nada color púrpura ni lleno de pasión, sino solo para mantenernos al tanto el uno del otro, como hacía la gente antes que existieran el correo electrónico y la larga distancia gratuita. En diciembre de 1968, al terminar mi servicio, regresé a Texas para terminar mis estudios en la escuela nocturna. Como tenía que conseguir dinero, terminé con el trabajo de vender Sopas Campbell's a los gerentes de los mercados locales. Detestaba entrar al Piggly Wiggly con traje y chaleco, llevando un sacudidor de plumas. Además de tratar de convencer a los gerentes para que les dieran más espacio en sus estanterías a productos extraños, como las salsas de molleja, también tenía la responsabilidad de sacudirles el polvo a los productos que se vendían con mayor lentitud, como las sopas de chícharos.

Un día llamé a Deborah, solo para saludarla. Ella me contó todo lo sucedido en dos años de historia social en la Texas Christian: quiénes habían dejado los estudios, quiénes se habían graduado y, claro, quiénes se habían casado en aquellos días, las chicas ya tenían su futuro esposo cuando llegaban al último año y, si todo iba bien, se casaban en el semestre de primavera. Yo siempre había pensado que las chicas de Tri Delt eran las más bellas de todo el recinto universitario. Por hacer una broma, le pregunté a Deborah: «¿Queda alguna chica de Tri Delt que todavía no se haya casado?».

«Solo yo», me respondió ella. «Y me he puesto *muy hermosa*. Estoy segura de que te voy a gustar».

Tenía razón. Había desaparecido la estudiante becada bonita y un poco discutidora que yo había llevado al bosque. En su lugar había una encantadora mujer culta, segura de sí misma y sumamente divertida. Comenzamos a salir juntos y, al cabo de un mes, ya no salíamos con nadie más que nosotros dos.

En la primavera de 1969, Deborah volvió de la boda de una compañera universitaria que se casó en San Antonio, y me dijo:

—Allá, todo el mundo piensa que tú y yo nos deberíamos casar.

Yo le sonreí:

—¿Y tú qué piensas?

—Yo también pienso que nos deberíamos casar.

—Bueno, ¿y por qué no?

—Es que tú me lo tienes que pedir primero.

Así que le di un beso y le dije que me pondría a preparar aquella petición.

En julio, mi padre me prestó dinero para comprar un anillo. Pero no sabía cómo pedir su mano y me fui a quejar a viva voz con Kelly Adams, mi compañero de cuarto, acerca de mi dilema.

«¿Qué quieres que haga yo? ¿Que pida su mano por ti?», me preguntó.

Yo pensé que si trabajara para Cyrano de Bergerac, tal vez lo podría intentar. Le di a Kelly el anillo y fuimos a visitar a Deborah en su apartamento. Nos reunimos en su sala de estar, formando un extraño círculo.

Kelly le dijo a Deborah, mientras le entregaba el anillo:

—Ronnie tiene algo que pedirte. Quiere saber si estás dispuesta a casarte con él.

Deborah puso los ojos en blanco.

—¿No sería mejor que *él mismo* me lo pidiera?

Yo le dirigí una amplia sonrisa.

—Bueno, ¿estás dispuesta? —le dije.

Ella me habría debido decir que me marchara y volviera en otro momento. Sin embargo, me dijo que sí. Y añadió:

—Dicho sea de paso, esta ha sido la peor petición de mano que he visto *jamás*.

Nos casamos en octubre de 1969, y Deborah comenzó a trabajar como maestra de escuela primaria, mientras que yo entré al mundo de los bancos de inversiones. Me gradué en la escuela nocturna, después me quedé un año más y obtuve una maestría en administración de empresas. Ya en 1971 había comenzado a comprar y vender cuadros como trabajo secundario. Dos años más tarde nació nuestra hija Regan.

En 1975, el año antes que naciera nuestro hijo Carson, estaba ganando en la venta de arte el doble de lo que ganaba en el banco. Así que comencé a buscar razones para trabajar por mi propia cuenta. No pasó mucho tiempo antes que me llegara una razón bajo la forma de *The Signal*, una obra de Charles Russell, el notable pintor de arte del Oeste de Estados Unidos. En 1910, Russell les había dado esta pintura como regalo de bodas a los Crowfoot, una prominente familia de Montana cuyos descendientes se establecieron más tarde en Puerto Rico. Por medio de un contacto en Santa fe, Nuevo México, supe que un heredero de los Crowfoot estaba interesado en venderlo.

Llamé por teléfono desde mi oficina en el banco al señor Crowfoot en San Juan y le dije que quería comprar su cuadro. Pero le expliqué que estaba demasiado ocupado para volar a Puerto Rico, así que lo ayudé a ver lo sabio que sería que él viajara a Texas, trayendo consigo aquel objeto heredado. Lo cierto era que, aunque me iba mejor que a un buen número de hombres de mi edad, ni me podía permitir pagar un billete de avión a San Juan, ni podía dejar un día mi trabajo normal.

Así que el señor Crowfoot voló a Fort Worth, donde yo lo colmé de muestras de la hospitalidad tejana, lo cual significa grandes filetes y una gran cantidad de licor. Al llegar al postre, él ya había acordado venderme el Russell por $28.000. No solo eso, sino que me dijo que dejaría el cuadro en mis manos y me permitiría atrasar el pago por noventa días. Era una oportunidad increíble; mi primera oportunidad para lograr unas ganancias de cinco cifras. Le subí el precio a *The Signal* hasta los $40.000 y empecé a buscar un comprador.

Pero tres meses pasan rápido cuando uno tiene que cumplir con un pagaré a noventa días. Una vez pasados los primeros cuarenta y cinco días, comencé a sudar frío. Entonces me vino una idea: en el día número cuarenta y seis, sin comprador alguno en mente, me fui al aeropuerto y compré un billete para Los Ángeles. Desde la puerta de acceso al avión, llamé al banco diciendo que estaba enfermo. Logré conectar con mi jefe en el mismo momento en que empezaron a llamar por los altavoces a los viajeros de mi vuelo.

Después de aterrizar en el aeropuerto de Los Ángeles, pagué cinco dólares por un auto alquilado y le pedí a la empleada que me dijera cómo llegar a Beverly Hills. Un corto viaje por la carretera Interestatal 5 me llevó a Sunset Boulevard, donde me salí de la autopista para entrar en aquella refinada tierra de palmas, altos muros y mansiones. Dando vueltas por las sombreadas curvas de la famosa avenida, salí cerca de Rodeo Drive, una meca de las galerías de arte. Llevando el Russell bajo el brazo, entré en la primera galería que encontré y ofrecí vender *The Signal*.

Me dijeron que no les interesaba. Pero tenían un cliente que pudiera estar interesado, y llamaron a un señor llamado Barney Goldberg para decirle que yo iba camino a su residencia con algo que le iba a agradar. El señor Goldberg no vivía muy lejos y, para mi sorpresa, tampoco en una mansión. Con todo, su gran casa con estilo de hacienda sí tenía el aspecto de un lugar donde había dinero. En el mismo instante en que puse un pie en el portal, la puerta se abrió de par en par.

—¡Basurita! —me dijo efusivamente un hombre calvo de un metro ochenta de altura que parecía exactamente un cruce entre Gene Autry, Liberace y Moshé Dayán. Aquel hombre extendió sus manos repletas de diamantes y me envolvió en un abrazo de oso como si yo fuera un pariente que llevara mucho tiempo perdido.

—No, señor —le dije, moviendo la cabeza—. Yo no soy Basurita. Soy Ron Hall.

—¡No, *no* lo eres! —me dijo regañándome como una tía consentidora insistiendo en que un niño con el estómago lleno se comiera un segundo pedazo de pastel—. ¡Tú eres *Basurita*! ¡Y me puedes llamar Bromitas!

Mientras él decía aquello, capté todo su resplandeciente conjunto. Rodeándole la cabeza detrás de unos lentes de sol de aviador montados en oro, el señor Goldberg llevaba un parche negro sobre el ojo derecho, y debajo de todo aquello, una camisa y unos pantalones de mezclilla de vaquero con broches de perlas, unas botas de piel de serpiente pitón blanca como para matar cucarachas, con puntas de oro y adornos en el talón, y en el cinturón una hebilla en forma de búfalo con dos rubíes por ojos y diamantes por todas partes. En cada uno de los dedos llevaba un diamante que tenía por lo menos tres quilates, con excepción de los dos dedos anulares, en cada uno de los cuales llevaba uno de diez quilates.

El señor Goldberg, o Bromitas, me hizo entrar en su hogar estilo cabaña con una decoración muy masculina, en el cual todos los espacios estaban repletos con colecciones de armas de fuego antiguas, objetos típicos de vaqueros y mantas de indios navajos. Pero sus paredes fueron las que más me interesaron. Todas ellas estaban cubiertas desde el piso hasta el cielo raso con pinturas del Oeste de la mayor calidad: Remingtons, Boreins y... Russells.

Estoy salvado, pensé, mientras en mi mente, el señor Crowfoot hacía un cheque. Estaba seguro de que Bromitas era un comprador de primera para *The Signal*. Después de mi improvisada gira por su hogar, me invitó a disfrutar de un vaso de vino antes del almuerzo... *mucho* antes del almuerzo. Prácticamente, estuve todo el tiempo sentado al borde de mi silla, esperando a que me hiciera una oferta por el Russell.

Tomó un sorbo de vino y comenzó a hablar:

—Como puedes ver —me dijo, señalando sus paredes repletas de obras de arte— yo no necesito esa cosita que tú trajiste.

El corazón se me fue al estómago.

—Pero eres una persona *tan* agradable... —siguió diciendo—, ¡que le voy a vender tu Russell a uno de mis mejores amigos y te voy a enviar el dinero!

Bromitas resplandecía de emoción, como si me acabara de ofrecer un viaje a Tahití por un dólar. Pero como no tenía otras posibilidades, acepté su ofrecimiento. Nunca llegamos a almorzar. Solo bebimos más vino y trazamos el vago bosquejo de una oferta. Yo le insistí en que *necesitaba* tener el dinero en cuarenta y cuatro días. De lo contrario, el señor Crowfoot vendría para arrancarme la cabellera.

—Sí, sí, te comprendo —dijo arrastrando las palabras, mientras sonreía y se tambaleaba un poco acompañándome hasta la puerta del frente—. Confía en mí.

Cuando llegué al aeropuerto de Los Ángeles, llamé a Deborah.

—¡Te tengo una noticia estupenda! —le dije—. Conocí aquí a un coleccionista que va a vender el Russell y enviarnos el dinero.

Deborah pareció cautelosa.

—¿Qué aspecto tiene?

Yo titubeé, porque no estaba seguro que me fuera útil darle una descripción precisa.

—Bueno... se llama Barney Goldberg...

—¿Tienes un recibo o un contrato?

—No...

—Le pusiste un seguro al cuadro, ¿no es cierto?

—No...

—¿Estás loco? —me lanzó una descarga por el teléfono—. ¡Eso parece una estafa! ¡Vuelve enseguida a esa casa y recupera el cuadro!

—Es demasiado tarde —le dije, sintiéndome agotado de repente—. Se me acabó el dinero y el avión sale en unos cuantos minutos.

Colgué el teléfono y tomé el avión de vuelta a Fort Worth con los intestinos dándome vueltas. Al día siguiente comencé a tratar de llamar a Goldberg para conseguir por lo menos un recibo. Pero cada vez que marcaba el número, el timbre sonaba un largo rato a través de la línea, como burlándose de mí a larga distancia. Estuve llamando a diario durante cuarenta y tres días, sin llegar a hablar nunca con él. Cuando se iba acercando el final de los noventa días, el señor Crowfoot comenzó a llamarme casi a diario para recordarme dónde debía enviar su cheque. Los nervios les sacaron nueve o diez kilos a mis huesos.

En el día número cuarenta y cuatro, el día final, llamé de nuevo a Bromitas, esta vez desde el banco, y por fin me respondió.

—¿Dónde has estado, y por qué no me has contestado el teléfono? —le grité.

—*Basurita*... —me dijo con un suave tono de reproche—. Estaba en *Hawái* —solo que me dijo algo así como «Hai-va-ya».

—¡No me vengas con esa tontería Basurita! ¿Dónde está mi dinero?

—Mira tu cuenta —me dijo con toda tranquilidad—. Te lo giré hace un par de días.

Lo puse en espera en el teléfono y llamé a Jean, en el departamento de contaduría, quien me informó que en mi cuenta había 40.000 dólares que me habían sido girados allí por un tal Barney Goldberg.

Sintiendo un alivio increíble, volví a hablar con Bromitas de nuevo, le di las gracias y empecé a sudar nerviosamente a chorros, como suele pasar cuando uno apenas acaba de evitar un choque de automóvil. Y sin embargo... en un solo cuadro, había tenido unas ganancias casi iguales a mi sueldo anual en el banco. Al cabo de unos cuantos días, ya estaba haciendo planes para un nuevo trato con Bromitas. Pocas semanas más tarde, renuncié al banco. Y pocos meses más tarde, comenzó a llegar el dinero a chorros.

12

Cuando estábamos recién casados, Deborah y yo éramos unos metodistas básicamente domingueros. Nos estacionábamos en las bancas la mayoría de los domingos, y con toda seguridad todos los días de Pascua de Resurrección y de Navidad, puesto que en aquellos tiempos todavía estaba muy difundida la opinión de que solo los paganos que iban camino al infierno, y probablemente también los abogados, no iban a la iglesia en Pascua de Resurrección y en la Navidad. Mantuvimos esa manera de hacer las cosas hasta 1973, cuando unos amigos de una iglesia bíblica nos invitaron a su hogar para asistir a un «grupo de discusión» de seis semanas acerca de la vida.

Resultó ser que en realidad nos habían clasificado como «perdidos», «no creyentes» y «no salvos», tal vez porque no teníamos ninguna calcomanía con la figura de un pez en nuestros autos. (Lo cual me recuerda una amiga nuestra que, aunque acabada de «nacer de nuevo», conservaba el mal hábito de hacerles un gesto obsceno a los otros conductores mientras iba a toda velocidad por las carreteras en su camioneta Suburban. Aun a pesar de la religión que había acabado de hallar, no podía controlar su dedo medio, pero según cuenta su esposo, el Espíritu Santo la movió a quitar el pez del parachoques hasta que su dedo también se salvara).

Sin sospecharlo, mi esposa y yo nos unimos al grupo de discusión en el hogar de estilo Williamsburg que tenían Dan y Patt McCoy. Dan había sido jugador de fútbol rugby en la Texas Christian. Medía 1,95 metros y pesaba 125 kilos, así que cuando nos invitó a su casa, tuve temor de negarme. Aquella noche de domingo, nos sorprendió encontrar exactamente cuarenta personas, veinte parejas, según supimos más tarde, divididas por igual entre «salvos» y «no salvos». Patt había preparado un atractivo bufet con bizcochos de chocolate, barras de limón, café y té frío, pero lo raro es que nadie comió nada. Desde entonces he llegado a deducir que siempre se trata de una trampa cuando uno no puede comer nada hasta que haya escuchado la charla.

Nos presentamos ante los demás y escuchamos durante una hora, mientras un hombre recién duchado y con un pelado conservador, llamado Kirby Coleman, se dirigió al grupo para presentarle las preguntas más ardientes sobre la existencia: ¿por qué estamos aquí? ¿Qué razón de ser tiene nuestra vida? ¿Qué sucede cuando morimos? Francamente, me pareció que Kirby se veía un poco más joven de la cuenta para conocer ninguna de esas respuestas.

Después de la charla con todo el grupo, él nos buscó junto a la mesa del bufet. A Deborah le preguntó:

—¿Es usted cristiana?

Habría dado lo mismo que le preguntara si ella era un ser humano.

—Yo *nací* cristiana —le contestó ella, ofendida al máximo.

—Pero ¿es usted *salva*? —siguió presionándola con sus preguntas—. ¿Tiene la seguridad de que va a ir al cielo?

Deborah se llevó una mano a la cadera, y con la otra le apuntó a la cara a Kirgy.

—¡Bueno! —le dijo—. ¡Mi *papá* pavimentó todo el estacionamiento de la Iglesia Metodista de Snyder y con eso me basta!

A Deborah Hall se le había acabado la paciencia con el señor Kirby Coleman. Tanto, que volvimos a la semana siguiente para pelear con él. Y a la siguiente. Y a la siguiente. Cada noche dominical, el embudo de la discusión se iba estrechando más, desde filosofar en general acerca de la vida, hasta una evangelización puntual. Al cabo de cinco semanas, ya lo había descifrado todo: si el sexto domingo no habías aceptado a Jesús, corrías la posibilidad de irte al infierno el lunes. Así que, en la última noche, después de volver a casa, le dije a Deborah que iba a hacer la oración del pecador de la que nos había hablado Kirby.

«No le veo el motivo», me dijo. «¿Cómo puede ser posible que yo haya vivido hasta ahora, yendo a la iglesia toda mi vida, y todavía tener que hacer eso? No tiene sentido ninguno. Además, sencillamente, me parece demasiado fácil».

Así que oré solo, sin ella, pidiéndole a Dios que me perdonara mis pecados en el nombre de su Hijo Jesús. En cambio Deborah hizo un examen exhaustivo del evangelio, como si fuera el fiscal en un caso federal. Y finalmente, fueron los argumentos de tipo legal que facilitan los libros de C. S. Lewis y de Josh McDowell los que la convencieron de que el cristianismo podía soportar la altura de su rigor intelectual. Finalmente, ella también hizo la oración.

Así fue cómo la onda de Jesús que barrió los recintos universitarios en la década de 1960 nos atrapó a nosotros en los barrios residenciales antes de deslizarse hacia el mar. Supongo que actuamos muy bien en toda esta cosa del cristianismo, o tal vez fuimos malos en ella, porque nos las arreglamos para alejar a muchos de nuestros viejos amigos del colegio universitario. Con nuestros nuevos ojos espirituales, pudimos ver que ellos tampoco tenían calcomanías con un pescado, y nos lanzamos a salvarnos de la condenación eterna con toda la sutileza típica de unos jugadores de apoyo novatos. Ahora, al recordarlo, me lamento por las heridas mutuas que nos hicimos en aquellas batallas verbales con los «no salvos». De hecho, he tomado la decisión de borrar de mi vocabulario esa expresión en particular, porque he ido aprendiendo que ni siquiera con mis bifocales estilo europeo de quinientos dólares, puedo ver el corazón de una persona para saber cuál es su estado espiritual. Todo lo que puedo hacer es contar el zigzagueante relato de mi propio recorrido espiritual, y proclamar que mi vida ha sido mucho mejor después de haber seguido a Cristo.

13

En las tierras donde vivía Hershlee había tres o cuatro plantaciones, una junto a otra, como los parches de un edredón. Eso quería decir que había tres o cuatro hombres diferentes que hacían trabajar a los negros en las diversas partes de la siembra del algodón. Pero para nosotros, todos eran el hombre. Cuando yo tenía dieciocho o diecinueve años, uno de ellos me dio mi propio lugar que quedaba muy lejos de donde estaba Hershalee. Me sentía muy bien con aquello, hecho un hombre y todo eso, aunque en realidad mi casa solo era una cabaña de dos cuartos. Yo no conocía nada mejor. Pensaba que estaba subiendo de categoría. Mi lugar estaba construido muy cerca de un sicómoro, así que en el verano tenía un poco de sombra. Tenía una mesa, dos sillas y una estufa ancha, y todo para mí solo. También tenía mi propio escusado. Me parecía que estaba viviendo como todo un señorón rico.

Todos pensaban en la parroquia de Red River que no había nada más bajo que un aparcero. Pero sí lo había, ahí entraba yo. Había un hueco por el cual caí, y otros conmigo, pero no lo sabía entonces. Verás: estaban los cosechadores y los hijos de los cosechadores. La mayoría de ellos también eran cosechadores. Pero algunos de ellos, sobre todo los que nunca habían aprendido a leer ni a hacer cuentas, se quedaban en la misma tierra, trabajando por nada más que por un lugar para vivir y comida para comer, como los esclavos. Ah, claro, todo el mundo lo entendí: el hombre seguía siendo nuestro dueño. Yo sabía que seguía llevando los libros en su tienda y escribía con un lápiz todo lo que yo sacaba fiado por la puerta. Pero no había forma de pagarlo todo, porque el hombre ya ni pesaba el algodón. Yo sabía que tenía una deuda con él, y él sabía que yo tenía esa deuda con él, y así permanecían las cosas.

Esta era la maldición que había en todo aquello: antes que Abe Lincoln les diera la libertad a los esclavos, los blancos querían que sus plantaciones funcionaran de manera autosuficiente, así que se aseguraban de que sus esclavos estuvieran entrenados para hacer muchos trabajos distintos. Por eso es que había herreros y carpinteros, zapateros y barberos, y esclavas que sabían tejer, coser, fabricar vagones, pintar anuncios y otras cosas por el estilo. Pero cuando yo llego, ya aquello no era verdad. En el Sur, todas esas clases de labores eran trabajos de blancos, y la única clase de faena que había para la gente de color era trabajar las tierras.

Pero después de un tiempo, hasta eso se empezó a secar. Cuando yo tenía tres o cuatro años, los sembradores blancos empezaron a comprar tractores, y eso quería decir que no necesitaban ya tantos trabajadores de color para sus cosechas. Fue entonces cuando los empezaron a forzar a largarse de sus tierras. Familias enteras con niños pequeñitos. Papás y mamás que no conocían ninguna otra vida, no sabían nada más que levantar una cosecha para otro, eran obligados a irse por la fuerza, a veces a punta de rifle. Ningún dinero. Ningún lugar donde vivir. Ningún trabajo. Ninguna forma de conseguir uno.

Como dije antes, había cerca de veinte familias de color, unas cien almas, en la plantación del hombre, cada una de ellas trabajando un pedazo de tierra para él. Pero poco a poco, con los años, el hombre los fue obligando a marcharse, hasta que quedaron a lo mejor dos o tres familias.

Todo lo que yo sabía era mi vida: por cerca de treinta años, sudé bajo el sol de la Florida, defendiéndome de las serpientes, trabajando la tierra hasta recoger la cosecha, recogiendo aquel algodón de vaina en vaina hasta que tenía las manos en carne viva, cultivando mi propia comida, cortando leña todo el invierno para no morirme congelado, y empezar todo de nuevo al llegar la primavera. Esa vida no es tan mala, si estás trabajando tu propia tierra. Pero no era así. Y no me parece que esa clase de vida sería mala, si fuera una tierra de otro, y ese otro te pagara. Pero no me pagaban. En estos tiempos, la mayoría de la gente no tiene ni idea de lo que es ser tan pobre. Los que estábamos en la plantación habíamos caído tan bajo, que no teníamos más propiedades que la lata que nos colgaba de los pantalones para poder beber un poco de agua. Ni siquiera era nuestra la ropa que llevábamos puesta, porque la conseguíamos en la tienda del hombre y, en realidad, no la habíamos pagado, según nos decía él.

Después que tío James murió y tía Etha se mudó, yo no tuve otra familia cercana más que mi hermana Hershalee. Y después que murió su marido, ella no tenía ningún trato para recoger la cosecha con su hombre, por lo que yo tampoco. Él me puso en aquella cabaña pequeña, me daba un puerco al año, que ya no daba dos como antes, y yo trabajaba ciento veinte hectáreas para él. Nunca me pesaba el algodón. Nunca me dio ningún cheque. Muy de vez en cuando, me dejó caer unos pocos dólares, tal vez unas cinco o seis veces en todos esos años.

Llegó la década de 1960. Todos esos años que trabajé para las plantaciones, el hombre no me dijo que había escuelas para gente de color adonde yo habría podido ir, o que podía aprender un oficio. No me dijo que me habría podido enrolar en el ejército para ir subiendo de categoría, ganar un poco de dinero que fuera mío y que me respetaran un poco. Yo no supe nada de la Segunda Guerra Mundial, la guerra de Corea, ni la de Vietnam. Y no sabía tampoco que la gente de color se había estado alzando por toda Luisiana durante años, exigiendo que los trataran mejor.

No sabía que yo era diferente.

A lo mejor te parecerá difícil creerlo. Pero vas a Luisiana hoy, y te metes por los caminos más escondidos en la parroquia de Red River, y tal vez puedas ver cómo un hombre de color que no sabía leer y no tenía radio, ni auto, ni teléfono, y ni siquiera electricidad, se habría podido estancar en el tiempo, y quedarse allí atascado, como un reloj al que se le acabó la cuerda y ya no quiso seguir andando.

Yo he visto luces eléctricas encendidas en la casa del hombre desde que era niño, pero seguía viviendo con una lámpara de aceite de carbón, en una chabola de tiro de fusil y sin agua corriente. Lo que me pasó fue que me desanimé muchísimo. Sentí que yo no le servía de nada a nadie, y que nunca iba a poder hacer nada mejor.

Yo sabía que había otros lugares. Había oído decir que mi hermano Thurman se había ido para California, y se estaba forrando en billete. Así que un día, decidí tomar ese mismo rumbo. No lo pensé mucho; solo caminé hasta la vía y esperé hasta que pasara el tren. Había otro tipo por allí junto a los raíles; un vagabundo que había estado montando en los trenes un montón de años. Me dijo que él me diría cuál era el tren que iba para California. Cuando ese tren redujo la velocidad para entrar al pueblo, los dos saltamos a un vagón.

Me imagino que yo tendría veintisiete o veintiocho años entonces. Nunca le dije a nadie que me iba, así que me imagino que todavía le debo al hombre por todos los overoles que le compré fiados.

14

Yo tendría treinta y dos años cuando pagué $275.000 por una casa al estilo de Williamsburg en una sección lujosa de Fort Worth. Aquello era un montón de dinero y una casa inmensa en 1977, sobre todo en Texas. Paredes de ladrillo rojo oscuro con columnas blancas que sostenían un agradable balcón, y un Mercedes estacionado frente a la puerta principal. Mi carrera de compra y venta de obras de arte había prosperado, y comenzamos a vivir al estilo de los que salen en las páginas sociales del periódico. Yo estaba construyendo mi negocio y Deborah era la esposa siempre dispuesta a apoyarme.

Las grandes instituciones de caridad venían a tocarnos a la puerta, y yo donaba con frecuencia cuadros de $5.000 o cuantiosos certificados de regalo para recoger dinero en subastas silenciosas, con la esperanza de atraer apostadores adinerados a mi galería. Asistíamos a bailes de caridad en traje de gala, en los que un puesto en la mesa costaba $1.000, y salíamos en los periódicos, levantando nuestras copas de champaña bajo unas resplandecientes luces.

Sin embargo, ella no se podía sacar de su mente la lógica que tenía esa clase de filantropía.

—Nosotros pagamos $2.000 para entrar y la mitad de esa cantidad es para pagar al decorador —decía—. Y el vestido que yo llevaba puesto costaba otros $2.000. ¿Por qué mejor no enviar un cheque por 4.000 dólares y quedarnos en casa? De esa manera, la institución de caridad conseguiría más dinero.

—Es bueno para los negocios —le respondía yo.

—¿De veras? ¿Cuánto has ganado?

—Bueno... Nada todavía.

Durante aquellos años, yo me pasaba una semana cada mes en Nueva York, donde terminé desarrollando una fuerte sociedad con un vendedor llamado Michael

Altman, que sigue siendo mi socio hasta el día de hoy. Unas cuatro veces al año, viajaba a París, metiendo en el medio otros viajes en primera clase y parando en hoteles de cinco estrellas de Tokio, Hong Kong y Florencia. Compraba y vendía obras de arte caras, tenía reuniones con clientes privados, me codeaba con dueños de galerías y compradores para los museos, y me las arreglaba para meter en mi agenda otras actividades, como salir a esquiar, catar vinos y pasar fines de semana en castillos.

Nos quedamos en Fort Worth hasta 1986, cuando pensé que había sobrepasado el nivel de esa ciudad, y entonces nos mudamos a Dallas, donde me parecía que podía ganar más dinero aún con el arte. Nos mudamos a una casa que valdría perfectamente un millón de dólares, en Park Cities, y la echamos abajo para hacerla mejor, pintándola con un color que combinaba con el Jaguar convertible rojo que estacionaba en la entrada. Park Cities era una zona de gente acaudalada, donde el periódico local, *Park Cities People*, publicaba regularmente una lista de las damas mejor vestidas, la mayoría de las cuales gastaban por lo menos $200.000 al año en ropa. A mí no me importaba aquello, y es probable que me hubiera sentido orgulloso de que mi esposa apareciera en esa lista. Por supuesto, Deborah se sentía horrorizada.

Pusimos a nuestros hijos en escuelas públicas. Regan pasó sus años jóvenes con una actitud religiosa, habiendo prometido no escuchar nunca ninguna música rock. En aquel entonces se vestía con gran elegancia, como su mamá, pero como adolescente que era, rechazaba todo lo que oliera a riqueza. A sus dieciséis años prefería la ropa que revende el Ejército de Salvación a todo lo que se podía encontrar en un centro comercial, y ansiaba convertirse en luchadora por la libertad en Suráfrica.

Carson creció como un jovencito con un gran corazón, siempre sensible a Dios. A nosotros nos encantaban sus dichos infantiles, como el que usaba para describir que se sentía demasiado cansado. «Mami», le decía a Deborah, «me cansé muy fuerte». En la escuela secundaria, fue luchador a nivel nacional, con sus cuarenta y siete kilos de peso. En realidad, era un jovencito modelo, con la excepción de un tiempo en el cual, después de haber probado un poco de licor en el último año, faltó poco para que destruyera su cuarto con su remo de premio al «Mejor campista» procedente del Kanakuk Kamp, donde iban todos los buenos varoncitos cristianos.

En Dallas, me dediqué por completo a mi trabajo, viajando más y esforzándome por lograr una participación mayor en el mercado internacional. Cambiaba de auto como de trajes Armani, y me cansaba de cada nuevo juguete que adquiría, como un bebé en una mañana de Navidad.

Mientras tanto, Deborah se sumergió en Dios. Mientras yo buscaba lo material, ella se sumergía en lo espiritual. Mientras yo dedicaba mi vida a hacer dinero y pasaba unos minutos sentado en la banca de una iglesia cada domingo, ella se pasaba horas en Brian's House, un ministerio que atendía bebés indigentes con SIDA. Mientras yo tomaba por asalto a Europa, impresionando a los multimillonarios con mis conocimientos de arte, ella tomaba por asalto el cielo, orando por los necesitados. Mi pasión estaba puesta en el reconocimiento y el éxito. La suya estaba puesta en conocer a Dios.

Así que íbamos buscando nuestros amores por separado. No pasó mucho tiempo antes que esos amores por separado no nos incluyeran a nosotros mismos como pareja.

— — —

Billy Graham se las ha arreglado para mantener su integridad durante décadas, siguiendo un conjunto de normas estrictas destinadas a impedir que los hombres casados hagan cosas estúpidas. Una de las normas de Billy es esta: nunca te permitas estar a solas con una mujer que no sea tu esposa.

Yo debí escucharlo.

En 1988, mientras me encontraba en un viaje de negocios, me encontré sentado en el Hard Rock Café de Beverly Hills, frente a esa clase de mujer que parece tan natural en California como sus palmeras: una esbelta rubia de ojos azules, pintora y mucho más joven que yo.

Si hubiera sacado a relucir el tema mientras almorzábamos, es probable que hubiese dejado clara mi razón para estar allí, teniendo un matrimonio en el que no había amor. Deborah y yo habíamos estado fingiendo bastante bien durante unos cinco años: la pareja cristiana rica todavía muy enamorada. Según supe después. Deborah estaba segura de que a mí me encantaban el arte y el dinero, pero no estaba tan segura de que aún la amara a ella. Yo estaba seguro de que ella amaba a Dios y a nuestros hijos, y bastante seguro de que apenas podía resistir el verme.

Pero el tema de Deborah o de los niños, o el hecho de que declarábamos juntos nuestros ingresos, nunca se tocó en aquel almuerzo. En su lugar había vino fresco. Blanco y demasiado... una pausa llena de significado... en los ojos, la chispa de la invitación. Danzando al borde del abismo y calculando la distancia que había hasta el fondo.

Me habría gustado pensar que me llevaba a aquella mujer hasta un cuarto de hotel con mi buen humor y aspecto agradable. Lo cierto era que ella estaba más interesada en lo que yo podía hacer para ayudarla en su carrera de arte. La realidad triste de mi historia es que, de no haber sido ella, habría sido alguien en París, o Milán, o la ciudad de Nueva York. Cualquiera que me mirara por segunda vez, porque yo también estaba mirando... a ver si hallaba una salida.

Recuerdo que durante tres o cuatro años, deseé secretamente que Deborah se divorciara de mí, porque yo no tenía valor para divorciarme de ella y corromper la imagen del «Señor Maravilla» de la que tantos de nuestros amigos me habían rodeado, como si fuera el adorno de una ventana en un día de fiesta.

Al final, solo vi a la artista dos veces, una en California y otra en Nueva York, y después se lo confesé a Deborah... con un poco de ayuda de mis amigos. Le hablé confidencialmente de mi conquista a un amigo, el cual se lo dijo también de manera confidencial a su esposa, la cual me «animó» a decírselo a Deborah. Me dijo que si no se lo decía yo, ella misma se lo diría. Calculando que era mejor delatarme a mí mismo que verme como un engañador, llamé un día a la artista desde la oficina y le dije que no la podía seguir viendo. Después me fui a casa y le confesé todo a Deborah. Mi justificación: su desinterés me había llevado a los brazos de otra mujer; una que me aceptaba tal como yo era, con dinero y todo.

«¿Qué?», gritó, en un ataque de furia. «¡Diecinueve años! ¡Diecinueve años! ¿Qué estabas pensando? ¿Cómo pudiste hacer eso?».

Volaron por el aire zapatos, jarrones y estatuillas, algunos con impacto directo. Cuando se le acabaron las armas, Deborah me golpeó con los puños hasta que se le cansaron los brazos y le quedaron colgando sin fuerzas en los costados.

La noche pasó en un remolino de ira e insomnio. A la mañana siguiente llamamos por teléfono a nuestro pastor, y después nos fuimos en auto a su oficina, donde nos pasamos la mayor parte del día sacando a relucir toda nuestra basura. Al final, descubrimos que ninguno de los dos estaba dispuesto a darse por vencido. En realidad, aún nos amábamos, aunque de esa manera a base de vestigios que tienen las parejas que se han cansado el uno del otro. Aceptamos tratar de arreglar las cosas.

Aquella noche, de vuelta a la casa, estábamos sentados en la soledad de nuestro dormitorio, cuando Deborah me pidió algo que casi me hizo desmayar. «Quiero hablar con ella. ¿Me das su número de teléfono?».

La firmeza de Deborah en aquel momento era como la de alguien que está aprendiendo a ser paracaidista en caída libre que, una vez llegado a la altura correcta, camina directamente hacia la puerta abierta del avión y salta sin hacer una pausa para calmar las ansiedades. Tomó el teléfono del dormitorio y fue marcando cada número mientras yo se los recitaba de memoria.

«Te habla Deborah Hall, la esposa de Ron», dijo calmadamente por el teléfono.

Yo traté de imaginarme la cara de sorpresa que debía haber al otro lado de la línea.

«Quiero que sepas que no te culpo por la aventura que has tenido con mi esposo», siguió diciendo Deborah. «Yo sé que no he sido la clase de esposa que Ron ha estado necesitando, y acepto mi responsabilidad en esto».

Hizo una pausa mientras escuchaba.

Después dijo: «Quiero que sepas que te perdono. Espero que encuentres alguien que no solo te ame, sino que también te honre».

Su gracia me dejó pasmado. Pero nada como lo que dijo después: «Tengo la intención de esforzarme por ser la mejor esposa que Ron pueda querer jamás, y si yo hago bien mi trabajo, tú no vas a volver a saber de mi esposo».

Deborah puso el teléfono en su base en medio del silencio, suspiró con alivio y me miró fijamente. «Tú y yo vamos a escribir ahora de nuevo la historia futura de nuestro matrimonio».

Me dijo que quería pasar un par de meses asistiendo a consejería, para que pudiéramos descubrir qué estaba roto, cómo había llegado a ese punto, y cómo arreglarlo. «Si estás dispuesto a hacerlo», me dijo, «te voy a perdonar. Y te prometo que nunca más volveré a mencionar esta situación».

Era un ofrecimiento generoso, si se tiene en cuenta que el traidor había sido yo, no Deborah. Con mayor rapidez de la que hace falta para decir la palabra «divorcio», le dije que sí.

15

El tren paró por primera vez en Dallas. Yo nunca había salido de la parroquia de Red River y ahora estaba en un estado totalmente distinto. La ciudad era grande y cerrada. Daba miedo. Entonces, la policía del ferrocarril empezó a darnos problemas, así que el vagabundo y yo saltamos al vagón de otro tren allí mismo y seguimos viaje por un tiempo. Él me enseñó cómo se hacían las cosas. Después de un tiempo, decidí ver cómo me iba en Fort Worth. Me quedé allí un par de años y después, por fin, llegué a Los Ángeles y me quedé allí otro par de años. Conocí a una mujer y estuve con ella un tiempo. Pero la ley y yo no nos entendíamos bien allí. Tal parecía que siempre estaba metido en un problema por un motivo o por otro, así que volví a Fort Worth.

Traté de encontrar un trabajo aquí y allá, trabajitos sueltos, esa clase de cosas, pero muy pronto aprendí que en la ciudad, los cultivadores de algodón podían hacer muy poco. La única razón por la que fui pasando, fue porque Fort Worth era lo que los vagabundos de los trenes llamaban «el cielo de los indigentes». Decían que todo el que pasara por allí siempre podía conseguir «tres calientes y un catre» en alguno de los lugares que estaban tratando de ayudar. Y además, había abundancia de gente cristiana realmente buena, que estaba dispuesta a darte algo cuando ni siquiera se lo estabas pidiendo; a lo mejor una taza de café o un dólar.

Ahora, si te crees que la única forma en que los indigentes consiguen dinero es pararse en una esquina y poner cara de lástima, eso no es cierto. Mi socio y yo conocimos a otro tipo que nos enseñó a convertir nada en algo. La primera cosa que nos enseñó fue «la hamburguesa en el basurero», un truco bastante bueno para tener un poco de dinero en el bolsillo.

Lo primero que tenías que hacer era conseguirte algo de comer, lo que solía significar que tenía que empezar por conseguirme alrededor de un dólar. Eso no llevaba mucho tiempo, si te ibas a la parte del centro de la ciudad donde trabaja la gente lista. Alguno de aquellos caballeros te daba todo un dólar en la misma puerta, si lograbas hacer como que tenías mucha hambre. Además, había unos que te lo daban enseguida, así que te apurabas a quitarte de delante de ellos para que no te tuvieran que oler demasiado tiempo. Pero había otros que parecía que tenían ganas de ayudarte de verdad: te miraban a los ojos, y tal vez hasta te sonreían. Yo me sentía mal cuando le sacaba un dólar a una persona de esas, solamente para poder hacer mi truco con la hamburguesa en el basurero.

En fin, así es como funcionaba. Después que conseguía mi dólar para ese día, bajaba al McDonald's y me compraba una hamburguesa, le daba un par de mordidas y la volvía a envolver. Después me buscaba uno de aquellos edificios muy altos llenos de oficinas que tuviera un latón de basura enfrente, en la acera. Cuando no me estaba mirando nadie, tiraba la hamburguesa envuelta en el latón y esperaba.

Al poco rato veía que venía alguien, y fingía como si estuviera registrando la basura. Entonces sacaba la hamburguesa y me la empezaba a comer. Siempre había alguien que se paraba y te decía: «¡Oye, no comas eso!», y te daba un poco de dinero, porque pensaba que estabas comiendo lo que te encontrabas en el latón de la basura. Te tenían lástima de verdad, pero no sabían que aquella basura eras tú mismo el que la habías puesto dentro del latón.

No puedes engañar a toda la misma gente todo el tiempo, así que tienes que ir cambiando de lugar. Y tienes que vigilar que no aparezcan tipos a los que ya hayas engañado y si aparecen, dejar que sigan su camino antes de comenzar a engañar a otro.

Al final del día, mi socio y yo juntábamos lo que habíamos sacado de nuestras hamburguesas en los latones de basura y nos íbamos a algún lugar para comer algo decente. Y si el día había sido bueno *de verdad*, tal vez hasta nos sobrara suficiente dinero para una media pinta de whisky Jim Beam, lo que nosotros llamábamos «anticongelante para indigentes».

Así que la próxima vez que andes caminando por Fort Worth y veas indigentes, tal vez notes que algunos de ellos están sucios por completo y otros no, eso es porque algunos de los que viven por las calles han hallado maneras de mantenerse limpios. Solo por el hecho de ser indigente, no quiere decir que vivas como un puerco. Mi socio y yo llevábamos puesta siempre la misma ropa. La usábamos hasta que se gastaba por completo. Pero nos las arreglábamos para evitar que apestara. Ese mismo tipo que nos enseñó el truco de la hamburguesa, también nos enseñó cómo podíamos tomar un buen baño: en el Fort Worth Water Gardens.

El Water Gardens es un parque de la ciudad que tiene una gran fuente dentro, y parece como un pequeño estadio con unas paredes hechas como escalones o asientos. El agua va bajando por los lados de la fuente y hace un gran estanque al fondo, casi como una piscina, solo que no está ni azul ni nada. Hay muchos árboles alrededor, y en aquellos tiempos, la gente que trabajaba tomaba su almuerzo, bajaba y se sentaba a la sombra alrededor de la piscina, mientras escuchaba el agua correr y cantar.

También había muchos turistas, porque a la gente de fuera de la ciudad le encantaba sentarse a mirar el agua que danzaba mientras bajaba por las paredes. Mi socio y yo aprendimos a actuar como si fuéramos turistas. Esperábamos a que llegaran las horas del mediodía, cuando no había mucha gente por ahí, y caminábamos hasta Water Gardens con la camisa desabotonada hasta la mitad, y un poco de jabón y una toalla en los bolsillos. Entonces, cuando no había casi ningún moro en la costa, uno de nosotros actuaba como si el otro lo estaba empujando para que se cayera al agua. Entonces, el que estaba en el agua jalaba al otro para que se mojara también, riéndonos y haciendo bromas, como si solo fuéramos unos amigos haciendo payasadas en nuestras vacaciones.

No nos debíamos meter en el agua, y por supuesto, no se suponía que nos quitáramos la ropa. Así que nos enjabonábamos debajo del agua, donde nadie nos podía ver, dándonos jabón en la ropa y en los calcetines, como si nos estuviéramos enjabonando el cuerpo. Cuando acabábamos de lavarnos y enjuagarnos, nos subíamos a una pared alta que había en el parque, y echábamos una siesta mientras el sol nos iba secando. Nos reíamos mientras estábamos allí en el agua, pero aquello no era diversión. Éramos como los animales que viven en el bosque, tratando de sobrevivir.

A lo largo de los años, conseguí unos pocos trabajos por medio de algo llamado la Fuerza Laboral. Si alguna vez bajas a la ciudad y ves a un montón de hombres harapientos en la acera por la mañana temprano, es posible que estés viendo un lugar como la Fuerza Laboral. Yo era uno de aquellos hombres. Me presentaba en la mañana, esperando conseguir un trabajo en el que tenía que hacer lo que nadie más quería hacer, como recoger basura, limpiar un almacén viejo o barrer el estiércol de caballo después de una presentación de animales.

Me acuerdo que una vez nos llevaron hasta Dallas para que limpiáramos el estadio de los Cowboys. Hasta me dejaron ver el juego un rato. Yo quería tener un trabajo normal, pero no sabía leer ni escribir. Tampoco tenía buen aspecto, porque solo tenía un juego de ropa que estaba gastado todo el tiempo. Y aunque hubiera alguien que no hiciera caso de nada de eso, no tenía papeles, como una tarjeta del Seguro Social, o un certificado de nacimiento.

En la Fuerza Laboral no tenías que decir ni tu nombre. Sencillamente, alguien llegaba con un camión y gritaba algo como esto: «Necesitamos diez hombres. Una construcción necesita limpieza». Y los diez primeros tipos que se subieran al camión conseguían el trabajo.

Al final del día, nos daban veinticinco dólares en efectivo, menos los tres que la Fuerza Laboral te había adelantado para tu almuerzo. Entonces te cobraban dos por llevarte al trabajo. Así que cuando terminaba el día, tal vez tendrías veinte dólares, que no alcanzaban ni para alquilar un cuarto. Ahora bien, déjame que te pregunte algo. ¿Qué vas a hacer con veinte dólares si no es comprarte algo de comer y tal vez una media docena de cervezas para que te ayude a olvidar que vas a dormir otra vez en una caja de cartón esa noche?

Algunas veces, son la bebida o las drogas las que hacen que un hombre termine viviendo en las calles. Y si no están bebiendo o drogándose ya, la mayoría de los tipos como yo empiezan a hacerlo cuando se ven en la calle. No tiene nada de divertido. Solo es sufrir un poco menos. Tratar de olvidar que por muchos «socios en la delincuencia» con los que nos enganchemos en las calles, seguimos estando solos.

16

Terminé mi aventura con la pintora de Beverly Hills, solo para comenzar otra, esta vez con mi esposa. Después de haber asistido a la consejería, cada uno de nosotros comenzó a dar pasos gigantes hacia el otro. Yo mantuve las dos manos en el negocio de las obras de arte, pero viajaba menos y me pasaba más tiempo con Deborah, Carson y Regan. También comencé a tomarme más en serio los asuntos espirituales. Mientras tanto, Deborah seguía con su trabajo voluntario y su búsqueda de Dios, pero les dedicaba tiempo a las cosas que me interesaban a mí.

La más importante de todas ellas era Rocky Top, el rancho de 140 hectáreas que compramos en 1990. Situada en una pequeña meseta de unos cien metros de altura sobre un reluciente meandro del río Brazos, la casa del rancho se convirtió en un refugio para nuestra familia. La decoramos al estilo vaquero, desde la cabeza de búfalo sobre la chimenea de piedra, hasta las botas autografiadas de Roy Rogers y Dale Evans hasta la inmensa mesa montada en caballetes que pusimos en la cocina, suficiente para que se sentaran en ella quince trabajadores hambrientos. La arquitectura y la decoración eran tan auténticas y tan pintorescas, que las revistas de estilos fotografiaban la casa para sus artículos especiales, los directores de películas nos pagaban para usarla como escenario, y Neiman Marcus comenzó a tomar en ella las fotos para sus catálogos de Navidad.

Pero para Deborah, los muchachos y yo, Rocky Top era un lugar para escapar del bullicio de la ciudad. Las águilas calvas se remontaban sobre el río Brazos para después zambullirse en él, asustando con su fuerte grito a los ciervos que frecuentaban el borde del río. En un verde pasto debajo de la casa, teníamos ganado vacuno: veintiocho *longhorns*. (Cada año,

Deborah les daba a sus terneros unos terribles nombres que no tenían nada de vaqueros, como Sophie y Sissy, pero yo la dejaba que lo hiciera). Y durante la primavera, exuberantes matorrales de acianos cubrían el ondulante chaparral como una gran manta de color violeta.

Carson y Regan eran adolescentes cuando nos establecimos en Rocky Top, y se pasaron sus últimos años antes de entrar a la universidad importando carros repletos de amigos, pescando, cazando, pescando y explorando kilómetros de senderos a caballo.

En el rancho, Deborah y yo solidificamos nuestra relación de mejores amigos y ardientes amantes, hasta llegar a estar tan cerca el uno del otro, que comenzamos a decir en broma que nos sentíamos «pegados con velcro por el corazón». El rancho también se convirtió en nuestra ancla geográfica, un lugar que, nos mudáramos donde nos mudáramos, sabíamos que siempre podríamos considerar como nuestro hogar.

Y resultó que sí nos mudamos. En 1998, cansados de Park Cities, de la carrera de ratas que era vivir en Dallas, y de lo que Deborah describiría más tarde como sus «doce años de exilio en el "extremo oriente"», volvimos a Fort Worth. Nos mudamos a una casa alquilada tipo francés con techo de dos aguas, situada en un campo de golf, mientras comenzábamos a construir nuestro nuevo hogar en un terreno apartado cercano a una reserva natural junto al río Trinity. Entonces comenzamos a hacer planes sobre cómo pensábamos que sería la última mitad de nuestras vidas.

Llevábamos unos pocos días en Fort Worth, cuando Deborah vio una nota en el periódico *Star-Telegram* acerca de los indigentes de la ciudad. Aquella nota mencionaba un lugar llamado Misión Union Gospel. En aquellos momentos, una insistente voz le dijo al corazón que aquel era un lugar donde ella podría encajar bien. Poco después, nos llegó una carta de Debbie Brown, una vieja amiga, que nos invitaba a unirnos a «Amigos de la Misión Union Gospel», un círculo de donantes filantrópicos. Deborah me dijo enseguida que no solo se quería unir a ese grupo, sino que también tenía la intención de hacer trabajo voluntario en la misión.

«Yo tenía la esperanza de que tú fueras conmigo», me dijo, sonriendo e inclinando la cabeza de una manera tan irresistible, que a veces pensaba que la debía registrar para tener la patente.

La misión, situada en East Lancaster Street, estaba bien metida en una parte muy poco agradable de la ciudad. Aunque era cierto que la proporción de asesinados había estado descendiendo en Texas, yo estaba seguro de que si había alguien que todavía andaba asesinando gente, lo más probable era que viviera por aquellos rumbos.

Yo le devolví la sonrisa. «Claro, yo voy también».

Pero en secreto albergaba la esperanza de que, una vez que Deborah tuviera que tratar realmente con la clase de sucios indeseables que me habían robado en mi galería, le pareciera demasiado aterrador, demasiado *real*, trabajar de voluntaria en East Lancaster. Entonces podríamos volver a hacer lo que nos correspondía donando de vez en cuando unas cuantas ropas usadas o muebles viejos, o si a ella se le hacía demasiado duro apartarse de aquello, más dinero.

Yo habría debido saber mejor las cosas, porque aparte de las avispas y las cuestas de esquiar de Black Diamond, solo había otra cosa que Deborah temía.

17

Ahora, lo creas o no, en la selva de los indigentes solía haber lo que se podría llamar un «código de honor». Allí, si alguien conseguía una lata de salchichas de Viena y tenía otros cinco tipos alrededor, le daba una salchicha a cada uno. Lo mismo te puedo decir de su paquete de seis cervezas y de su medio litro y su droga. Porque, ¿quién sabe si algún otro no tendrá algo de lo que él quiera un pedazo al día siguiente?

Uno de los tipos de mi círculo tenía un auto en el que estaba viviendo. Era un Ford Galaxy 500 dorado. Éramos muy unidos, así que una vez que él estaba huyendo de la ley y se tuvo que ir de la ciudad enseguida, me pidió que le cuidara el auto. Por supuesto que no era un auto nuevo, pero a mí me gustaba, y andaba bastante bien. No lo movía mucho, porque nunca había conducido otra cosa que no fuera un tractor. Pero él se había estado quedando en el auto, así que me imaginé que yo también lo podía hacer.

Entonces fue cuando se me ocurrió una idea: en aquel auto había espacio suficiente para que durmiera en él más de un tipo. Así que empecé a alquilar dos lugares para dormir en el asiento de atrás, a tres dólares la noche. Los otros decían que era mucho mejor que dormir en la acera. Allí tuve un Galaxy Hilton continuo durante un tiempo, hasta que la policía se presentó y se lo llevó con una grúa. Decían que mi hotelito tenía multas sin pagar y no tenía seguro.

La gente común y corriente que vive en los vecindarios y va a trabajar todos los días no sabe nada de lo que es una vida como esa. Si tomas a un tipo normal y lo dejaras caer en la selva de los indigentes o debajo de un puente, no sabría qué hacer. Hay que enseñarle a vivir sin un techo. No te vas a poder poner de traje y corbata, y ni pensar que te vas a poder salir con la tuya cuando hagas la trampa de la hamburguesa en el latón de basura.

Así que yo tuve unos cuantos socios por un tiempo. Pero después que pasaron unos inviernos, comencé a alejarme de los tipos con los que había estado andando. Me fui como deslizando hacia el silencio. No sé por qué. Algún tipo de «ajuste mental», tal vez. O puede ser que me estaba volviendo un poco loco. Durante un tiempo muy largo, no hablé con nadie, ni quise que nadie hablara conmigo. Llegué a un punto en que si me sentía amenazado, atacaba. Tomé un dinero de una de mis trampas con las hamburguesas y me compré una pistola calibre .22. Pensaba que tal vez la necesitara para protegerme.

Tienes un espíritu dentro; ese espíritu te hace sentir que en el mundo entero no hay nadie que se interese por ti. No te importa si te mueres o si sigues vivo. La gente que tiene ese espíritu se vuelve mala, peligrosa. Juega de acuerdo con las reglas de la selva.

Yo me gané el respeto con los puños. Una vez estaba hablando en un teléfono público, y un tipo que estaba esperando para usarlo, vino y me lo colgó cuando yo estaba hablando todavía. Así que tomé el teléfono y se lo rompí en la cabeza. Él se cayó, gritando y agarrándose la cabeza, mientras la sangre se le escapaba entre los dedos. Yo lo que hice fue irme.

Otra vez, mientras estaba durmiendo debajo de la vía, unos cuantos pandilleros que vivían en los proyectos de viviendas sociales se infiltraron en la selva de los indigentes y trataron de robarnos lo poco que teníamos. Eran unos negros jóvenes, actuando de la forma en que actúan algunos jóvenes. Como que nada los puede tocar mientras sigan juntos y te maldigan a gritos. Estaba oscuro y yo estaba despierto, dentro de mi caja de cartón, cuando los oí escurrirse susurrando.

Ahora no puedo usar la clase de lenguaje que usé aquella noche, así que vamos a decir solamente que los llamé de algunas maneras fuertes. Salté de la caja con un pedazo cortado de tubería de acero en la mano y comencé a balancearme: «Ustedes se equivocaron de hombre cuando me quisieron atacar! ¡Los voy a *matar*! ¿Creen que no? ¡Los voy a *matar*!». Eran tres. Pero cuando un indigente con cara de loco está sacudiendo un tubo delante de todas las cabezas que tiene a la vista, y amenazando con matar, tres contra uno no es una buena situación. Así que salieron corriendoyo también: directo al Ford Galaxy dorado que mi amigo había recuperado de la policía. Salté adentro y saqué la llave del cojín del asiento, donde yo sabía que él la tenía escondida. Entonces, arranqué el motor del Galaxy y me dirigí a los proyectos para vengarme.

Ya no podía ver a los ladrones, pero sabía de dónde venían, y los proyectos solo estaban a unas pocas cuadras de distancia. Iba rápido y muy pronto pude ver aquellos edificios de ladrillo que se distinguían sobre la larga pila de tierra que alguien había puesto a lo largo de la calle para que los autos no pudieran entrar donde aquellos tipos se estaban quedando. Cuando llegué a aquella pila de tierra, nunca bajé ni siquiera la velocidad; solo salté el borde de la acera y apreté el acelerador. Aquel Galaxy saltó por el aire, encima de la colina de tierra, como cuando ves a esos conductores temerarios que salen por la televisión. Fui a aterrizar en medio mismo de los proyectos, con el auto echando humo como una locomotora de carbón.

Salté afuera con el motor todavía andando, y comencé a gritar. «¡Vamos! ¡Vamos! ¡Salgan! ¡Los voy a *matar*!». Era tarde, pero todavía había alguna gente en el gran patio. La mayoría de ellos se metieron corriendo en sus casas; las mamás recogieron a sus niños y los metieron adentro.

No pasó mucho tiempo antes que se empezaran a encender las luces. Yo sabía que la gente estaba llamando a la policía para que me atrapara, así que volví a saltar al auto y salí de allí a toda prisa. Había creado un verdadero problema y tenía que esconderme por un rato. La policía llegó y se llevó otra vez el Galaxy de mi amigo, pero no lo arrestó, porque él les juró que alguien se lo había robado. (Me imagino que ese fui yo, porque no le había dicho que me lo llevaba). Además, él no correspondía a los cuentos que habían hecho los que lo vieron todo sobre el hombre que decían que había hecho aterrizar un auto volador color oro en medio de los proyectos.

Si todo eso hubiera pasado en estos días, es probable que alguien hubiese sacado un revólver y tratado de matarme. Pero entonces, ni uno solo de aquellos jóvenes quiso salir a enfrentarse conmigo. Me imagino que pensarían que un hombre lo suficientemente loco para hacer saltar un auto a un lugar donde había mujeres y niños, podría ser tan loco como para matarlos a ellos. Tenían razón. Si yo los hubiera encontrado, eso es lo que habría hecho. Sobre todo si hubiera pensado en sacar mi pistola.

Durante un tiempo después de eso, tenía que pasar lo menos visible que pudiera, así que salí disparado hacia Luisiana, para dejar que se calmaran los ánimos. Me llevé mi pistola conmigo. Así es como fui a terminar a uno de los peores infiernos que haya inventado jamás un hombre blanco.

~ ~ ~

Llegué hasta Shreveport, pero no tenía dinero. Aunque sí tenía una .22, y me imaginé que si la agitaba delante de alguien que tuviera algo de dinero, me lo entregaría. De esto que voy a contar, no me siento orgulloso, pero decidí robar en un autobús de la ciudad. Todo lo que tenía que hacer era esperar en una esquina hasta que un autobús detuviera la marcha y se parara. Cuando se abrió la puerta, salté por los escalones y le enseñé mi pistola al conductor.

«¡Abre esa caja y dame ese dinero!», le grité. Solo había un par de tipos en el autobús y ellos se hundieron en sus asientos enseguida. Una señora comenzó a llorar.

El conductor agrió los ojos bien grandes. «Yo no la puedo abrir», me dijo, mientras su voz temblaba un poquito. «No tengo llave. No se puede conseguir el dinero a menos que uno la rompa».

Yo miré el dinero que había en la caja, y después a la gente que se había agachado en el autobús. Podía oír a aquella mujer, que todavía estaba llorando. Miré otra vez alconductor y vi que estaba mirando mi pistola. Entonces me marché del autobús. Yo era malo y peligroso, pero no lo suficientemente como para tirarle a un hombre, solo porque se había presentado a trabajar en el día equivocado. Pero ahora tenía la ley buscándome en Fort Worth *y* en Shreveport, así que decidí entregarme. Aunque no le dije a la policía mi verdadero nombre. Les dije que me llamaba Thomas Moore. Pero al juez no le habría importado ni que me llamara Abraham Lincoln. Me declaró culpable de robo a mano armada y me mandó a cumplir veinte años en la prisión de Angola.

Era mayo de 1968. Ahora, en caso de que nunca hayas oído hablar de Angola, era un infierno rodeado por un río por tres partes. Entonces yo no lo sabía, pero en aquellos días era la prisión más tenebrosa y violenta de Estados Unidos.

Pocos días después de llegar yo, un prisionero que había conocido en la cárcel de Shreveport me vio y se me acercó como para darme la mano. Pero lo que hizo fue darme un cuchillo. «Pon esto abajo de tu almohada», me dijo. «Te va a hacer falta».

Había vuelto a los campos, solo que esta vez era un verdadero esclavo, porque así era como gobernaban la prisión, como si fuera una plantación. Pero eran prisioneros que estaban trabajando en los sembrados todo el día bajo un sol abrasador. Y no había guardias suficientes, así que habían hecho guardias a algunos de los presos, y hasta les habían dado pistolas. A ellos les encantaba apuntarnos a nosotros con ellas mientras trabajábamos. Hubo muchas veces que los mismos tipos que estaban trabajando conmigo un día, no volvían al día siguiente. Y nadie los volvía a ver más.

En aquellos días, en Angola a un hombre sin un cuchillo, o lo violaban, o lo mataban. En los primeros años que estuve allí, por lo menos cuarenta hombres fueron matados a cuchilladas y otro montón, centenares de ellos, recibieron heridas graves. Yo hice lo propio para protegerme.

Estaba en lo que llaman sistema del dos por uno. El juez me encerraba por veinte años, pero me dejaron salir después de diez. Estaba demasiado avergonzado para ir a hacer algo como tratar de vivir a costa de Hershalee, así que volví a Fort Worth. Yo sabía que no iba a tener casa ni trabajo allí, pero sabía sobrevivir. Por las calles se corrió la noticia de que yo había estado en la prisión de Angola, y lo mejor era no meterse conmigo.

Pero no todos se asustaron conmigo. Dormí un montón de años en el portal de ese United Way que hay en Commerce Street. Y todo ese tiempo, todas las mañanas, una señora que trabajaba allí me llevaba un emparedado. Nunca supe su nombre, ni ella supo el mío. Le quisiera haber dado las gracias. Pero hay algo divertido. El edificio de United Way estaba al lado de una iglesia y durante todos esos años, nadie de esa iglesia se molestó ni siquiera en mirarme.

Yo llevaba mucho tiempo durmiendo allí, cuando la policía de Fort Worth puso unos carteles por todo aquel lugar, que prohibían andar vagabundeando allí, lo que me hizo mudar para otro lugar donde pudiera dormir. Más tarde supe que había unos blancos ricos que estaban «revitalizando» el centro de la ciudad. Los negros vestidos con harapos durmiendo en las aceras no formaban parte del plan. La policía me dijo que necesitaba irme a la Misión Union Gospel. Después de dormir en las calles, no sé, tal vez quince o veinte años, no estaba listo para mudarme bajo techo así como así. De manera que puse mis mantas en el concreto, junto a un edificio vacío que estaba enfrente de la misión. El señor Shisler, gerente de la misión, me dijo una y otra vez que no tenía por qué estar durmiendo a la intemperie. Después que pasaron unos cuantos años, le dejé que me diera una cama. Él me dejó hacer la limpieza en la misión para pagar mi estancia.

18

Cuando Deborah tenía seis años, comenzó un club de fuegos. Para entrar en él, sus amigos tenían que robarse unos cuantos fósforos de las cocinas de sus mamás, y dárselos a Deborah, para que ella les pudiera enseñar cómo funcionaban. Durante una de esas lecciones, estuvo a punto de quemar todo un campo de petróleo en Premont, donde vivía. Aquello estuvo a punto de convertirse en un desastre, y tuvo por consecuencia unos cuantos golpes con un cinturón de cuero de su papá, que impidieron que se pusiera un traje de baño durante semanas.

Otra vez, solo por ver lo que sucedería, recogió un cubo entero de ranas toro y se las tiró en el regazo a tres damas que estaban jugando al bridge con su mamá. Lo que sucedió fue que las mujeres gritaron, se volcó el té frío y ella recibió otra tunda.

Así que allí estábamos nosotros, bien entrados en nuestros cincuenta años, y yo con la esperanza de que algunos vagabundos de aquellos callejones llenos de basura la espantaran, cuando en realidad las únicas cosas sobre la tierra a las que les tenía miedo eran el hielo en las carreteras, las avispas y las serpientes de cascabel. No era precisamente una tímida violeta. Pero también tenía otro temor: el de no responder al llamado de Dios. Y se sentía llamada a trabajar en la misión. Yo quisiera poder decir que sentía que Dios me había llamado a mí también a ese trabajo, pero no era así. En cambio, sí me sentía llamado a ser un buen esposo, así que lo fui.

La Misión Union Gospel se encuentra inmediatamente después de la bella sección restaurada de Fort Worth, una ciudad que se convirtió en un modelo nacional en cuanto a revitalización de su centro urbano, gracias a los multimillonarios que lo amaban. En esa parte de la ciudad hay

La última casa de Denver en Luisiana.

Los rieles donde Denver saltó al tren de carga para salir de Luisiana.

La tienda de «el Hombre»

Denver cantando en el Ministerio bajo el árbol de la hermana Bettie.

Denver en casa en su galería.

Denver en Luisiana con el cerdo premiado de Pearlie Mae.

Denver tocando el piano en la Capilla de Debbie.

Primera fiesta de cumpleaños de Denver en Red Hot & Blue de Fort Worth con Janina y Scott Walker, y Ron y Deborah Hall.

Denver y Ron viendo el *roping* en Rocky Top.

Las últimas Navidades de Deborah en Rocky Top.

Ron y Denver bromeando.

Regan y Deborah
bailando en Colorado.

Deborah y Ron.

RockyPop y Kendall Deborah Hall, nacida el 27 de noviembre de 2007.
Sus padres son Megan y Carson Hall.

Denver y Ron le dan la bienvenida a Griffin Donnell,
la primera nieta de Ron.

Navidades de 2007 en el regazo de Ron.
De izquierda a derecha: Sadie Jane Donnell
Kendall Deborah Hall.
De pie en el frente: Griffin Donnell.

Denver Moore, 2007.

Denver en la Reunión de Primavera
de los Vaqueros, en Rocky Top.

Denver ocupado pintando en 2002.

Del arte de Denver:
«Huída de la Plantación»

«Ángel volando»

altas torres de cristal que laten llenas de intrigas legales y elevadas finanzas. Cerca de ellas, unos edificios de un aspecto más acogedor, las fachadas restauradas con ladrillo y piedra arenisca se hallan alineadas ante aceras adornadas con macetas levantadas de hierro con plantas de flores, árboles cuidadosamente cortados y, claro, Texas al fin y al cabo, arbustos podados artísticamente con formas de ganado *longhorn*. Un distrito cultural se extiende a lo largo de tres cuadras, y en él se encuentran tres monumentos de fama mundial: el Kimbell, el Amon Carter y el Moderno. Kilómetro y medio al oeste, hay cafés abiertos hacia plazas adoquinadas en los cuales sus deslumbrantes urbanitas pueden tomar lattes y agua mineral, mientras observan a los vaqueros que van paseando cerca de ellos con sus botas y sus espuelas.

Pero vete un poco más al este, y los colores y la flora de la restauración desaparecen para dar paso a la desesperanza. Ve en auto por debajo del intercambio entre la carretera I-30 y la I-35, pasa debajo de un retorcido e imposible laberinto de autopistas llamado el Mixmaster y atraviesa un túnel que separa eficientemente a los que tienen, de los antiestéticos que no tienen nada, y ya no hay más plazas ni monumentos, ni macetas con flores y por supuesto ya no aparecen ni siquiera los deslumbrantes urbanitas. En su lugar, verás edificios destartalados con los cristales rotos. Paredes manchadas de orina y grafiti. Alcantarillados atascados con latas de cerveza y periódicos amarillentos. Y solares yermos repletos de un sorgo tan alto que esconde un mar de botellas de vodka y otros licores, todas vacías.

La salida del túnel sorprende a la mayoría de la gente hasta pensar que han girado donde no debían. Pero en un asoleado lunes, a principios de la primavera de 1998, Deborah y yo fuimos hasta allí a propósito, ella bajo el impulso de su pasión por ayudar a los quebrantados, y yo bajo el impulso de mi amor por mi esposa.

Cuando pasamos de la oscuridad del túnel a East Lancaster Street, presenciamos una curiosa migración en un solo sentido; un torrente continuo de gente, como tributarios que corrían con rumbo este hacia un solo río de almas más grande. A nuestra izquierda, una hilera de hombres andrajosos salía dando tumbos de en medio del sorgo que cubría un solar. A la derecha, un desfile de mujeres y niños con ropas sucias y discordantes iban caminando con dificultad, arrastrando unas bolsas verdes de basura. Un niño que tendría unos ocho años, solo llevaba una camiseta de hombre y unos calcetines negros.

«¡Van para la misión!», dijo Deborah, radiante como si todo aquel montón de gente desharrapada fuera un conjunto de antiguos alumnos de la Texas Christian que no hubiera visto por mucho tiempo, y tuviera ansias de tener noticias sobre la vida de ellos. Yo me las arreglé para hacer una especie de ruido demostrando que estaba de acuerdo, y sonreír algo. Para mí, parecían como si fueran gente de la Edad Media que hubiera encontrado algún portal para llegar a nuestros tiempos y se hubiera logrado escapar por los pelos de una plaga.

Cuando llegamos a la misión, golpeé con nuestro camión la entrada al estacionamiento, donde un señor grueso con pantalones de color café tenía un cigarrillo colgado de los labios y hacía guardia junto a una herrumbrosa verja de tela metálica. Yo le ofrecí mi más amistosa sonrisa del este de Texas y le dije: «Estamos aquí para hacer trabajo voluntario».

Él me contestó con una sonrisa sin dientes, y podría jurar que su cigarrillo nunca se movió, sino que solo se quedó colgado de su labio inferior, como si lo hubiera fijado allí con una grapadora.

Yo había entrado en el estacionamiento, preguntándome con cuánta rapidez iba a poder salir de nuevo, pero de repente, Deborah habló en un tono que uno aprende a reconocer cuando ha amado a alguien durante años; ese tono que dice: «Y ahora, escúchame bien».

—Ron, antes que entremos te quiero decir algo —se recostó en el descanso que tenía su asiento para la cabeza y cerró los ojos—. Yo me imagino este lugar de una manera diferente a como es ahora. Tiestos blancos con plantas de flores a lo largo de las calles, árboles y flores amarillas. Grandes cantidades de flores amarillas, como en los pastos de Rocky Top en junio.

Abrió los ojos y se volvió hacia mí con una sonrisa de expectación:

—¿No lo puedes *ver*? Sin vagabundos, sin basura en las alcantarillas; solo un lugar hermoso donde esta gente pueda saber que Dios la ama tanto como ama a la gente que vive al otro lado de ese túnel.

Yo sonreí, me besé la punta de los dedos y le toqué con ella la mejilla.

—Sí, lo puedo ver.

Y pude. Solo que no mencioné que ella se estaba adelantando un poco.

Ella titubeó, y después volvió a hablar.

—Tuve un sueño con ello.

—¿Con este lugar?

—Sí —me dijo, mirándome intensamente—. Vi este lugar transformado. Era hermoso, como te lo estaba diciendo, con flores y todo. Era transparente, como si estuviera de pie aquí, y ya hubiera llegado el futuro.

— — —

Dentro de la misión, nos encontramos con Don Shisler, el director. Era un hombre con algo más de cincuenta años, bajo y fornido, con una barba corta y el pelo con un corte tradicional. Más parecía un banquero o un contador que un cuidador de indigentes, aunque no estoy seguro del aspecto que yo pensaba que tendría uno de ellos. Don nos presentó a Pam, la coordinadora de voluntarios, que recorrió con nosotros todas las zonas públicas, incluyendo la cocina y la capilla.

Las dos estaban sucias y no tenían ventanas. Despedían olor a cuerpos humanos, a grasa vieja, y otros malos olores no muy identificables, que hicieron que me entraran ganas de dar media vuelta y huir. En la cocina resbalamos como si tuviéramos patines en el piso grasiento, y así entramos a la sofocante oficina de un personaje inquieto que fumaba continuamente, y a quien le llamaban el «chef Jim».

Jim Morgan era la clase de persona que, como todo bautista que se respete a sí mismo, prescinde de los apretones de mano y se va directamente a los abrazos. Primero me envolvió en un abrazo en que me dio palmadas en la espalda, como si fuera un antiguo amigo mío de la universidad; después le dio a Deborah un abrazo más amable y delicado. Delgado y canoso, parecía tener sesenta y cinco años, pero es posible que fuera más joven. Usaba pantalones a cuadros y una túnica de chef, sorprendentemente limpia.

El chef Jim conversó lleno de entusiasmo con nosotros acerca de Dios, de los indigentes y en menor grado, de la comida. Extremadamente elocuente, usó palabras que yo no había oído nunca antes, y no estuvo de acuerdo con mi idea de lo que es una persona indigente, que en aquellos tiempos era alguien que probablemente no tenía estudios de ninguna clase, o al menos, no era muy listo, puesto que se había metido en una situación así.

Descubrimos que el chef Jim era también antiguo alumno de la Texas Christian, y su hijo adolescente había tenido una muerte trágica, suceso que llevó a su esposa a una institución mental. En cambio, Jim había tratado de insensibilizar su doble dosis de dolor con ríos de licor y de drogas, lo que le costó su trabajo como jefe de hostelería en una cadena internacional de hoteles, y después le costó su hogar. Ahora estaba en la misión desempeñando su oficio a cambio de cuarto y comida, mientras trataba de reconstruir su vida.

Jim nos contó su historia con un humor en el que se culpaba a sí mismo, sin culpar a nadie ni demostrar nada de autocompasión. Después nos animó a bajar una vez por semana para cenar con los indigentes.

«¡Inféctenlos con amor!», nos dijo.

No habría podido usar una palabra más adecuada, puesto que probablemente la infección era el mayor de mis temores. Pasarse horas cada semana, cautivo en una cocina que olía a huevos podridos hervidos en Pine-Sol ya era bastante malo. Pero deseaba fervientemente que no me tocaran, por temor a los gérmenes y los parásitos que sospechaba que estaban flotando en todas las partículas de aquel aire.

El chef Jim y Deborah conversaban con toda facilidad, mientras yo hacía un balance de cuentas mental entre complacer a mi esposa y contraer una enfermedad mortal. Tenía que admitir que su idea parecía una forma fácil de comenzar: servir la cena una vez por semana, y habríamos terminado en tres, cuatro horas máximo. Podíamos ministrar desde detrás del herrumbroso mostrador de servir, separados de manera segura de nuestros clientes. Y podíamos entrar y salir por la puerta trasera de la cocina, con lo que estaríamos reduciendo al mínimo el contacto con los que más probablemente nos quisieran pedir dinero. Todo aquel arreglo me parecía una buena manera de cumplir el deseo de Deborah de ayudar a los indigentes, pero sin que los tuviéramos que tocar, ni les permitiéramos que ellos nos tocaran a nosotros.

La alegre risa de Deborah hizo que volviera a poner atención en aquel cuarto. «¡Me parece que eso suena muy bien, Jim!», estaba diciendo. «No veo ninguna razón por la que no podamos comenzar mañana. De hecho, digamos que puedes contar con que nosotros vengamos a servir todos los martes, a menos que te avisemos lo contrario».

«¡Alabado sea el Señor!», dijo el chef Jim, dándole esta vez a Deborah un gran abrazo bautista. A mí no me parecía demasiado bueno aquello, pero Deborah no me había preguntado lo que yo pensaba. Ella nunca hacía demasiadas cosas al estilo de los comités.

Mientras volvíamos a casa, ella iba reflexionando en voz alta sobre la forma en que la sociedad considera generalmente a los indigentes como perezosos y poco inteligentes, y tal vez algunos de ellos lo eran. Pero ella sentía que había muchas cosas más detrás de esa imagen superficial: disfunción y adicción, sí. Pero también dones, como el amor, la fe y la sabiduría, que permanecían escondidos como perlas que solo esperaban a que las descubrieran, las pulieran y las pusieran en el lugar que les correspondía.

Aquella noche, ella volvió a soñar con la misión, y esa vez el sueño tenía que ver con un hombre.

«Era como ese versículo del Eclesiastés», me dijo a la mañana siguiente mientras desayunábamos. «El hombre pobre pero sabio, que con su sabiduría salva a la ciudad. Yo lo vi».

Me miró recelosa, como si tuviera temor de que yo no le creyera, o que pensara que se estaba volviendo loca. Pero yo sabía que ella no era de esas que andan siempre mascullando sobre sueños y visiones. Así que le puse más café en la taza. «¿Viste a ese hombre en tu sueño?».

«Sí», me dijo ella con cautela. «Vi su rostro».

― ― ―

Al principio, la cadena de almas marchitas que pasaban arrastrando los pies para recoger su ayuda de los martes me deprimía. Las primeras en la fila eran las mamás con sus hijos, la mayoría de los cuales usaban unas ropas manchadas que no les quedaban bien, y parecían como si alguien les hubiera cortado el cabello con un cuchillo de cocina. Después venía una cadena de mujeres entre los dieciocho y los ochenta y cinco años, seguidas por los hombres «viejos», muchos más jóvenes que yo, pero con unos rostros arrugados y macilentos que hacían que parecieran más viejos. Después de ellos venían los hombres más jóvenes, unos golpeados y deprimidos, algunos escondiéndose tras una alegría falsa y escandalosa cuyo objetivo era enmascarar su vergüenza. Estos eran los mismos que andaban vagando por las calles todo el día, y después dormían en la misión.

Los últimos en comer eran los inconfundibles habitantes de las calles, andrajosos y malolientes. Me llevó un tiempo habituarme a su olor, que flotaba tras ellos como la pestilente nube que rodea a una planta química. Su mal olor parecía pegarse a los pelos que tengo dentro de la nariz. Juraría que podía ver agitarse el cabello en algunas de aquellas cabezas, movido por los escondidos ejércitos de piojos que se arrastraban por sus cabezas. Un par de hombres tenían muñones donde antes había estado un brazo o una pierna. Un personaje de cabello largo usaba un collar fabricado con varios centenares de colillas de cigarrillos, unidas por una cuerda. Usaba bolsas plásticas negras de basura, atadas a las trabillas de su cinturón. Yo no quería ni saber lo que tenía dentro de ellas.

En nuestro primer día, Deborah, sondeando a esa gente de las calles, me miró y me dijo: «Vamos a llamarlos "el pueblo de Dios"».

Yo estaba pensando que más bien se parecían a los extras de la película *Mad Max Beyond Thunderdome* [Mad Max más allá de la cúpula del trueno].

Todos los que comían en la misión conseguían su comida gratis solo después de haber ido a la capilla para sentarse allí como muertos en unas bancas duras con un predicador de pelo blanco y casi ciego al que llamaban «el hermano Bill», que rugía acerca del poder salvador de Jesús y las desagradables consecuencias que les estaban reservadas a los que no hubieran sido redimidos. Desde el lado de la cocina en la puerta de la capilla, cerrado con llave para evitar que alguien se escapara del llamado al altar, yo podía escuchar el mensaje de fuego y azufre, lleno de un amor duro, que estoy de acuerdo en que muchas veces quebranta los casos más difíciles. Pero a mí me parecía una manipulación hacer que aquellas personas hambrientas se sentaran como perros obedientes en espera de su cena. Y no me sorprendió que aunque el hermano Bill llenara los aires con uno de sus sermones más conmovedores, ni una sola alma saliera jamás por las puertas de la capilla agitando las manos y alabando a Jesús. Al menos, así fue mientras nosotros estuvimos allí.

Los hombres y las mujeres a los que servíamos parecían agradablemente sorprendidos al ver que una sonriente pareja que tenía todos sus dientes les sirviera la cena. Estoy seguro de que pensaban que Deborah estaba usando anfetaminas, o tal vez se hubiera postulado para alcaldesa, puesto que es probable que nunca hubieran visto a nadie que sonriera y se interesara por ellos tanto como lo hacía ella.

«Yo soy Deborah, y este es mi esposo, Ron», les decía, como si estuviera dándoles la bienvenida a unos visitantes en su propia casa. «¿Cómo te llamas?». Era frecuente que la respuesta fuera una mirada en blanco. Algunos la miraban con la quijada abierta y los ojos desorbitados, como si acabara de aterrizar en el estacionamiento en una nave espacial procedente de Marte.

Sin embargo, hubo algunos que le respondieron a Deborah, y a partir de aquel día, ella estaba llamando siempre a unos personajes mal encarados con nombres como Butch y Killer, para decirles: «¡Oh, qué nombre tan bonito!».

De los centenares a los que les servimos aquel primer día, solo un puñado de ellos nos dijeron cómo los llamaba la gente. Deborah escribía sus nombres: Melvin, Charley, Hal, David, Al, Jimmy... y Tiny, un afable personaje que medía poco menos de dos metros, pesaba doscientos treinta kilos y usaba overoles de Osh-Kosh, unas zapatillas felpudas de casa de color azul, y no tenía camisa.

Un hombre que no quiso decir su nombre, sí nos dijo exactamente lo que pensaba de nuestra filantropía. Negro, delgado como un lápiz, y dando la impresión de estar salvajemente desajustado, usaba un traje de piel de tiburón color malva y una corbata de las que usan los estafadores, y se las había arreglado para mantenerlos los dos bien planchados. Desde debajo de un sombrero de fieltro de color crema, vigilaba sus dominios a través de unos lentes oscuros, con una insignia diseñada a la moda, estampada en oro. Más tarde supimos que la gente le llamaba «Míster».

Aquel primer martes, Míster caminó hacia mí con unos aires agresivos de dueño, como si el comedor de la misión fuera suyo, y yo hubiera entrado sin su permiso. «Yo no sé quiénes son ustedes», gruñó alrededor de un habano apagado con filtro, «pero se creen que nos están haciendo algún gran favor. Bueno, esta noche, cuando su bella esposita esté en casa en su cabaña de tres dormitorios, viendo televisión en sus reclinables y pensando que son mejores que nosotros, piense solo en esto: usted se pierde un par de cheques de sueldo, y su esposa lo deja, y se habrá convertido en indigente, ¡igual que nosotros!».

Hablando acerca de mí mismo, en aquello del «favor» tenía más razón de la que yo estaba dispuesto a admitir. Yo no supe ni qué decir, pero cuando abrí la boca, esto fue lo que dije: «Gracias. Gracias por ayudarme a ver la indigencia según su punto de vista». Míster, inconmovible, me miró como si fuera un insecto, mordió su habano y se fue caminando indignado.

Aquel encuentro me desconcertó un poco, pero también me permitió ver lo que sentían algunas de esas personas. Había un pensamiento que me ardía en mi cerebro: tal vez mi misión no fuera analizarlos a ellos, como si fueran una serie de especímenes exóticos, sino solo llegar a conocerlos.

Mientras tanto, por más que le mostraran desdén, o que le dieran miradas extrañas, o que guardaran silencio, nada parecía molestar a Deborah. Ella lo que quería era *conocer* a aquella gente, y servirla de verdad, en lugar de limitarse a sentirse bien por lo que estaba haciendo. Aquel día se enamoró de cada uno de ellos. A petición suya, aprendimos de memoria los nombres que conocimos aquel día, y aquella noche oramos por cada uno de ellos, hasta por el desafiante señor Míster, cuya mente yo me encontré de repente con la esperanza de cambiar.

Después de un par de martes, notamos que el único momento en que aquella gente se apresuraba a hacer algo, era cuando competían por una posición cerca del primer puesto de la sección que se les había designado en la fila para servir. Descubrimos la razón de esto: tenían temor de que nosotros repartiéramos generosamente todas las cosas buenas, como la carne, por ejemplo, dejando solo sopa, o emparedados viejos del 7-Eleven para aquellos que tuvieran la mala suerte de haber estado sentados en el frente de la capilla, más alejados de la puerta que los demás. Cuando los rezagados terminaban recibiendo aquella comida tan pobre, el aspecto de sus rostros nos contaba una triste historia: como desechos de la sociedad, se limitaban a aceptar el hecho de que tenían que sobrevivir con sobras y con lo que nadie quisiera comer.

A nosotros nos parecía muy sencillo preparar un poco más de comida, para que los indigentes que estuvieran al final de la fila pudieran comer tan bien como los que dormían en la misión, así que le pedimos al chef Jim que nos hiciera ese favor, y él aceptó hacerlo. A partir de entonces, nos encantaba servirles a los indigentes aquellas cosas buenas, como pollo frito, carne de res asada, y espaguetis con bolas de carne.

Esa fue la primera vez que traté de hacer algo para mejorar la vida de las personas que Deborah me había arrastrado consigo a servir. Todavía no había influenciado a ninguno de nosotros, pero ellos ya me estaban influenciando a mí.

En nuestro tercer martes sirviéndoles, Deborah y yo estábamos en el comedor, ayudando al chef Jim a preparar la comida extra. El ciego hermano Bill acababa de terminar su predicación sobre el perdón, y sus congregantes estaban haciendo fila para comer, cuando oímos el crujido de un metal, y un hombre que rugía con ira cerca de la puerta de la capilla. Alarmados, nos volteamos para ver a unas veinte personas dispersarse, mientras un inmenso negro airado lanzaba otra silla hasta el otro extremo del piso del comedor.

«¡Voy a *matar* al que lo hizo!», gritó. «¡Voy a *matar* al que me robó mis zapatos!». Entonces roció el aire con una andanada de maldiciones y avanzó hacia la gente, tirándole puñetazos a todo el que fuera lo suficientemente estúpido como para cruzársele en el camino.

A todo el mundo le pareció que una pelea de pandillas estaba a punto de estallar allí mismo, en la puerta de la capilla. Mientras yo buscaba al personal de la misión en aquella sala, para que salvaran la situación, Deborah se inclinó hacia mí y me susurró emocionada en el oído.

—¡Es él!

—¿Qué? —le dije impaciente—. ¿De qué estás hablando?

—¡Ese es el hombre que vi en mi sueño! El que cambia la ciudad. ¡Es él!

Yo me volví hacia Deborah y la miré como si de verdad se hubiera vuelto loca. Al otro lado de la sala, entró un grupo de trabajadores de la misión, que comenzaron a hablarle con suavidad a aquel hombre para tranquilizarlo. A regañadientes, él les permitió que se lo llevaran.

—Es él —me dijo Deborah de nuevo, con los ojos brillantes—. ¡Creo que debes tratar de hacerte amigo de él!

—¿Yo? —abrí los ojos, incrédulo—. ¿No notaste que el hombre del que tú quieres que me haga amigo acaba de amenazar de muerte a veinte personas?

Ella me puso la mano en el hombro e inclinó la cabeza sonriendo.

—Realmente creo que Dios me puso en el corazón que tú necesitas acercarte a él.

—Lo siento —le dije, tratando de ignorar su movimiento de cabeza—, pero yo no estaba presente en esa reunión en que Dios te habló.

– – –

Yo no estaba dispuesto a invitar a un asesino a tomar el té. Pero sí comenzamos a seguirle la pista al hombre que Deborah decía haber visto en su sueño. A los dos nos intrigaba aquel personaje. Es probable que tuviera más de sesenta años, pero se veía más joven y, de alguna manera, al mismo tiempo más viejo. Estaba vestido con harapos. Era un hombre solitario, el blanco de sus ojos había tomado un raro tono amarillo. Nunca sonreía y hablaba muy poco. Tampoco vimos que nadie lo reconociera. Pero no era porque los demás de la misión lo tuvieran apartado; era más bien porque se mantenían a una respetuosa distancia, como cualquiera habría evitado a un perro pit bull.

Los martes, cuando la fila para servir ya casi se había terminado, él aparecía de repente de en medio de la nada. Con un rostro imperturbable, y sin hacer contacto visual, indicaba que quería dos platos, alegando que uno era para un anciano que estaba en el piso de arriba. Era una violación clara de las reglas, pero nosotros no estábamos allí para ser los policías de la misión. Así que le servíamos el doble y lo bendecíamos, a lo cual él respondía con un muro de silencio. Un martes, alguien de la cocina nos dijo que creía que se llamaba Dallas.

Dallas siempre comía un plato en el comedor, escogiendo un lugar en una esquina alejada de todo otro contacto humano. Si alguien se atrevía a sentarse cerca, él se levantaba y se iba a otro lado. Mientras comía, se quedaba mirando austeramente a su plato, masticando con lentitud, usando los pocos dientes buenos que le quedaban. Nunca miraba ni a la izquierda ni a la derecha, y se iba llevando metódicamente a la boca la comida, hasta que se acababa. Entonces se desaparecía. Eso quise decir: se desaparecía. Tenía esa rara maña: pocas veces se le veía llegar o irse. Era más como si estuviera allí... y después ya no estuviera.

Muchas veces, mientras íbamos llegando a la misión, veíamos a Dallas solo de pie en un estacionamiento de enfrente, a la sombra de un basurero, con la cara como de piedra. Un par de veces, oí decir a alguien que aquel solitario estaba loco, y que era mejor no meterse con él. Deborah escribió su nombre en la Biblia de ella, junto a Eclesiastés 9.15: «En esa ciudad había un hombre, pobre pero sabio, que con su sabiduría podría haber salvado a la ciudad».

De vez en cuando, Deborah me recordaba que sentía que Dios quería que yo me hiciera amigo de Dallas. Pero yo no andaba en busca de nuevos amigos, y aunque lo hubiera estado, Dallas, de Fort Worth, no encajaba en el posible perfil.

Con todo, y solo para complacer a Deborah, porque Dios iba a tener que esperar, comencé a buscar cuidadosamente a aquel hombre.

«Hola, Dallas», le decía cada vez que lo veía. «¿Qué tal te va hoy?».

La mayor parte del tiempo, me ignoraba. Pero algunas veces, me atravesaba con sus ojos amarillentos y me decía: «Vete. Déjame. Solo». Lo cual yo habría tenido mucho gusto en hacer, de no haber sido por mi esposa.

Después de un par de meses de hacer eso, alguien de la misión oyó que yo lo llamaba «Dallas», y se rió de mí como si yo fuera el tonto del pueblo. «Él no se llama Dallas, tonto. Se llama Denver».

Bueno, tal vez esa sea la razón de que me mire con tanta aversión cada vez que le hablo, pensé, sintiéndome esperanzado de repente.

«¡Hola, Denver!», lo llamé la vez siguiente que lo vi afuera, junto al basurero. Él ni siquiera me miró. Era tan difícil acercarse a ese hombre, como si se hubiera tratado de una cerca electrizada para ganado.

19

Las cosas iban saliendo bien en la misión hasta que esa sonriente pareja de blancos comenzó a servir en el comedor los martes. Cada semana, esa mujer me tenía en la mirilla en la fila de servir. Me dedicaba una sonrisa grande y me preguntaba mi nombre y cómo me iba... Ya sabes, me atacaba sin motivo ninguno. Yo hacía todo lo que podía por mantenerme totalmente fuera de su camino.

Y tampoco le dije que me llamaba Denver, pero algún tonto me descubrió. Después de eso, la mujer me arrinconaba, me hincaba la cara con su flaco dedo y me decía que yo no era un tipo malo.

«Denver, Dios tiene un llamado para tu vida», me decía.

Yo le dije varias veces que no se metiera conmigo porque era un hombre malo.

«¡Tú *no* eres un hombre malo, y no te quiero volver a oír nunca decir eso!», me respondía.

Se estaba haciendo la lista conmigo. Nunca ha habido una mujer que me hiciera eso antes, y pocos hombres tampoco, sin que salieran heridos. Pero ella me siguió atacando, hasta que pensé: *¿Qué le habré hecho yo a esta mujer para que no me deje en paz y yo pueda seguir con mis cosas?*

Cualquiera creería que no hacen falta habilidades para ser indigente, pero te voy a decir una cosa: los indigentes, para seguir vivos, tienen que saber quién es quién y qué es qué. Esto es lo que los indigentes de Fort Worth sabían de mí: quítate de mi camino, porque soy capaz de tumbar a golpes a un hombre y tenerlo roncando antes que llegue al suelo.

Pero por mucho que tratara de actuar como un infame y un malo en la misión, no me podía desprender de aquella mujer. Era la primera persona que yo había conocido en largo tiempo, que no me tenía miedo. A mí me parecía que tenía unos ojos espirituales: podía ver a través de mi piel al que yo era por dentro.

Déjame decirte lo que pensamos los indigentes de los que los ayudan: cuando eres indigente, te preguntas *por qué* hay ciertos voluntarios que hacen lo que hacen. ¿Qué quieren? Todo el mundo quiere algo. Por ejemplo, cuando aquella pareja llegó a la misión, yo pensaba que el hombre parecía como si tuviera que ver con la ley. Por la forma en que se vestía, la forma en que actuaba. Demasiado clase alta. Su mujer también, al principio. Su forma de actuar, su forma de tratar a la gente... sencillamente, parecía demasiado falsa. No era su forma de vestir. Solo era algo acerca de la forma en que se portaba. Y los dos estaban haciendo demasiadas preguntas.

Mientras que todos los demás se estaban enamorando de ellos, yo era lo que dicen escéptico. No estaba pensando nada malo. Solo que a mí no me parecían del tipo de gente que entra a meterse con los indigentes. La gente de ese tipo, tal vez no sientan por dentro de ellos mismos que son mejores que tú, pero cuando tú eres el indigente, *tú* eres el que sientes que ellos son mejores que tú.

Pero aquellos dos eran diferentes. Una de las razones era que no venían solo en los días de fiesta. La mayor parte de la gente no quiere tener cerca a los indigentes. Piensan que están sucios, o que tienen alguna clase de enfermedad, o tal vez piensan que esa clase de vida llena de problemas se les va a pegar. Vienen en las Navidades, en la Pascua y en el Día de Acción de Gracias, y te dan un poco de pavo en una salsa espesa que ya está tibia. Después vuelven a sus casas y se reúnen alrededor de su propia mesa y se olvidan de ti hasta que llegue la próxima vez que se comienzan a sentir un poco culpables, porque ellos tienen tantas cosas por las que deben estar agradecidos.

Los martes, comencé a esperar hasta que no había nadie en la fila, para poder pasar bien rápido sin hablar nada con aquella pareja. Pero eso no quería decir que no los estuviera vigilando.

20

Me tomó un par de meses darme cuenta de que se había producido un verdadero cambio en mi corazón; un corazón que estaba sintiendo como si lo hubiera hecho pasar por el ciclo corto de descongelamiento en un horno de microondas: tibio por fuera, pero todavía un poco frío en el medio. Estaba bastante seguro de que algo había sucedido cuando comencé a despertarme en las mañanas de los martes, los días de la misión, y sentía el mismo escalofrío de emoción que cuando me despertaba los sábados en Rocky Top. No se trataba de ningún milagro del calibre de la resurrección de algún muerto, ni nada parecido. Pero los que me conocen lo habrían clasificado como un milagro menor. Por lo menos.

Mi propia idea sobre este tema era que tal vez; solo tal vez, Dios también había llamado a mi teléfono cuando llamó a Deborah. En los días en los que no tenían ninguna otra presión de trabajo, me dejaba caer por la misión. Pronto, los personajes del vecindario comenzaron a reconocer mi camión de color verde sucio con cabina para los viajeros, y cuando me veían salir del túnel en East Lancaster Street, se llevaban a la espalda sus botellas de licor metidas dentro de una bolsa de papel y me saludaban con la mano como si yo fuera un vecino que volviera a casa desde su trabajo.

Algunas veces me aventuraba a salir por las calles; unos lugares donde hasta a plena luz del día había mujeres jóvenes que deambulaban como si fueran la muerte en pantalones de mezclilla, ofreciendo sexo a cambio de cigarrillos. O para robarle la televisión a su mamá y empeñarlo en las tiendas Cash America. Yo solo esperaba escuchar y ser un ejemplo. A veces, me quedaba cerca de la misión, y en algunas tardes de verano me sentaba en la acera, a la sombra de un edificio vacío, para conversar. Un hombre me dijo que había estado casado mil veces con mil mujeres hermosas, todas ellas tan ricas como Oprah. Por supuesto, me dijo, todas ellas también le habían robado hasta el último centavo que él había ganado en su vida, así que me preguntaba si le podía dar un cigarrillo.

Si me quedaba por allí el tiempo suficiente, y me concentraba en encontrar a un tipo que no quería que lo vieran, casi siempre veía a Denver. Pero si me le trataba de acercar, él se alejaba de mí, manteniendo la misma distancia entre los dos. El hecho de que ahora lo estuviera llamando por su verdadero nombre, pareció hacer más daño que bien. Si acaso, parecía irritado, como si le enojara que ahora yo sabía su nombre correcto.

Ya para entonces, los residentes de la misión le habían dado a Deborah el apodo de «señora Martes». La estimaban mucho. Pero ella se convenció de que haría falta algo más que una «estima», y más que nuestros cucharones de macarrones y pastel de carne, para ganarse su confianza. Sin eso, se daba cuenta de que nuestros esfuerzos significarían un estómago lleno los martes por la noche, pero muy poco en cuanto a la posibilidad de un cambio real. Su meta era cambiar vidas y sanar corazones. Quería que unos hombres y mujeres quebrantados se volvieran a unir a las filas de los limpios y sobrios, se mudaran a lugares que fueran suyos, y pudieran pasar los domingos en el parque con sus familias.

Por eso comenzó a idear formas de llevarles un poco de gozo a la vida. Su primera idea fue la Noche del Salón de Belleza. Deborah y Mary Ellen Davenport, su mejor amiga, iban a la misión cargadas con conjuntos de maquillaje, instrumentos para peinar el cabello, perfumes, jabones y cuanto accesorio de manicura y pedicura se haya inventado jamás. Y llegaban las mujeres indigentes. Deborah y Mary Ellen las peinaban para sacarles los piojos, después les lavaban el cabello y le daban forma con secadoras de pelo e instrumentos para hacer rizos. Si una mujer quería una pedicura, Deborah y Mary Ellen le lavaban los pies, usaban piedra pómez para lijarles los callos creados por unos zapatos que no les quedaban bien, y les pintaban los dedos de los pies con una sombra femenina de rojo o rosado. Les hacían tratamientos faciales y cambios de imagen, y les daban pequeños conjuntos de maquillaje para que se los guardaran. Algunas veces, en esas noches, alguna mujer indigente, al mirarse en el espejo, recordaba el aspecto que tenía antes que su vida se descarriara, y comenzaba a llorar.

Después de eso, a Deborah le vino la idea de hacer noches de cine. A mí me parecía absurdo, pero la primera noche se presentaron por lo menos cincuenta hombres para ver una película acerca del coro del Tabernáculo de Brooklyn. El miércoles siguiente, el comedor estaba totalmente repleto: 150 personas. A la tercera semana, sucedió algo milagroso: en lugar de salir disparados para las puertas cuando se acababa la película, hubo hombres ya mayores, bruscos y endurecidos por las batallas, que comenzaron a llorar y a pedir oración. Dios se las había arreglado de alguna manera para transformar el comedor en un confesionario. No eran las películas las que causaban aquella metamorfosis. Era el simple hecho de que alguien se interesara por ellos. Aquellos hombres comenzaron a confiarnos cosas que algunos de ellos nunca le habían dicho a nadie, y realmente, hubo cosas que yo habría querido que no nos dijeran nunca.

Aquello le inspiró a Deborah una nueva idea: la noche de los cumpleaños. Una vez al mes, llevábamos un pastel gigantesco, con un glaseado encantador, e invitábamos a todo el mundo, incluso a «la gente de Dios», a comer un poco. Aquellos que cumplían año ese mes recibían dos pedazos. Había algunos que ni siquiera podían recordar en qué mes habían nacido, pero nosotros no estábamos pidiendo tarjetas de identificación. El pastel siempre era un éxito. Tanto, que hubo quienes comenzaron a tener cada vez más cumpleaños de lo que parecía normal; algunos, todos los meses. (Durante los doce meses en que llevamos pastel, hubo en la misión quienes cumplieron año doce veces).

En el otoño de 1998, el cartero nos llevó a la casa una invitación que llegó con la correspondencia de propaganda, pero resultó ser un tesoro. Nuestro amigo Tim Taylor estaba organizando «un alcance a los no alcanzados», una manera bonita de hablar del evangelismo, en un teatro del centro de la ciudad que ocupaba el piso superior de un bar famoso llamado la Caravana de los Sueños.

Deborah y yo habíamos estado en la Caravana, un bar lleno de humo y de música de jazz y blues, propiedad de Ed Bass, el constructor multimillonario y renovador de Fort Worth. Pero el bar se había mantenido a la última moda, mientras que nosotros no, porque habían pasado años desde que estuvimos allí. Sin embargo, la invitación de Tim le dio una idea a Deborah. Nos podíamos ir a la misión y llenar nuestros autos con gente que quisiera disfrutar de una noche sin licor en la ciudad. Puesto que Jesús tenía el hábito de juntarse con los bebedores y los glotones, ella no veía que aquel lugar fuera un problema.

Al día siguiente hicimos un volante para anunciar el concierto gratuito, fuimos a la misión y lo clavamos en un tablero de avisos junto a otro en el que se ofrecía comprarles plasma a los pobres.

El volante no decía cuál orquesta iba a tocar, pero la Caravana no era un lugar desconocido. Todo el que llevara algún tiempo en Fort Worth, sabía que de vez en cuando presentaban en ella algún artista famoso. Estoy seguro de que la gente de la misión tenía la esperanza de que apareciera B. B. King.

La lluvia había vuelto resbaladizo el pavimento cuando salimos hacia la misión aquella noche, yo en mi camioneta Suburban y Deborah en su Land Cruiser. Sin embargo, teníamos clientes: había unos quince entre hombres y mujeres, de pie en la brillante acera, y vestidos con lo mejor de todo lo que alguien les había dado.

Entre ellos estaba Denver.

Nos sorprendió verlo parado en la escalera de entrada a la misión, solemne y rígido como la estatua de un dictador. Y estaba claro que había decidido ir con nosotros: se había limpiado tanto, que su piel de ébano brillaba en contraste con un traje azul oscuro de segunda mano que casi le venía bien. Por supuesto, estaba solo, por lo menos a seis o siete metros de los demás, lo cual no nos sorprendió, puesto que los otros siempre lo trataban como si fuera un perro furioso amarrado a una larga cadena.

Cuando salí para abrir la puerta de mi Suburban, seis hombres se amontonaron en los dos asientos de atrás, dejando vacío el puesto del pasajero del frente. Nadie se quería sentar cerca de Denver, que había observado con amargura la conmoción al subir al auto, pero no había hecho un solo movimiento. Durante cinco minutos completos, se quedó allí mirando. Yo esperé. Entonces, sin decir una palabra, se llegó hasta la Suburban y se deslizó en el asiento delantero, a centímetros de distancia de mi codo.

Yo no había estado nunca tan cerca de él. Me sentía como Billy Crystal en la película *City Slickers* («Vaqueros de ciudad»), cuando acampó solo en la pradera con Curly, el amenazador jefe de rastreadores, temblando mientras Curly afilaba su cuchillo en un cuero de navajas. Para romper la tensión, intenté un par de veces iniciar una conversación trivial, pero Denver permaneció allí sentado, tieso y silencioso, como una esfinge montada en el asiento del copiloto.

Mientras yo conducía calle abajo, los otros que iban conmigo parecían estar alegres de encontrarse en un auto que no tuviera el letrero de «Departamento de Policía de Fort Worth» en los costados. Lo querían saber todo acerca del auto, los pagos mensuales, y si yo conocía a otra gente rica.

Deborah nos seguía en su Land Cruiser con el auto lleno de mujeres. En cinco minutos, habíamos pasado el túnel y estábamos en la Caravana. Los dos nos estacionamos y nuestros invitados salieron de los autos, charlando y riéndose, contentos de estar bien vestidos, y en el otro Fort Worth. Todos fuimos desfilando, subiendo la escalera que daba al teatro, donde había 250 asientos que daban en plano inclinado a un pequeño escenario.

Todos, menos Denver. Yo estaba muy consciente de que él no había entrado. Todos estaban sentados y el espectáculo estaba a punto de comenzar, pero yo me levanté y volví a bajar las escaleras. Me lo encontré parado en la acera, fumándose un cigarrillo.

«El concierto está a punto de comenzar», le dije. «¿No quieres entrar?».

El humo se iba enroscando alrededor de su oscura cabeza. Oía el golpeteo de la lluvia al caer de los aleros. Denver no dijo nada. Yo me aposté en el Caravan junto a la puerta y esperé. Finalmente, pasó junto a mí y subió las escaleras, como si yo no tuviera más vida que uno de esos indios que ponen en la puerta de las tiendas de habanos. Yo lo seguí, y cuando se sentó solo en un asiento al final de una hilera, me senté junto a él.

Entonces hice algo estúpido: le sonreí cordialmente y le di una palmada en la rodilla. «Denver, me alegra que hayas venido».

Él no me devolvió la sonrisa; ni siquiera pestañeó. Solo se levantó y se marchó. Al principio, tenía temor de darme la vuelta para mirar, pero más tarde, cuando comenzó el concierto, lo pude ver con el rabillo del ojo, sentado solo en la última hilera de asientos.

Eso lo destrozó todo. *Está loco,* me dije; *no vale la pena que pase trabajos con él.* Decididamente, aquel hombre le estaba mirando los dientes a un caballo regalado.

Sin embargo, había otro pensamiento que me molestaba. ¿Acaso sería algo que él veía en mí; algo que no le agradaba? Tal vez se sintiera como el objetivo de un elegante cazador blanco en busca de un trofeo que mostrarles a sus amigos; algún trofeo que había logrado capturar después de un agotador safari de cuatro meses en el centro de la ciudad. Mientras tanto, si lo atrapaba, ¿qué podría hacer yo con él? Tal vez a Dios y a Deborah se les hubieran cruzado las señales. Tal vez no se suponía que yo fuera amigo de él.

El concierto duró un poco menos de dos horas. Después mientras íbamos brincando charcos de lluvia de vuelta a los autos, nuestros invitados nos dieron las gracias con gran efusión. Todos, menos Denver, que se quedó atrás, como de costumbre. Pero cuando todos los demás se habían amontonado de nuevo en los autos, él se me acercó, y me dirigió las primeras palabras que yo había oído salir de sus labios fuera del comedor.

—Me quiero disculpar contigo —me dijo—. Tú y tu esposa han estado tratando de ser amables conmigo durante un buen tiempo, y yo los he evitado a propósito. Lo siento.

Me quedé pasmado, sin saber qué decir, y no quise decir mucho, por temor a que saltara de nuevo. Así que todo lo que le dije fue:

—No te preocupes. La próxima vez que estés en la misión, búscame para tomar una taza de café y conversar un poco.

—¿Qué te parece mañana por la mañana? —fue lo que dije cuando abrí mi boca, demasiado ansiosa por conversar—. Te recojo y desayunamos juntos. ¿Qué te parece si te llevo a tu restaurante favorito? Corre por mi cuenta.

—Yo no tengo ningún restaurante favorito —me dijo, y añadió después—: Ahora que lo pienso, no creo que he estado nunca en ningún restaurante.

—Bueno, entonces yo escojo uno y te recojo a las 8:30. En el mismo lugar donde te deje hoy.

Subimos de vuelta a la Suburban y me fui a toda velocidad a la misión. Estaba ansioso por darle la noticia a Deborah.

21

Como dije, había estado vigilando al señor y la señora Martes. Ellos no eran como los voluntarios de los días de fiesta. Venían todas las semanas y conversaban con los indigentes, no parecían tenerles miedo. Les hablaban como si fueran inteligentes. Yo empecé a pensar que el señor y la señora Martes podrían estar tratando de hacer algo realmente bueno, en lugar de tratar de sentirse mejor por ser ricos.

Así que cuando empezaron a hablar algo acerca de ir a la Caravana de los Sueños, eso me interesó. En la misión había un montón de gente que me respetaba. Pensé que si yo iba, eso podría animar a otros a que fueran también. Además de eso, yo había vivido en el centro de la ciudad antes que esos millonarios comenzaran a arreglarlo. No había visto muchos de los edificios nuevos, y me pareció que me gustaría ir allí para ver cómo estaba todo.

Ya para entonces, había conseguido que me dieran un trabajo en la tienda de ropa de la misión. No era más que un almacén que parecía tener cien años, con cajas de ropa y de zapatos y de cosas así, apiladas unas encima de otras, hasta donde estaban las bombillas que colgaban del cielo raso sin adornos de ninguna clase. Cuando oí hablar de ese viaje a la Caravana, agarré el mejor traje que había llegado ese día. Lo escogí especial para la ocasión.

Sin embargo, para decirte la verdad, más bien tenía la esperanza de que los autos estuvieran repletos, para que así yo no tuviera que ir. Ya sabes cómo es cuando tratas de hacer lo que debes, aunque en realidad no lo quieres hacer. Bueno, para suerte, Dios me reservó un asiento. Todos aquellos hombres se amontonaron adentro de aquella Suburban tan grande, ¿y cuál asiento te crees que me dejaron? El del frente, al lado mismo del señor Martes. Yo me quedé en la parte de arriba de la escalera, con la esperanza de que saliera alguien más de la misión, atrasado y esperando ir a la Caravana en mi lugar.

Bueno, eso no pasó, así que me metí en el auto. Lo otro que tenía la esperanza de que pasara, era que el señor Martes no me dijera nada. Pero eso era como esperar que el sol no saliera, y por supuesto, él comenzó a hablar enseguida. ¡Y entonces en la Caravana, no solo no me dejó hacer lo que me diera la gana, sino que se tuvo que sentar al lado y ponerme la mano en la rodilla! Me imagino que no sabía que por menos que eso yo había dejado hombres inconscientes.

No lo quería al lado mío. No quería a nadie al lado mío. Quería estar solo. Así que me levanté y salí andando. Así era como yo hacía las cosas.

Pero después de un rato, comencé a sentirme mal por lo que había hecho. Había estado vigilando al señor y la señora Martes, y sabía que estaban tratando en serio de ayudar a la gente. Habría sido feo de parte mía no decirles que se lo agradecía. Así que después que terminó el concierto, esperé a que todo el mundo se metiera en los autos. Entonces me acerqué al señor Martes y le pedí una disculpa.

Él me dijo que no me preocupara. Después yo le dije que tal vez nos podríamos tomar juntos un café en la misión.

Dios del cielo, *eso* sí que abrió toda una lata de gusanos.

22

Después del concierto en la Caravana, volví primero a la misión. Intercambié muestras de agradecimientos y despedidas de buenas noches, al mismo tiempo que dejé a los hombres de la misión en la acera, y mientras me alejaba, hice una llamada urgente al teléfono móvil de Deborah.

—¡No me lo vas a creer! —le dije cuando ella contestó—. ¡Me habló!

—¿Quién? —me dijo ella—. Apenas te puedo oír. Podía escuchar al fondo a las mujeres de la misión, que todavía seguían charlando.

—¡Denver!

—¿Qué?

—¡Denver! Después del concierto se me acercó y me pidió disculpas por haber estado huyendo de nosotros todo este tiempo. Y adivina una cosa. ¡Mañana lo voy a sacar a desayunar!

—¡Lo sabía! —me dijo Deborah—. ¡Yo sabía que te ibas a hacer amigo de él!

Estaba eufórica. Aquella noche, antes de acostarnos, oramos juntos para pedirle a Dios que nos mostrara de qué manera podíamos alcanzar a Denver; cómo darle a entender que nosotros nos interesábamos en él. Sin embargo, a la mañana siguiente, antes de salir, le advertí a Deborah que no tuviera demasiadas esperanzas.

Cuando llegué a la misión, a las ocho y media en punto, Denver me estaba esperando en la escalera de la entrada. Era la segunda vez que lo veía bien vestido; el día anterior había sido la primera. Esta vez llevaba unos pantalones caqui y una camisa blanca con un cuello de botones que se había dejado abierto.

Intercambiamos saludos y nos fuimos en el auto, charlando de cosas sin importancia, hasta el Cactus Flower Café, un lugarcito de Throckmorton que a mí me agrada. Denver pidió huevos fritos, gachas de maíz y leche cortada, y cuando la camarera le dijo que no tenían leche cortada, yo le di gracias a Dios en silencio. Cuando yo era pequeño, solo el hecho de ver a mi padre tragándose aquellos trozos de leche cortada me daba náuseas.

Llegó la comida, seguida por una lección sobre la paciencia. Yo ya me había comido la mitad de mi desayuno, cuando Denver acabó de derretir la mantequilla en las gachas de maíz. Y estaba limpiando el plato de yema de huevo antes que él comiera el primer bocado. Le tomó una hora entera comerse dos huevos fritos y unas gachas de maíz. Te puedo asegurar que me entraron ganas de quitarle el tenedor para darle yo mismo la comida.

Yo fui el que estuve hablando casi todo el tiempo, por supuesto, preguntándole sobre su familia sin entrar en detalles demasiado personales, norma que él siguió también en sus respuestas. Con el tranquilo y lento acento de los campesinos, a veces riéndose y a veces escogiendo sus palabras con gran cautela, me fue describiendo escenas de su pasado. Así supe que había crecido en una plantación de Luisiana, que no había estado en la escuela ni un solo día de su vida, y que en algún momento, cuando ya tenía casi treinta años; él no estaba seguro cuándo, se había subido a un tren de carca con menos de veinte dólares en el bolsillo. Desde aquel momento hasta entonces, había vivido como un indigente, entrando y saliendo de problemas con las autoridades.

De repente, Denver bajó la cabeza y se quedó callado.

—¿Qué te pasa? —le dije, preocupado por pensar que yo había llegado demasiado lejos. Él levantó la cabeza y me miró a los ojos. Los suyos parecían rayos láser de color castaño, fijos en el blanco. Mentalmente, comencé a contar hasta cien, y ya había pasado del ochenta cuando por fin habló.

—¿Te importaría que te hiciera una pregunta personal? —me dijo.

—Claro que no. Pregúntame lo que quieras.

—No te quiero enojar y no me tienes que decir nada si no quieres.

—Adelante con tu pregunta —le dije, y me preparé para lo que me iba a decir.

De nuevo, hizo una larga pausa. Después me preguntó suavemente:

—¿Cómo te llamas?

—¿Que cómo me llamo? ¿Eso era lo que me querías preguntar?

—Sí, señor... —se aventuró a decir, mientras la vergüenza se le notaba hasta en las mejillas—. En el círculo en el que yo vivo, uno no le pregunta su nombre a nadie.

Recordé de repente las veces que nos miraron con la boca abierta en nuestro primer día en la misión. *Uno no le pregunta su nombre a nadie...*

—¡Ron Hall! —le dije enseguida, sonriente.

—Míster Ron —me replicó Denver, traduciendo mi nombre al estilo de las plantaciones.

—No; solo Ron.

—No, usted es *míster* Ron —repitió con firmeza—. ¿Y cómo se llama tu esposa?

—Deborah.

—Miss Debbie —dijo afectuosamente—. Yo creo que ella es un ángel.

—Yo también —le dije—. Muy bien podría serlo.

Su obvio afecto por ella me conmovió, sobre todo porque en realidad nunca antes la había reconocido.

Ahora, me parecía saber por qué. Si se abría con ella, se descubría a sí mismo, y eso amenazaría su supervivencia en la selva en la cual él era el león, y todos le temían. Después de escuchar su historia, ya yo sabía que le había costado mucho abrirse paso él solo por la vida. Aquella vida, aunque limitada y de tan poca calidad desde el punto de vista de los más afortunados que él, era una vida en la que él se sabía manejar. Después de más de treinta años, ya se había vuelto un experto. Tal vez Dios hubiera estado llamando a Denver, como Deborah le había estado diciendo, pero desde el punto de vista de Denver, tal vez Dios habría debido tocar más temprano a su puerta.

¡Cuando por fin terminó de desayunar, a mí ya me había crecido el cabello un par de centímetros por lo menos! Me daba la impresión de que él no había acabado de hablar todavía, pero no estaba seguro de lo que yo podía decir. Por último, me hizo una pregunta muy directa:

—¿Qué quieres de mí?

Golpe directo, pensé, y decidí darle una respuesta directa también y sin adornos:

—Solo quiero ser amigo tuyo.

Él levantó las cejas, curioso e incrédulo a la vez, y hubo un largo momento de silencio entre nosotros.

—Déjame pensarlo —dijo al fin.

Para mi propia sorpresa, no me sentí rechazado. Pero en realidad, yo nunca le había pedido formalmente a nadie que fuera amigo mío.

Pagué la cuenta. Denver me dio las gracias. Mientras volvíamos en el auto hasta la misión, se echó a reír. En realidad, yo no supe por qué se reía, pero su risa se convirtió en una especie de rugido tan fuerte, que le aparecieron lágrimas en los rabos de los ojos, y se comenzó a ahogar, como si se hubiera tragado una rana y no pudiera respirar. Después de una cuadra más o menos, yo también comencé a reír; al principio, porque tenía miedo de no hacerlo, y después de forma natural, porque su genuino júbilo se volvió contagioso.

—La gente de la misión... —dijo casi sin poder articular las palabras, todavía con una risa sofocada, mientras se secaba las lágrimas de los ojos—. ¡Esos tipos de la misión creen que tú y tu esposa son de la CIA!

—¡La CIA!

—Síííí, señor... ¡la CIA!

—¿Y es eso lo que tú pensabas también?

—Sí... —dijo, cuando por fin se pudo contener—. La mayoría de los que sirven en la misión, llegan una o dos veces y no los volvemos a ver. Pero tú y tu esposa llegan todas las semanas. Y tu esposa siempre le anda preguntando a todo el mundo su nombre y la fecha de su cumpleaños... Ya sabes, reuniendo información. Ahora piensa en esto: «¿Habría alguien interesado en conocer el nombre y la fecha de nacimiento de un hombre indigente, si no perteneciera a la CIA?».

— — —

Pasó una semana antes que volviera a ver a Denver en un resplandeciente día de otoño en que el cielo tenía un nítido color azul. La temperatura era para llevar puesto un sudadero. Mientras iba por East Lancaster en el camión de reparto, lo vi parado como si fuera un monumento de piedra junto al basurero que había frente a la misión. Había desaparecido el hombre de las ropas planchadas y limpias que habíamos llevado al espectáculo; Denver había vuelto a la zona de comodidad de su vida de vagabundo.

Yo me arrimé a la acera y bajé la ventana del lado del pasajero. «Sube. Vamos a tomarnos un café».

Me dirigí a la cafetería Starbucks de University, un centro comercial diseñado por Charles Hodges, un eminente arquitecto de Dallas-Fort Worth y buen amigo mío.

En lugar de adornar los aleros con gárgolas, había puesto en ellos réplicas de calaveras de bueyes *longhorn*. Un clásico de Texas.

Al principio, Denver estaba callado mientras esperábamos en la fila, y después supe que estaba asombrado de que la gente hiciera una fila para pagar dos o tres dólares por una taza de café que había pedido en un idioma extranjero. Además de eso, le preocupaba que los que trabajaban en las contadoras estuvieran a punto de enredarlo todo con los que estaban haciendo el café.

Me dio un codazo y me susurró intensamente:

—¡Aquí se va a armar una pelea de pandillas!

—¿Una pelea de pandillas?

—Sí, por toda esa gritería que se traen entre ellos. Uno dice: «dicaf nonfat latei». Entonces el otro le grita a él, y otro grita «frapei» y otro más le contesta: «frapei». ¡Esas respuestas a gritos son las que matan gente en las calles! —Noté que estaba genuinamente preocupado.

Le traté de explicar el extraño idioma del café que parecía haberse apoderado del mundo civilizado. Por fin nos llevamos nuestros cafés afuera y nos sentamos en unas sillas que había junto a una pequeña mesa negra de patio, debajo de una sombrilla verde. Durante unos minutos, le traté de explicar lo que es un negociante de arte a un hombre que nunca había oído hablar de Picasso. Cuando se me ocurrió empezar a hablar del impresionismo francés, al principio pareció interesarle mucho, pero después lo noté aburrido por completo.

Por fin me di cuenta de que no me estaba escuchando, y acabé con mi cotorreo. Entonces nos quedamos callados.

Denver fue el primero en romper el silencio.

—¿Cuál me dijiste que era tu nombre?

—Ron.

—¿Y cómo se llama tu esposa?

—Deborah.

—Míster Ron y miss Debbie —me dijo, mientras dejaba que se le escapara una sonrisa—. Voy a tratar de recordarlos.

Entonces dejó de sonreír y se puso serio, como si hubiera tenido un raro momento de luz, y después alguien hubiera cerrado las persianas. Bajó la cabeza, contempló el humo que salía de su taza de café.

—Estuve pensando mucho en lo que me pediste.

Yo no tenía ni idea de lo que él estaba hablando.

—¿Qué te pedí?

—Eso de ser amigo tuyo.

Se me cayó la quijada como dos o tres centímetros. Se me había olvidado que en el Cactus Flower Café le había dicho que todo lo que quería de él era su amistad, y él me había dicho que lo iba a pensar. Ahora, me sorprendía que alguien se hubiera pasado una semana entera reflexionando sobre una pregunta así. Aunque a mí toda aquella conversación se me había ido de la mente, estaba claro que Denver había pasado un tiempo muy en serio, preparando su respuesta.

Levantó la vista desde su café, fijando en mí un ojo, mientras entornaba el otro, como Clint Eastwood.

—Hay algo que oí decir sobre los blancos, que me molesta, y tiene que ver con la pesca.

Estaba hablando en serio, y yo no me atreví a reírme, pero sí traté de animar las cosas un poco.

—No sé si te voy a poder ayudar —le dije sonriente—. Ni siquiera tengo una caja con aparejos de pesca.

Denver frunció el ceño, muy serio.

—Yo creo que sí vas a poder.

Hablaba de manera lenta y deliberada, mientras mantenía la vista fija en mí, sin que le importaran los fanáticos de Starbucks que iban y venían por el patio alrededor de nosotros.

—Oí decir que cuando los blancos van a pescar, hacen algo que llaman «pescar y soltar».

¿Pescar y soltar? Asentí con solemnidad, y de repente me sentí nervioso y curioso al mismo tiempo.

—Eso es algo que me molesta a mí de verdad —siguió diciendo Denver—. Es que no lo puedo entender. Porque cuando los de color vamos a pescar, nos sentimos orgullosos de verdad con lo que pescamos, y lo tomamos para enseñárselo a todo el que quiera mirarlo. Después comemos lo que pescamos... Dicho de otra manera, lo usamos para nuestro *sostenimiento.* Así que me molesta de verdad que los blancos pasen tanto trabajo para atrapar un pez, y después, cuando lo acaban de atrapar, lo vuelvan a tirar al agua.

Se volvió a callar, y así estuvimos en silencio durante todo un minuto.

Entonces me dijo:

—¿Oíste lo que te dije?

Yo asentí, con miedo a hablar; miedo a ofenderlo.

Denver apartó la vista, miró al azul cielo del otoño, y después la clavó en mí, con esa mirada que parecía taladrarme.

—Así que, míster Ron, esto fue lo que se me ocurrió: si estás pescando un amigo que solo vas a pescar y soltar, no tengo ningunas ganas de ser amigo tuyo.

El mundo pareció detenerse en plena zancada, y callarse alrededor de nosotros, como una de esas escenas paralizadas que presentan por la televisión. Podía escuchar los latidos de mi corazón, y me imaginé que Denver lo podía ver golpeando una y otra vez el bolsillo de mi camisa. Yo le devolví a Denver la mirada con una expresión que tenía la esperanza de que le pareciera receptiva, y la mantuve.

De repente, se le suavizó la mirada, y habló con mayor delicadeza que antes:

—Pero si estás buscando un amigo *de verdad*, entonces ese amigo voy a ser yo. Para siempre.

23

Te quiero decir ahora mismo lo primero que pensé cuando míster Ron me pidió que fuera amigo suyo: no me gustó aquello. ¿Para qué quiere ser mi amigo? Eso es lo que estaba pensando. ¿Qué quiere? Porque todo el mundo quiere algo. ¿Por qué no escogió a otro? ¿Por qué soy *yo* el que tengo que ser amigo de él?

Tienes que entender que ya en aquel tiempo yo tenía encima de mí una cantidad de capas de vida callejera que tenía más de un kilómetro de gruesa. Hay indigentes que tienen muchos amigos, pero yo nunca había tenido alguien tan cercano. No era que me preocupara que me fuera a herir, ni ninguna cosa así. Ser amigo es un compromiso serio. En cierto sentido, más aun que ser esposo o esposa. Y yo era egoísta. Me podía cuidar a mí mismo, y no me hacían falta las cargas de nadie más. Además de eso, para mí la amistad significa otras cosas que no son tener alguien con quien hablar, o andar, o conversar.

Ser amigos es como ser soldados en el ejército. Se vive juntos, se pelea juntos y se muere juntos. Yo sabía que míster Ron no estaba dispuesto a saltar desde un arbusto para ayudarme a pelear.

Pero entonces pensé un poco más en él, y me pareció que tal vez los dos tuviéramos algo que ofrecernos uno a otro. Yo podía ser amigo suyo de una manera distinta a la forma en que él podía ser amigo mío. Yo sabía que él quería ayudar a los indigentes, y yo lo podía llevar a lugares donde él no podía ir solo. Yo no sabía lo que me podría encontrar en su círculo, o incluso si habría alguna razón para que yo estuviera en él, pero sabía que él me podía ayudar a averiguar lo que hubiera por delante en aquel camino.

Como yo veía las cosas, un intercambio justo no es un robo, y un trueque parejo no es una estafa. Él me iba a proteger en el club campestre, y yo lo iba a proteger a él en el vecindario pobre. Era un trueque parejo y derecho por completo.

24

«Si estás buscando un amigo *de verdad*, entonces ese amigo voy a ser yo. Para siempre».

Mientras escuchaba como un eco en mi mente las palabras de Denver, me di cuenta de que no podía recordar haber oído jamás ninguna otra declaración sobre la amistad que fuera más conmovedora ni profunda, que la que acababa de escuchar de labios de un vagabundo. Me sentí tan abrumado ante aquello, que todo lo que pude hacer como respuesta fue prometerle algo con sencillez y sinceridad: «Denver, si tú estás dispuesto a ser mi amigo, te prometo que no te voy a pescar para después soltarte».

Él me extendió la mano y yo le extendí la mía. Entonces, como una salida de sol, una sonrisa iluminó el rostro de Denver, nos levantamos uno frente al otro, y nos abrazamos. En aquel momento, el temor y la desconfianza que se habían estado imponiendo entre nosotros como un témpano de hielo, se derritieron en el tibio ambiente de las afueras de aquel Starbucks.

A partir de aquel día, nos convertimos en el nuevo par extraño de amigos: Denver y yo. Un par de veces por semana, yo pasaba por la misión y lo recogía, y nos íbamos a una cafetería, un museo o un café. Mientras tanto, Deborah me daba ánimo, orando para que la amistad que ella había orado para que floreciera, echara raíces profundas. Después de nuestra conversación sobre «pescar y soltar», el hosco silencio de Denver se derritió para convertirse en una delicada timidez. «¿Viste cómo Denver te saludó en la fila de la cena?», me decía ella con los ojos brillantes. «Yo creo que están haciendo verdaderos progresos».

Deborah y yo, que ya habíamos dejado de ser míster y miss Martes, comenzamos a ir a la misión con más frecuencia aún. Ella se quedaba a trabajar con las mujeres y los niños, mientras que Denver y yo nos íbamos a algún lugar para estar juntos. Si yo tenía planes de llevarlo a un restaurante elegante, llamaba antes a la misión, para darle tiempo de que se pusiera su disfraz de persona en buena posición económica. En cambio, si íbamos a Starbucks, se vestía como quería. Por lo general, eso significaba que se le notaba que era un hombre pobre: camisa manchada y mal abotonada, pantalones con agujeros y unos zapatos de cuero muy gastados que usaba como chancletas, aplastando con el calcañar la parte posterior del zapato.

Fue en Starbucks donde tuve noticia de que existía una esclavitud en pleno siglo veinte. No era la esclavitud de las subastas de negros jóvenes que eran llevados allí amarrados con sogas y encadenados. En vez de eso, era una esclavitud de encadenamiento a las deudas, la pobreza, la ignorancia y la explotación. Una esclavitud en la cual el hombre, y el «Hombre» de Denver solo era uno entre tantos otros, era quien tenía en la mano todas las cartas y las repartía mayormente desde el fondo del paquete, de la forma que su papá le había enseñado, y antes que él, su abuelito. Más de medio siglo antes que naciera Denver, Abraham Lincoln había declarado formalmente que «todas las personas mantenidas en la esclavitud dentro de dichos Estados y partes de Estados son libres, y desde ahora en adelante lo serán». Todo aquello estaba muy bien y muy bonito, pero los dueños blancos de las plantaciones no desaparecieron silenciosamente en medio de la noche. Lo primero que sucedió fue que los parlamentos estatales aprobaron «Códigos para negros», unas leyes que usaban trucos legales para mantener en la esclavitud a las personas de color, forzando al gobierno federal a disolver las legislaturas estatales y poner al ejército a cargo del obstinado Sur. Después que los legisladores estatales prometieron tratar de portarse bien, los dueños de las plantaciones y las personas que habían sido suyas en el pasado intentaron un nuevo arreglo: la aparcería, el convenio entre el dueño de las tierras y el que las trabaja.

Esos convenios resultaron ser tratos con el diablo. La aparcería no solo propagó la pobreza y el desespero, tanto entre los negros como entre los blancos pobres, sino que también abrió una fea y enconada grieta en el Sur de las plantaciones, por la cual fueron cayendo personas como Denver Moore, algunas para siempre.

Esa grieta atravesaba la parroquia de Red River, en la cual el hombre de Denver era un astuto comerciante. Como no quería perder su suministro de mano de obra, se guardaba para sí todos los ases. Les repartía las cartas de una pobre supervivencia, pero retenía para sí la carta del progreso de Estados Unidos. Les repartía la carta de un trabajo agotador, pero no les daba la carta de la educación, la carta para salir gratis de la cárcel que habría liberado a hombres como Denver. En el siglo veinte, los esclavos tenían libertad para marcharse de la plantación, pero su deuda y su falta de estudios los mantenían esposados al hombre.

Yo escuchaba las historias de Denver con unos oídos de cincuenta años que habían sido tocados por el sueño del doctor Martín Luther King. Más tarde, supe que el Ku Klux Klan de Coushatta, Luisiana, un pueblo situado dentro de la parroquia de Red River, había conspirado en una ocasión para asesinar al doctor King. El FBI había querido intervenir para destruir aquel complot, pero su primer director, J. Edgar Hoover, se había negado a darles autorización para hacerlo.

Mientras más iba sabiendo, más odiaba al hombre y quería corregir los males causados por los amos modernos de esclavos en Luisiana. Le cantaba la historia de Denver como un canario a todo el que estuviera dispuesto a escucharme. Entonces, un día, me vino de manera repentina a la mente un pensamiento: mi propio abuelito no había sido muy diferente al hombre. Sí, había sido más justo. Había sido un hombre honrado y decente en el Texas de sus días. Pero aun así, los salarios que pagaba no eran excusa para la deplorable manera en que nosotros tratábamos a los que trabajaban sus tierras.

Sin embargo, lo asombroso es que Denver me repetía una y otra vez que si un hombre proporciona trabajo, tiene derecho a obtener ganancias. Denver había vivido en una cabaña de dos cuartos y sin agua corriente ni vidrios en las ventanas, hasta los tiempos en que este país puso hombres en la luna. Pero seguía sosteniendo que en realidad, el hombre no era un mal tipo. «Solo estaba haciendo lo que le habían enseñado cuando lo criaron», decía Denver. «Además, si todo el mundo fuera rico, ¿quién iba a hacer el trabajo?».

Ese estilo casero y práctico de ver las cosas me fascinaba. Después de nuestra conversación sobre aquello de pescar y soltar, le di a Denver mi número de teléfono y le dije dónde vivíamos, quebrantando una norma cardinal para los voluntarios de las misiones. Lo cierto es que, antes de mi lección de pesca en Starbucks, yo nunca había pensado que Denver y yo formaríamos una verdadera amistad... al menos, una que pudiéramos mantener fuera de su vecindario.

Detesto admitirlo ahora, pero yo me había visto a mí mismo más bien como una especie de benefactor indulgente: yo le daba un poco de mi valioso tiempo, el cual, de no haber sido yo tan benevolente, lo habría podido usar para conseguir unos cuantos miles de dólares más. Y de vez en cuando me imaginaba que si Denver se mantenía limpio y sobrio, yo lo llevaría a hacer recorridos desde aquella zona de indigentes hasta los restaurantes y los centros comerciales, en una especie de miradas furtivas en las que le podría echar una mirada al fruto de una vida responsable, y tal vez cambiar de manera de vivir de acuerdo con lo que había visto.

Estaba consciente de que le podría causar una especie de tormento terapéutico por el hecho de que tal vez nunca llegara a poseer algunos de aquellos caros juguetes que teníamos nosotros, como un remolque para caballos con lugar para dormir. Seguramente, nunca sería dueño de un rancho, ni de una pintura de Picasso. Me asombraba que aquello no le molestara a Denver lo más mínimo, en especial la parte relativa a Picasso, después de haber visto algunas de sus obras.

Una tarde visitamos tres museos de arte: el Kimbell, el Amon Carter y el Moderno. En el Moderno, él pensó que yo le estaba jugando una broma. Cuando llegamos ante una de las obras de Picasso que podríamos calificar de *menos organizadas*, Denver me miró, como si los custodios del museo estuvieran tratando de presentar disfrazada alguna clase de aceite de serpiente.

«Estás bromeando conmigo, ¿no es cierto?», me dijo. «En realidad, la gente no le llama arte a esto, ¿o sí?».

Yo había decorado mi propia casa con obras parecidas y, en mi profesión de negociante de obras de arte, los maestros modernos eran mi especialidad. Pero aquel día, mientras recorríamos el museo Moderno, traté de mirar a través de sus ojos aquellas atrevidas formas geométricas, aquellas pinturas llenas de salpicaduras, y aquellos inmensos lienzos dominados por un «espacio negativo». Tuve que admitirlo: parte de aquel arte se podía interpretar como basura.

El favorito de Denver era el Kimbell. Las pinturas de los maestros antiguos lo atraían como imanes; en especial aquellos que ya tenían siglos de hechos y que representaban a Cristo. Cuando nos detuvimos frente a un gran Matisse de la década de 1940, y le dije que costaba doce millones de dólares, se quedó boquiabierto.

«Bueno», dijo, observando el cuadro con un asombro algo dudoso, «no me gusta mucho, pero me alegra que el museo lo comprara para que alguien como yo pudiera ver qué aspecto tiene un cuadro de doce millones». Hizo una pausa y añadió: «¿Crees que si los guardias supieran que yo soy un indigente, me dejarían entrar aquí?».

Con los museos, los restaurantes y los centros comerciales, yo le estaba enseñando a Denver una manera distinta de vivir; un lado de la vida en el cual la gente dedica tiempo a apreciar las cosas finas, donde habla acerca de ideas, donde el dorado crudo cuesta más que el bagre cocinado. Pero él se mantenía absolutamente convencido de que su manera de vivir no era peor que la mía, sino solo diferente, señalando mientras lo hacía, la presencia de ciertas cosas incoherentes. Se preguntaba: ¿por qué la gente rica lo llama sushi, mientras que la gente pobre lo llama carnada?

Yo sabía que Denver era sincero cuando me dijo que él no se habría querido cambiar conmigo ni por un solo día. Sus convicciones me quedaron claras cuando puse mi llavero en la mesa entre nosotros en una de nuestras primeras reuniones para tomar café.

Él se sonrió un poco y dejó deslizar una cautelosa pregunta:

—Yo sé que a mí no tiene por qué importarme, pero ¿eres el dueño de las cosas que abre cada una de esas llaves?

Yo miré las llaves; eran como unas diez.

—Me imagino que sí —le contesté, aunque nunca antes había pensado en aquello.

—¿Estás seguro de que tú eres su dueño, o no serán ellas las que son dueñas tuyas?

Aquella manifestación de sabiduría se me quedó pegada al cerebro como con cinta adhesiva. Mientras más pensaba en sus palabras, más me convencía de que disfrutaríamos mucho más de la vida si fuéramos dueños de muchas menos cosas. En cierto sentido, Denver se había convertido en el profesor, y yo en el alumno, mientras él compartía conmigo su forma particular de entender lo espiritual, y su llana sabiduría del viejo campo.

También llegué a darme cuenta de que a pesar de que sus treinta años por las calles le habían cosido un grueso cuero a aquel hombre, también habían forjado en él una obstinada lealtad, un fuerte espíritu, y una profunda comprensión de lo que hace palpitar el corazón de los oprimidos. Aunque revolcándose en el pecado y las adicciones de la vida en las calles, afirmaba haber oído a Dios en medio de su soledad. Su cerebro había ido archivando todo lo que había visto a lo largo de los años, y tal parecía que solo había estado esperando que apareciera alguien dispuesto a escucharlo. Yo tuve el privilegio de ser el primero en hacerlo.

25

Míster Ron y yo comenzamos a pasar bastante tiempo juntos, yo llevándolo al vecindario para enseñarle lo que es eso, y él llevándome a mí a museos, restaurantes, cafés y eso. Aprendí mucho en esos viajes, como la diferencia que hay entre un taco y una enchilada. El taco es esa cosa crujiente y la enchilada es la cosa larga que como que se deja caer al lado del taco. (Aunque por lo general, me como nada más que la parte de adentro del taco, porque no tengo muchos dientes buenos). También descubrí la diferencia entre un restaurante y un café: el restaurante es ese lugar donde te enrollan tu tenedor y tu cuchillo en una toallita elegante de papel que usas como servilleta. En un café solo te dan una de esas servilletas de papel de siempre, y casi nunca tienen nada enrollado dentro.

La primera vez que míster Ron me llevó a un restaurante, no pude encontrar ningún tenedor durante muchísimo tiempo hasta que lo vi a él desenrollar la toalla de color rojo oscuro que tenía en su lado de la mesa. Me atrapó mirándolo asombrado y me dijo que la toalla era una servilleta, aunque a mí me pareció loco, porque ¿quién las va a lavar todas?

También miss Debbie y yo empezamos a hablar un poco más. Ya no me seguí perdiendo cuando la veía, y cuando ella me preguntaba qué tal me iba, yo le decía que bien. Siempre era muy buena conmigo, me preguntaba de mi vida, qué iba a hacer aquel día y si necesitaba que era me trajera algo. Yo la veía allá en el lote, y la ayudaba a ella y a la hermana Bettie y a miss Mary Ellen, la amiga de miss Debbie.

Conocí a la hermana Bettie antes que a miss Debbie. Ella no es monja ni ninguna de esas cosas. La llamamos «hermana» porque es una mujer espiritual de verdad. Yo no sé qué edad tenía la hermana Bettie cuando la conocí, pero en ese mismo minuto, tenía una corona de pelo tan blanca como una nube en un día de verano, y unos ojos chispeantes tan azules como el cielo por el que viajan esas nubes. Cuando ella te está hablando, te pone una mano en tu brazo, como si fueras su propio hijo. Y aunque deje ahí la mano por un rato, no te molesta nada. Solo te sientes feliz de que Dios decidió traer a una dama como esa a este mundo.

La hermana Bettie vive en la misión, pero no es porque no tenga ningún otro lugar adonde ir. Hace mucho tiempo, ella vivía en un barrio normal. Pero después que se murió su marido, sintió que el Señor la tocaba en el corazón, para decirle que se pasara el resto de su vida sirviendo a los que no tienen un techo. Vendió su casa y todo lo que tenía, menos un camioncito Toyota chiquito, y les pidió a los de la Misión Union Gospel si la podían poner como encargada del lugar.

No pasó mucho tiempo antes que la mayor parte de los indigentes de Fort Worth conocieron a la hermana Bettie. Ella se iba a los restaurantes para pedirles lo que sobraba, y a las tiendas para pedirles calcetines, mantas, pasta de dientes y cosas así. Entonces iba arrastrando sus viejos huesos para arriba y para abajo en las calles más peligrosas, ofreciéndoles ayuda a unos hombres tan salvajes, que lo mismo les daba mirarte, que arrancarte la cabeza. Eso no asustaba a la hermana Bettie para nada porque creía que los ángeles de Dios acampaban alrededor de ella y no iban a permitir que le pasara nada malo. Y si le pasaba, decía, sería por voluntad de Dios.

Ella nunca llevaba bolso, sino lo que tenía que repartir ese día y su Biblia. Después de un tiempo, las cosas cambiaron tanto que ya no importaba lo que la hermana Bettie creyera sobre los ángeles de Dios: ni el hombre más malo de esa calle se atrevía a ponerle una mano encima, porque si lo hacía, le daban una paliza. Hasta el día de hoy, esa mujer podría caminar desnuda por la vía del tren a media noche en la selva de los indigentes, y estaría tan segura como si estuviera arropada en su propia cama.

Después que yo llevaba un tiempo en la misión, empecé a ayudar a la hermana Bettie en algunas cosas. Nunca tuvimos una conversación, pero si ella necesitaba algo, sabía que me lo podía pedir y yo se lo hacía. Como cuando la ayudaba a mantener andando su camioncito, le cambiaba el aceite y la correa del ventilador, esa clase de cosas.

Yo la empecé a ayudar también en el lote, un lugar al que la gente de la calle llamaba «debajo del árbol». Está en Annie Street, en uno de los peores vecindarios de la ciudad, desbordado de locos y criminales y tipos en harapos con la mirada vacía, que viven tan bajo que se sorprenden cada vez que abren los ojos y descubren que lograron llegar a un día más.

No me entiendas mal. Tampoco era que yo estuviera limpio y sobrio todo el tiempo. Solo porque míster Ron y yo nos hicimos amigos no quiere decir que me volví un santo de la noche a la mañana. Sí, íbamos a lugares finos por el día. Pero de noche, yo seguía saliendo a la selva de los indigentes y pasando alrededor del Jim Beam con los otros tipos.

Yo trataba de no beber demasiado los martes por la noche, porque me gustaba ayudar a la hermana Bettie al día siguiente. Todos los miércoles, ella les daba comida a 200 o 250 personas en el lote, y siempre era una especie de milagro, como esa historia de los panes y los peces de la Biblia. En realidad, nadie sabe de dónde salía toda aquella comida, pero todas las semanas, se podía oler a dos cuadras de distancia: grandes cazuelas humeantes de caldo de res llenos de zanahorias, guisantes y papas. Canastas de pollo frito. Pintos acabados de cocinar y cazuelas de chile. Todo cocinado en casa. Y parecía como si la gente se presentara con aquellas cosas como salida de la nada.

Un día, en algún lugar del camino, la hermana Bettie descubrió que yo cantaba, y me preguntó si podía bajar a cantar en el lote. Al principio, yo estaba un poco preocupado, pero cuando la hermana Bettie te pide que la ayudes, lo único que puedes hacer, es ayudarla.

26

Deborah captó en la hermana Bettie alguien que la guiaría hacia una nueva dimensión espiritual, un nivel de servicio menos lleno de temor, más sacrificado que lo que ella podía hacer dentro de las paredes de la misión. Quiso compartir la experiencia con Mary Ellen Davenport, su mejor amiga, de quien ella decía que era una «guerrera de oración», que quiere decir que se detenía y se ofrecía a orar con cualquiera acerca de cualquier cosa y durante todo el tiempo que se lo permitiera.

Plucky es una palabra que suena rara, pero el diccionario inglés *Webster's* la define como «vivaz» y «valiente». Habría debido poner allí una fotografía de Mary Ellen. Era enfermera certificada, y ella y su marido Allan, que es médico, se hicieron amigos nuestros en 1980, cuando dimos una fiesta por el Día de la Independencia en la casa al estilo de Williamsburg a la que nos habíamos mudado en Fort Worth dos años antes. Nosotros habíamos invitado a nuestros amigos, los esposos Hawkins, y ellos nos preguntaron si podrían traer consigo a sus amigos, los esposos Davenport.

Alan y Mary Ellen habían regresado recientemente a Fort Worth desde Galveston, donde Alan había hecho su residencia médica. Nosotros no los conocíamos personalmente, pero Deborah había oído *hablar* de ellos. Le habían dicho que Mary Ellen había tenido un embarazo difícil con trillizos, y había estado orando por ella específicamente.

Pero cuando los esposos Davenport llegaron a nuestra casa en el día de la fiesta, y Mary Ellen vio nuestro gran portal, con unas altas columnas blancas y un garaje para tres autos que parecía más grande que toda su casa, le dio un ataque de enojo.

—¡Ahí no entro yo! —le dijo a Alan.

—¿Por qué no? —le preguntó él.

—¿Por qué no? ¡Pero mira la casa que tienen! Son millonarios. ¿Qué podríamos tener nosotros en común con ellos?

Así que los Davenport se quedaron sentados en su auto con el aire acondicionado con toda su fuerza, y debatieron sobre si se debían quedar. Muy pronto, sus trillizos, que tenían entonces quince meses, se echaron a llorar. Ataviados con trajes de baño y salvavidas, tenían el dial sintonizado en el módulo de «NADAR», y no les gustaba el sonido de la conversación que había en el asiento delantero. Al final, Mary Ellen perdió la batalla, y los recuerdo todavía cuando llegaron a nuestro traspatio por vez primera, Alan sonriendo nerviosamente, y Mary Ellen con la sonrisa pegada a la cara, tan fingida como un Rembrandt pintado en Chihuahua.

Pero Deborah rescató la tarde. «¡Qué contenta estoy de conocerlos por fin!», dijo, saludando a Mary Ellen con una cálida sonrisa. «He estado orando por ti y por tu familia durante *meses*». Entonces, la esposa del «millonario» se ofreció a encargarse de los trillizos hasta que los Davenport se pudieran organizar en su nueva casa. Ante aquello, Mary Ellen bajó la guardia. Aceptó el ofrecimiento con toda dignidad, iniciando una estrecha amistad entre ambas familias que duraría décadas.

Deborah aprendió con Mary Ellen a ser audaz. Ella nunca había sido audaz, sino solo persistente. Su amiga Mary Ellen era audaz *y* persistente. Así que cuando Deborah la invitó a trabajar de voluntaria en la misión, la aflicción de Denver «se duplicó», como él mismo diría más tarde, porque eso significaba que ahora eran dos las damas blancas que lo incomodaban, en lugar de solo una.

A petición de la hermana Bettie, Deborah y Mary Ellen comenzaron a dar clases y a cantar un día a la semana en el culto que daba la misión para las mujeres y los niños. Pero fue el culto de la hermana Bettie en el lote la que atrajo a Deborah como un imán.

El lote en sí es un pequeño y frondoso refugio, salpicado de mirtos rojos, con unos bancos rústicos y una cruz hecha de raíles de tren que tenía encima una corona de espinas que alguien había hecho con alambre de púas. En cambio, la zona que *rodeaba* al lote es un modelo de decadencia urbana: cadenas mohosas, edificios con tablas clavadas en puertas y ventanas y declarados no habitables, junto a ellos, lotes vacíos inundados de sorgo que escondía unos cuerpos que apenas estaban vivos. Junto al lote, los clientes de la hermana Bettie que van a recibir un almuerzo gratis salen de Lois's Lounge, un oscuro saloncito donde van dejando la vida bebiendo un licor barato, comprado con el dinero que mendigan. No los estoy juzgando. Solo es una simple realidad que en Estados Unidos las drogas y el licor cuestan dinero, pero la comida es gratuita para todo aquel que esté dispuesto a dormitar a lo largo de todo un mensaje sobre el evangelio.

Son veintenas los que lo hacen, arrastrándose como pueden hasta el lote cada semana, algunos de ellos sentados en unas sillas de ruedas herrumbrosas, empujados por otros que apenas se pueden sostener en pie, mientras otros llegan cargados en la espalda de unos hombres más sobrios que ellos. Muchas veces, después de pasarse una tarde allí, Deborah volvía a casa llorando, con el corazón quebrantado por sus encuentros con los adictos a las drogas y los alcohólicos, una gente muy ocupada en pagar un precio excesivamente alto por una vida extremadamente baja.

Antes de haber establecido una conexión con Denver, algunas veces lo llegamos a ver allí, de pie en la acera del frente, inmóvil por completo y tratando de camuflarse con un poste del teléfono. Yo le pregunté a la hermana Bettie acerca de él: «¿Cuál es su problema específicamente?».

«¿Denver?», me contestó ella sonriente, con su manera suave de hablar. «Oh, Denver ayuda mucho. Mantiene andando mi camioncito. ¡Y canta muy bonito!».

De vez en cuando, según me dijo, lograba hacer que cantara en el lote, o en el culto en el que ella daba clases los jueves. «A Denver hay que pedirle las cosas en el mismo momento en que una quiere que las haga, porque con cualquier advertencia, se escabulle y desaparece».

Aunque nos habíamos hecho amigos, Denver no había abandonado por completo su acto de desaparición. Ahora se sentía culpable cuando se enfrentaba a la gente de la calle. A muchos de ellos, los había amenazado con matarlos en uno u otro momento. Ellos temían al antiguo Denver, pero el que estaba surgiendo lo asustaba hasta a él mismo. Así que era frecuente que desapareciera cuando se le pidiera que hiciera cosas «cristianas», como cantar para la hermana Bettie. Deborah y yo le servíamos para recordar continuamente que se estaba produciendo un cambio en él, y era un cambio sin el cual habría podido seguir viviendo muy tranquilamente.

Mientras tanto, en su gran esfuerzo por seguir lo que ella consideraba su llamado a servir, Deborah florecía. En veintinueve años de matrimonio, yo nunca la había visto tan feliz. También puedo dar testimonio de que, como pareja, nunca habíamos estado más profundamente enamorados. La paz creada en la consejería y en los primeros años de Rocky Top se había suavizado hasta convertirse en un contentamiento muy optimista.

Tal vez habríamos llegado a ese punto mucho más rápido, si hubiéramos estado dispuestos a reconocer la verdad que hay en un viejo dicho: «Si mamá no está feliz, no hay nadie feliz». Pero llegamos. Y desde la cima de nuestra relación, Deborah exportó al lote un gozo nuevo y contagioso. Allí, bajo aquel olmo gigante y viejo que les daba sombra a los bancos, ella siempre encontraba algunas perlas escondidas debajo del mar color ámbar de las botellas de cerveza rotas y las jeringas.

La perla que encontró un día resplandecía en la sonrisa de un canoso veterano de la calle que vivía debajo de un puente del ferrocarril, en una caja de cartón que tenía la forma de un ataúd. Aquel hombre comía lo que encontraba en los latones de basura, desagradable verdad que uno sabía de forma automática con solo tener nariz. Tenía la barba enmarañada con vómito seco y con los restos de sus últimas comidas, y despedía un mal olor tan fuerte a licor, que parecía que podía estallar si alguien se le ponía demasiado cerca y encendía una cerilla.

Era el perfecto ejemplo de un hombre cuya vida parecía desechable. Y sin embargo, encontró una razón para sonreír. Deborah, atraída hacia él, le ofreció un plato de comida hecha en casa y una oración. Entonces, realmente asombrada, le preguntó: «¿Por qué estás tan contento?». «¡Porque desperté hoy!», le contestó, mientras le brillaban los ojos en su demacrado rostro. «¡Y esa razón es suficiente para estar feliz!».

Deborah se apresuró a llegar a casa para contarme lo que él le había dicho, como si le hubiera entregado un tesoro que necesitara depositar de inmediato en mi banco de memoria. Desde aquel día, lo primero que nos venía a los labios era una palabra: «¡Despertamos!». Era una especie de pequeña oración de acción de gracias por algo que siempre habíamos dado por sentado, pero que un indeseable de la sociedad había tenido la sabiduría de ver como una bendición que era fundamental para todas las demás.

De esa manera nos saludábamos mutuamente por la mañana, sin sospechar nunca que muy pronto, cada mañana sería un precioso don que podríamos contar con los dedos de una mano.

27

Miss Debbie y miss Mary Ellen no tardaron mucho tiempo en preguntarme si quería cantar en su culto. Y yo cantaba, si ellas eran lo suficientemente listas para atraparme. Entonaba algunos cantos espirituales que traía conmigo en el corazón desde los tiempos de la plantación. Otras veces, cantaba algunos que yo mismo inventaba. Como dije, conozco muchas Escrituras.

Pero tampoco pasó mucho tiempo antes que miss Debbie se empezara a poner mandona otra vez. Tenía debajo de la silla de montar un guizazo acerca de algo a lo que ella le llamaba «retiro». Decía que ella y un montón de amigas suyas cristianas iban a ir al bosque para «escuchar del Señor».

«Denver, he estado orando acerca de eso», me decía cada vez que me veía, «y creo que Dios me está diciendo que tú deberías ir con nosotros».

Yo les pregunté a algunos de los tipos que andaban por la misión si ellos sabían qué era un retiro, y ni uno solo de ellos tenía la más ligera idea, menos míster Shisler. Él me dijo que un retiro era una cosa religiosa en la que uno sale a algún lugar solitario, y habla, ora y llora todo un fin de semana. De lo que yo estaba seguro, era de que no quería tener nada que ver con eso. Pero miss Debbie no me soltaba. Sin embargo, yo no le hacía caso, porque por nada del mundo me iba a meter en el bosque con todo un auto lleno de mujeres blancas.

Bueno, entonces me imagino que ella le habló a míster Ron. Un día, en Starbucks, comenzó a hablar del «retiro» esto y el «retiro» aquello. Dijo que no iba a ser solo para mujeres. También iba a haber hombres allí.

—Piensa en toda la gente tan estupenda que vas a conocer —me dijo—. ¡Y en toda esa comida gratis!

—¡Pero no va a ser de Jump Street! —le dije—. ¡Yo no quiero ir! ¡No voy *a ningún lado* para *ningún* retiro, ni quiero conocer *a nadie*! ¡Y sobre todo, no pienso ir a ningún retiro con una mujer blanca que es *la mujer* de otro hombre!

Solo para que todo aquello quedara claro, lo miré como si él estuviera loco.

No estoy muy seguro de lo que él le dijo a miss Debbie después de aquello, pero la siguiente vez que hice la fila para que me sirvieran, ella salió disparada desde aquel mostrador como si fuera un relámpago. Y allí estaba otra vez su dedo flaco apuntándome a la cara. «¡Denver, tú *vas* a ir conmigo al retiro, y no quiero oír que vuelves a decir nada más acerca de ese tema!».

Ahora, aquí estoy, un metro ochenta, 105 kilos; un iracundo hombre negro de sesenta y dos años, y esa dama blanca, pequeña y flaca, piensa que puede hacer que la obedezca. Ni siquiera Big Mama me hablaba así. Estábamos a punto de tener un problema... un gran problema.

Al fin llega el día del retiro, y miss Debbie baja en su auto a la misión, buscándome. Yo estaba haciendo todo lo posible por esconderme, pero hubo unos tipos que quisieron ayudar: me encontraron y le dijeron dónde estaba yo. Ella me convenció para que por lo menos fuera hasta el auto y viera quiénes eran los que iban en él. Yo no quise actuar mal con ella, porque nos estábamos haciendo amigos y todo eso. Así que caminé hasta el frente de la misión.

Miré al interior del Land Cruiser de miss Debbie, y ya lo sabía yo: había *cuatro* mujeres blancas más adentro. En mi vida, ya había tenido suficiente mala suerte con *una sola* mujer blanca. Y allí había cuatro, todas sonrientes y saludándome con la mano. «¡Sube, Denver! ¡Queremos que vayas con nosotras!».

En ese mismo momento, uno de los indigentes que estaban sentados en las escaleras de la misión, comenzó a hablar como si fuera una niñita: «¡Sí, *Denver*, sube!». Y se echó a reír.

Entonces su amigo lo siguió y comenzó a cantar un canto espiritual para los velorios: «Ve lento... dulce carro, que vienes para llevarme al hogar...». Y los dos se rieron a carcajadas.

A mí no me pareció nada gracioso. Pero tenía que decidirme. Allí estaban todas aquellas damas blancas en el auto, tratando de ser tan buenas conmigo, y al otro lado estaban aquellos tipos sentados en las escaleras, cantándome un funeral. Me imagino que yo sabía que estaba tomando en mis manos mi vida cuando subí a ese auto, porque era un día frío de enero, pero yo estaba sudando como un cerdo en agosto.

28

Al mismo tiempo que había estado conociendo a Denver, mi negocio de obras de arte se iba activando con buenas ganancias, y con los clientes buscándonos a mis socios y a mí, en lugar de lo contrario. Trabajábamos con un grupo escogido de clientes que solo estaban interesados en las obras de mayor calidad. Aun así, en el otoño de 1998, yo recibí la clase de llamada en la cual se basan las fantasías de los negociantes de arte.

La llamada llegó después que Denver y yo habíamos comenzado a visitar los museos. Yo lo acababa de dejar a él cerca de la misión, cuando sonó mi teléfono móvil. El hombre que estaba en la línea estaba al frente de una gran firma canadiense de desarrollo de bienes raíces que había comprado un edificio de bancos de treinta y seis pisos en el centro de Fort Worth. Por fortuna para los canadienses, el trato incluía a «Eagle», una escultura de más de doce metros de altura, obra de Alexander Calder, maestro del siglo veinte. Era una de las únicas dieciséis esculturas estables que el artista había ejecutado durante su vida.

En aquellos momentos, Eagle estaba firmemente asentada hasta una profundidad de medio metro en la plaza de concreto situada en las afueras del edificio de bancos, un sitio que dominaba el corazón mismo de la ciudad. Durante largo tiempo, los ciudadanos de Fort Worth habían considerado aquella escultura maestra como del dominio público; era un símbolo del lugar de la ciudad en el mundo del arte y la cultura. Sin embargo, los nuevos dueños canadienses no eran tan sentimentales; el hombre que me habló por teléfono me dijo que querían venderla.

El corazón me latió más deprisa mientras pensaba en la posibilidad de cerrar aquel trato de siete cifras, que lo más probable era que fuera el más grande de mi carrera hasta aquel momento, o tal vez para siempre, sobre todo puesto que era casi seguro que una escultura de Calder de esa categoría nunca volvería a estar a la venta. Al mismo tiempo, me di cuenta de que si la vendía, me arriesgaba a que me expulsaran de la ciudad. Yo sabía que eso era cierto, porque el dueño anterior, un banco en crisis, me había pedido que explorara la posibilidad de una venta solo un par de años antes, pero había terminado por echarse atrás, cediendo ante una presión tan formidable por parte de los ciudadanos, que ni siquiera los museos locales se habían atrevido a comprar el Calder para que se quedara en la ciudad. Pero los canadienses, según me dijo aquel hombre por teléfono, querían un trato que fuera limpio, rápido y silencioso. Y dio la casualidad de que yo tenía un comprador.

Desarrollamos un plan rodeado de secreto, en el cual había hasta códigos, como «El Fénix», una corporación de Delaware que mis socios y yo creamos, solo para manejar aquella transacción tan especial. Contratamos dos camiones de dieciocho ruedas, con tripulación y choferes que usaran martillos neumáticos para desarmar aquella escultura de doce toneladas bajo la oscuridad. Yo dije en broma que si se corría la voz, los trabajadores iban a necesitar llevar puesta una armadura. Pero tal vez solo hablara medio en broma: era tan grande la necesidad de que el secreto fuera absoluto, que el plan incluía una cláusula según la cual a los trabajadores no se les diría dónde llevarían a «Eagle» hasta que hubieran pasado la línea que separa a Texas de Oklahoma.

Fijamos la fecha para el traslado: el 10 de abril. Pasaron meses mientras mis socios y yo fijábamos todos los detalles. Mientras tanto, yo estaba trabajando en mi relación con Denver. A fines de diciembre, comencé a tratar de convencerlo para que fuera al retiro de montaña con Debbie. Pero en enero, ya casi me había dado por vencido en cuanto a esa idea. Deborah y Mary Ellen aún estaban decididas a ir, pero yo no estuve allí para despedirlas, porque el retiro coincidió con la Feria de Arte de Palm Beach.

Fue entonces cuando sonó mi teléfono, precisamente cuando estaba tratando de venderle un cuadro de Matisse a una distinguida pareja que se combinaban pantalones rosados. Era Deborah, que me llamaba para decirme que había convencido a Denver para que fuera al retiro. Nuestro hijo Carson, que ya tenía veintidós años y pensaba dedicarse al negocio del arte, se me había unido en el viaje, así que me excusé y dejé que él siguiera la transacción. A la luz del discurso de Denver sobre «Jump Street», no podía creer que fuera verdad que él hubiera subido al auto de Deborah, y más asombroso todavía era el hecho de que se hubiera quedado en el retiro durante todo el fin de semana.

El momento más destacado, me dijo Deborah conversando por el teléfono, fue el último día, cuando Denver cantó, a petición de todas aquellas damas blancas. Se sentó al piano a regañadientes en la zona de adoración, y de lo más profundo de su ser salió un canto que fue creando a medida que cantaba. Sus oyentes se pusieron de pie para aplaudirlo.

«Quisiera que hubieras estado allí», me dijo Deborah.

«Yo también habría querido estar». Pero por otra parte, si hubiera estado allí, tal vez Denver y yo habríamos estado fuera del campamento, pescando, cuando Dios quería que Denver estuviera cantando. «Pensándolo bien», le dije, «me parece que cada uno de nosotros estaba precisamente donde tenía que estar».

Estaba ansioso por escuchar la versión de Denver sobre el retiro: lo horrible que había sido estar allí con damas blancas y todo eso. Pero aquel martes, cuando fuimos a la misión, me enteré de que nadie lo había visto desde que Deborah la había dejado allí el domingo. Y al día siguiente, Denver seguía sin aparecer. Aquella noche, en nuestra casa, Deborah y yo habíamos comenzado a sentirnos como si se nos hubiera perdido un miembro de la familia. Era Denver, que nos llamaba desde un hospital.

«Estoy bien», dijo. «Pero cuando llegué de vuelta del retiro, tenía tanto dolor, que me fui caminando al hospital e ingresé».

Yo lo dejé todo y salí de inmediato. El Hospital Harris se encuentra a más de tres kilómetros al suroeste de la misión. Fui a toda velocidad, parando un segundo en Whataburger para conseguir un batido de vainilla, el favorito de Denver. En el interior del Hospital Harris, yo recordaba el piso, pero se me había olvidado el número del cuarto, así que fui caminando por todo aquel largo pasillo, mirando cuarto por cuarto mientras pasaba. Por fin vi su nombre, escrito a mano en una tarjeta que habían deslizado en una ranura que había en una puerta cerrada.

Una bonita enfermera rubia estaba de pie cerca, haciendo notas en un historial médico.

—¿Le puedo ayudar en algo?

—Bueno, me he pasado estos últimos diez minutos buscando el cuarto de mi amigo, pero creo que lo acabo de encontrar —le dije, señalando hacia el nombre de Denver en la tarjeta.

—Su amigo no va a estar *allí* —me dijo, bajando la voz confidencialmente—: El hombre que está en ese cuarto es negro e indigente.

Yo le sonreí.

—Entonces, es obvio que estoy en el lugar correcto.

Avergonzada, se marchó, tal vez con la esperanza de que yo no le dijera nada a su jefa. Así que empujé la puerta.

—¿Qué tal, Denver? ¿Todas esas damas blancas te mandaron al hospital?

Denver, que ya para entonces podía reír, me habló de su larga caminata rumbo al hospital, atravesando el vecindario.

—No le digas nada a miss Debbie, pero allá afuera, en el centro de recreo religioso, estuve todo el tiempo comiendo de aquella comida gratis, pero la verdad, no me parecía correcto que usara el baño del hombre, así que no fui en todo el tiempo que estuve allá arriba. ¡Así que aquí estoy, tratando de que me destupan!

Los dos nos reímos a carcajadas. Cuando por fin nos tranquilizamos, él se puso serio.

—Miss Debbie sabía lo que estaba haciendo cuando me llevó a ese retiro.

No me confió ningún detalle más, y yo no lo presioné tampoco.

Un par de semanas más tarde, cuando su abdomen volvió a estar listo, me lo llevé al restaurante mexicano donde había aprendido por vez primera a identificar las partes de un plato combinado. Pidió lo de costumbre: taco, enchilada, arroz y frijoles, pero estuvo todo el tiempo moviendo la comida por todo el plato, más interesado en hablar, que en comer.

«Miss Debbie sabía lo que estaba haciendo cuando me sacó del ambiente de la calle en el que estaba, para que tuviera tiempo y pudiera pensar en mi vida», me dijo. «Ya sabes: ¡uno saca de la casa al diablo antes de poderla limpiar! Y eso es lo que me pasó a mí en medio de aquellos bosques.

Tuve tiempo para aclararme la cabeza y liberarme de algunos demonios de mucho tiempo y pensar en lo que Dios pudiera estar pensando para la última parte de mi vida».

Entonces volvió a guardar silencio. Finalmente, puso los dientes de su tenedor en los frijoles refritos, se limpió las manos con su servilleta y se la volvió a poner en el regazo. «Míster Ron, tengo algo importante que decirte. El trabajo que miss Debbie está haciendo en la misión es muy importante. Se está volviendo muy valiosa para Dios».

Arrugó la frente y bajó la cabeza. Entonces, con esa oscura mirada que siempre precedía a sus pronunciamientos más serios, dijo algo que aún hoy resuena en mis oídos: «Cuando eres valioso para Dios, te vuelves importante para Satanás. Cuídese la espalda, míster Ron. Hay algo malo que está a punto de pasarle a miss Debbie. El ladrón llega en la noche».

29

Hay ciertos días de la vida que uno siempre recuerda por los titulares de las noticias.

El 22 de noviembre de 1963: asesinan a John F. Kennedy. Fácil de recordar, puesto que fui testigo presencial de todo.

El 20 de julio de 1969: Neil Armstrong dio un pequeño paso para el hombre y un paso gigante para la humanidad, mientras Deborah y yo, comprometidos de nuevo, nos reconciliábamos en el sofá de mi apartamento de la Texas Christian.

El 1 de abril de 1999: recuerdo los titulares de ese día, menos por los sucesos en sí mismos, que por el hecho de que aquel día de los santos inocentes [en Estados Unidos dia de los tontos de abril] fue el punto de apoyo que sirvió para lanzar nuestras vidas por un camino que nosotros no habríamos podido prever.

De acuerdo con nuestra usual rutina de tomar el café en la cocina, aquella mañana la Biblia era para Deborah y el periódico *Star-Telegram* para mí. Había una gran cantidad de refugiados albanos que estaban saliendo de Kosovo, decía el periódico... Eartha Kitt, la antigua Catwoman todavía seguía cantando en los bares a los setenta y dos años... George W. Bush, Gobernador de Texas, había reunido seis millones de dólares en menos de un mes para su muy posible campaña presidencial.

Después del café, Deborah se marchó a su clase de ejercicios, luego iría para su examen físico anual. Era tan fija como los militares en cuanto a esa visita anual: entraba, el informe del doctor le decía que «usted tiene una salud fantástica para una mujer con la mitad de su edad», después hacía su cita para el año siguiente mientras iba camino a la puerta de salida. Los planes para las bodas, las fiestas y los viajes se ponían todos en la agenda *alrededor* de ese examen físico.

Yo me dirigí a mi oficina en Dallas, esperando reunirme con nuestra hija Regan a la hora de almorzar. Ella había estado trabajando para mí en la galería. Con un título de historia del arte obtenido en la Universidad de Texas, y un certificado de haber terminado el curso de Christie's Fine Arts en la ciudad de Nueva York, habría parecido que encajaba bien en ese trabajo. Sin embargo, lo detestaba.

Hasta en la escuela secundaria, Regan se había sentido más cómoda entre los necesitados, que entre los privilegiados. Con frecuencia hacía un buen número de emparedados y, según nosotros descubrimos más tarde y nos mortificó bastante, se los llevaba *ella sola* a los indigentes que vivían debajo de los puentes en el centro de Dallas.

Durante el curso en Christie's, descubrió que no disfrutaba en el negocio del arte, con sus clientes consentidos, sus negociantes centrados en ellos mismos y sus pretenciosas comidas energéticas. Pero pensó que tal vez las cosas fueran de esa manera en la ciudad de Nueva York. Así que se quedó callada, volvió a casa y estuvo trabajando durante un tiempo en nuestra galería de Dallas. Mientras tanto, Carson era estudiante de último año en la Texas Christian, y Deborah disfrutaba del hecho de tener todos sus polluelos de vuelta en el nido.

Pero el descontento de Regan crecía con cada día que pasaba. Así que nos reunimos a almorzar aquel día en el Yamaguchi Sushi y en una mesa de esquina, mientras comíamos atún crudo con trozos de jalapeño encima, nos dedicamos al serio asunto de planificar otro curso para su vida. Mientras hablábamos de sus opciones, entre ellas entrar a los estudios postgrado y al ministerio, sonó el timbre de mi teléfono móvil. Era Deborah.

«Craig me palpó algo en el abdomen», me dijo con una voz débil y tensa. El médico, un amigo personal llamado Craig Dearden, le quería hacer un sonograma en su oficina, y enviarla después al hospital para que le hicieran unos rayos X. «¿Podrías volver a Fort Worth para reunirte conmigo en All Saints?».

«Claro que sí», le respondí. «Estaré allí en media hora. Y no te preocupes, ¿de acuerdo? Tú eres la persona más sana que yo conozco».

Detesté tener que terminar mi almuerzo con Regan, pero estuvimos de acuerdo en volvernos a reunir al día siguiente, y le dije que la llamaría tan pronto como hablara con Craig. Cuando llegué al Hospital All Saints, encontré a

Deborah en la sala de espera del departamento de radiología. Mary Ellen ya estaba allí. Y también estaba Alan, médico y antiguo jefe de personal de All Saints.

Yo alcé en brazos a Deborah, dándole un largo abrazo. Le sentí tensos los hombros, pero se fue relajando gradualmente. Me aparté un poco y la miré a los ojos. «¿Estás bien?».

Ella asintió, tratando de esbozar una débil sonrisa.

Le sacaron placas de rayos X, pero también le hicieron una tomografía. Cuando estuvieron listas las placas, nos sentamos en un cuarto de exámenes a media luz, y con el iluminador de rayos X resplandeciente. Otro médico, el doctor John Burk, sujetó la primera placa al iluminador. Al principio, aquella imagen amorfa de un blanco lechoso sobre gris, no significó nada para mí.

«Este es el hígado de Deborah», explicó el doctor Burk, trazando un círculo invisible alrededor de una forma que había en la pantalla.

Entonces las vi: unas sombras. Su hígado estaba totalmente cubierto de sombras.

Mientras nosotros observábamos la placa, varios médicos más fueron entrando en la habitación, y sus batas blancas y sus caras serias se veían vagamente azules en aquella media luz. Un par de ellos experimentaron con un resonante tono positivo.

«Esas manchas son un poco preocupantes, pero todavía no hay nada de qué preocuparse», dijo uno.

«Es posible que sean marcas de nacimiento», dijo otro. «Yo las he visto antes».

Pero ninguno de ellos nos miró a los ojos. La palabra *cáncer* me flotaba en la mente como si fuera un gas venenoso, pero no me atreví a pronunciarla.

«Hemos programado una colonoscopía para mañana por la mañana», dijo Craig. No emitirían una opinión hasta entonces.

Aquella noche en casa, nos acostamos, y Deborah compartió conmigo la historia de Josué y Caleb, dos de los doce hombres que Moisés envió a espiar en la tierra prometida, y traer un informe para los hijos de Israel.

Estábamos acostados mirándonos uno a otro, con las cabezas sobre nuestras almohadas de funda blanca. «Cuando los espías volvieron, trajeron noticias buenas y malas», me dijo Deborah con una cadencia en su voz que recordaba a los contadores de cuentos. «La buena noticia era que *ciertamente*, en aquella tierra fluían la leche y la miel, tal como Dios les había prometido. La mala noticia era que la tierra estaba habitada por gigantes». Los israelitas lloraron de miedo, siguió diciendo; todos, menos Josué y Caleb, que dijeron: «Si el Señor se agrada de nosotros, nos dará la tierra. No tengan miedo».

Se quedó en silencio unos minutos y después levantó la vista hasta encontrar mis ojos. «Ron, tengo miedo».

Yo la atraje hacia mí y la sostuve en mis brazos. Oramos acerca de aquella colonoscopía. Que el Señor se agradara de nosotros y que los médicos volvieran con un buen informe.

— — —

Las estrellas colgaban de un cielo aún negro como si fueran de hielo, cuando entramos en el estacionamiento de All Saints a la mañana siguiente. Entre nuestros amigos se había corrido la voz sobre el diagnóstico pendiente de Deborah, por lo que nos sorprendió y conmovió encontrar alrededor de veinte de ellos apiñados en la sala de espera de las cirugías externas, orando.

Cuando los médicos se llevaron a Deborah en la camilla, y ella manifestó valentía en su pálida cara, oramos para que hubiera un buen informe. Yo me aposté fuera de la puerta del cuarto de endoscopía, lo más cerca de Deborah que me permitían llegar, y empecé a caminar de un lado para otro por aquellos fríos pisos de losa. Alternaba entre la oración y un leve pánico, entre «la paz de Dios que sobrepasa todo entendimiento» y una burbujeante náusea. Pasó un eón y después una época. La arena iba bajando por el reloj de arena, grano tras grano.

Finalmente, a través del cuadrado de un vidrio de seguridad alambrado, vi a unas enfermeras que se llevaban a Deborah en su camilla para la sala de recuperación y me apresuré a unírmele. Ella me miró a través de unos ojos cargados aún de sueño, con el labio inferior sobresaliendo un poco, de una manera que solo lo hacía cuando estaba realmente triste. Pronunció en silencio la palabra cáncer, mientras sus labios trataban de sonreír un poco, para amortiguar el golpe.

Entonces aparecieron unas pequeñas lágrimas en las esquinas de sus ojos, corrieron por sus pálidas mejillas, y recordé sus palabras de la noche anterior: *gigantes en la tierra prometida.*

30

Fue miss Mary Ellen la que me dijo lo que le estaba pasando a miss Debbie. Llegó sola a la misión para dirigir ese estudio bíblico que la hermana Bettie les permitía tener, y cuando vi que miss Debbie no estaba con ella, le pregunté dónde estaba.

Miss Mary Ellen me puso una mano en un hombro. «Tengo una mala noticia, Denver. Miss Debbie fue al médico y... es serio. Tiene cáncer».

Cuando miss Mary Ellen dijo la palabra «cáncer», apenas le pude creer. Miss Debbie no daba la impresión de que tuviera ninguna enfermedad. Ahí estaba, bajando a la misión dos o tres veces por semana, alimentando a las personas en el lote, y dirigiendo un estudio bíblico. Parecía tener una salud perfecta.

Lo primero que supe fue que Dios iba a sanar a miss Debbie. Lo segundo fue que yo tenía miedo. ¿Y si él no la sanaba? En mi vida, yo ya había perdido la mayor parte de la gente que era importante para mí: Big Mama y tío James y tía Etha. Miss Debbie era la primera persona que me había amado incondicionalmente en más de treinta años. Ahora, había dejado que ella se me acercara y, claro, parecía que tal vez Dios se estaba preparando para llevársela a ella también.

Me asustó el que mi vida fuera a quedar cambiada para siempre. Entonces comencé a preocuparme sobre cómo lo iba a tomar la demás gente de la misión cuando oyera la noticia.

No lo voy a endulzar: lo tomaron muy duro. Hay un montón de gente que baja a la misión para hacer trabajo voluntario, pero la mayoría de ellos no eran fieles, como miss Debbie. Pero eso no era todo. Era la forma en la que trataba a los indigentes, que hacía que la aceptaran como amiga suya.

Nunca les hacía preguntas, como ¿a qué se debe que estés aquí? ¿Dónde has estado? ¿Cuántas veces has estado preso? ¿Por qué has hecho todas esas cosas malas en tu vida? Ella solo los amaba, sin ponerles condiciones.

Esa es la forma en que me amaba a mí también. La Palabra dice que Dios no nos da crédito por amar a la gente a la que queremos amar de todas maneras. No; él nos da crédito por amar a los que nadie quiere amar. El amor perfecto de Dios no viene con condiciones, y esa es la clase de amor que le mostraba miss Debbie a la gente de la misión.

Después que supimos la noticia sobre miss Debbie, el chef Jim y yo estrechamos una buena amistad. Nunca antes habíamos tenido ningún grupo especial de oración, pero ahora, todas las mañanas, él y yo nos reuníamos en la cocina para orar por miss Debbie y por su familia. Y había otra gente más orando también.

¿Sabes? Si no eres pobre, tal vez pienses que es la gente de esas grandes iglesias antiguas y elegantes de ladrillo la que da, atiende y ora siempre. Yo quisiera que hubieras podido ver todos esos pequeños círculos de indigentes con la cabeza inclinada y los ojos cerrados, susurrando lo que tenían en el corazón. Aunque parecían como si no tuvieran nada que dar, estaban dando lo que tenían, tomándose un tiempo para tocar a la puerta del frente de Dios y pedirle que sanara a esa mujer que los había amado a ellos.

31

Los médicos de Deborah programaron otra cirugía para tres días después. Deborah, Carson, Regan y yo nos retiramos a Rocky Top para orar y pensar detenidamente las cosas en familia. Tal vez «retirarnos» no sea la palabra correcta; al menos, no lo era en mi caso, porque el rancho se convirtió en mi cuarto de guerra.

Le dije a Deborah que era probable que nos pasáramos todo un año en esa batalla, después celebráramos nuestra victoria, tal vez incluso con un desfile, como los soldados cuando regresan de la guerra, o los astronautas del Apolo 13, retumbando seguros hacia la tierra después de un vuelo espacial que parecía condenado. En el camino entre ese momento y aquel, sabíamos que nos esperaban como asesinos el sufrimiento, las lágrimas y el temor. Pero el sufrimiento hace que la vida sea más plena y más rica. Y recuerdo lo que le decía a Denver su tía Etha: «Las buenas medicinas siempre tienen mal gusto».

Yo estaba seguro de que aparecería la medicina correcta y encontrarla se convirtió en mi misión. A partir de ese día, con el apoyo de mis socios, básicamente colgué un letrero de cierre del negocio en mi galería de Dallas. Eso pasó solo días antes que los equipos de trabajo contratados llegaran a Fort Worth para quitar la escultura de Calder en el golpe más lucrativo de toda mi carrera. Pero mis socios aceptaron manejar las operaciones finales, y yo les pedí que no me informaran de los detalles. En esos momentos, aquello ya no significaba nada. Me encontraba de nuevo en el ejército, esta vez convertido en general de campo en la guerra contra el cáncer.

Nuestros amigos Roy Gene y Pame Evans se nos unieron en Rocky Top. Roy Gene, inversionista, entrenador de caballos y vástago de una prominente familia de Dallas, había construido la casa de su rancho en un acantilado más allá del nuestro, desde el cual se contemplaban el mismo meandro del río Brazos y el verde valle que había después de él. Habíamos pasado casi todos los fines de semana en el rancho con ellos durante los ocho años anteriores.

Ellos no habían hecho planes para ir allí ese fin de semana, pero hicieron un viaje de ciento sesenta kilómetros, solo para venir a mostrarle su amor a Deborah un rato, y animarla a pelear sin desmayar. Roy Gene, como lo describió una vez otro amigo nuestro, es un poco al estilo de John Wayne: una presencia grande y reconfortante que habla lento, suave y con pocas palabras, pero siempre son buenas palabras. Pame es sobreviviente de cáncer, mujer de muchas palabras que las usa para sanar, como ungüento en una herida.

En aquellos días se juntaban en Rocky Top una serie de emociones encontradas. Nuestro optimismo y nuestras confiadas oraciones para pedir sanidad eran reales. Pero como cuando cae la lluvia desde un cielo con sol, Deborah y yo sentíamos, sin hablarlo en voz alta que sus posibilidades de tener una larga vida eran escasas. Pocos años antes, habíamos perdido a nuestro amigo John Truleson por un cáncer de colon extendido hasta el hígado. Después de numerosas series de una quimioterapia debilitadora, John falleció, marchitado hasta convertirse en una sombra, y retorciéndose de dolor.

Aquellos recuerdos estaban frescos en las mentes de ambos. «Ron, si el cáncer se ha extendido más allá de mi colon y esas manchas que vimos no son marcas de nacimiento, no quiero pelear con él», me dijo Deborah en el segundo día de estar en Rocky Top.

«Esa decisión no la tenemos que tomar ahora», le dije.

Pero en realidad, la decisión ya había sido tomada. Aquella era la mujer que solo les tenía miedo a las serpientes de cascabel y a las avispas. Que había mirado de frente a un matrimonio muerto y a otra mujer y había peleado por conservar a su hombre. Que había amansado a Denver Moore, el más malo de los salvajes de uno de los barrios marginales más terribles de todo Texas.

Ella pelearía. Solo que todavía no lo sabía.

Y sin embargo, a pesar de toda la valentía que yo sabía que tenía, había mostrado ese atisbo de temor. Cuánto la amaba entonces. Intensamente. Con esa pasión que uno siente en sus entrañas, donde nadie más puede ver, y solo uno conoce su aterradora fuerza. Pude recordar que en nuestras casi tres décadas de matrimonio, hubo momentos en los que la había amado menos que en aquel momento, y la culpa me atravesaba el corazón como una lanza. Aunque ella siempre había dado sin poner condiciones, muchas veces yo no había estado dispuesto a responderle también sin condiciones. *Ella habría merecido algo mejor que lo que ha recibido de mí*, pensaba, hasta casi ahogarme en una oleada de remordimiento que tenía treinta años de profundidad.

Entonces tomé la decisión de amarla como nunca nadie la había amado jamás.

— — —

En el día de la operación, llegamos al Hospital All Saints, inseguros sobre nuestro futuro, pero con el tanque lleno de fe. Un equipo de cirujanos, dirigido por el doctor Paul Senter, tenía planes para extirparle la mayor parte del colon y cualquier otro cáncer que encontraran y que consideraran que podían extirpar sin peligro. Durante las cinco horas que duró la operación, se reunieron alrededor de cincuenta amigos en la sala de espera.

Cinco horas después que los técnicos de cirugía se habían llevado a mi esposa en una camilla, regresó el doctor Senter. Serio y agotado por la batalla, pidió hablarnos a mí y a nuestros hijos a solas.

«Les voy a ser sincero», nos dijo después que entramos en una pequeña oficina. «Las cosas no van bien».

El cáncer se había salido de su colon, invadiendo toda su cavidad abdominal, y envolviéndose alrededor de su hígado como si fuera un manto.

«Va a necesitar más operaciones», nos dijo.

Yo no le pedí que me diera un pronóstico, ni el tiempo que le quedaba de vida, puesto que solo Dios conoce el número de nuestros días. Sin embargo, al parecer Dios había estado ocupado en otros asuntos. Nuestras oraciones más apasionadas no habían logrado que nos dieran un buen informe después de la colonoscopía. Nuestras oraciones en Rocky Top para pedir su sanidad no habían hecho retroceder al mortal invasor que los médicos habían descubierto dentro de mi esposa. Herido, y casi ciego de miedo, me aferré a las Escrituras:

«Pedid y recibiréis...».

«Orad sin cesar...».

«Yo haré todo lo que pidiereis en mi nombre...».

Gravemente, repetí otro versículo, esta vez tomado del libro de Job: «Jehová dio, y Jehová quitó».

- - -

Después de la cirugía, me senté, fuertemente estremecido, junto a la cama de Deborah. Le salían tubos del rostro y de los brazos, para medir su sueño, enviando su información a unas cajas que parpadeaban con un exasperante código médico que yo no podía entender. Sentía que mis entrañas estaban destrozadas, como si nos hubiéramos lesionado en algún accidente apocalíptico. Atolondrado y en silencio, esperé a que ella despertara. No moví de ella mis ojos. Me preguntaba qué estaría sintiendo. Me pregunté si sobreviviría alguno de nosotros dos.

El que Deborah contrajera cáncer carecía tanto de sentido, como un tiroteo desde un auto en marcha. Ella era la persona más consciente de su salud que yo hubiera conocido jamás. No probaba comida chatarra ni tampoco fumaba. Se mantenía en buen estado físico y tomaba vitaminas. No había un historial de cáncer en su familia. No existía ningún factor de riesgo.

Me obsesionaba lo que Denver había dicho tres semanas antes: *Cuando eres valioso para Dios, te vuelves importante para Satanás. Cuídese la espalda, míster Ron. Hay algo malo que está a punto de pasarle a miss Debbie. El ladrón llega en la noche.*

Poco antes de la media noche, ella se movió. Yo me puse en pie y me incliné sobre la cama, poniendo mi rostro lo más cerca posible del suyo. Abrió los ojos, aún mareada por los narcóticos. «¿Lo tengo en el hígado?».

«Sí». Hice una pausa y la miré, tratando en vano de eliminar la tristeza que había en mi rostro. «Pero todavía tenemos esperanzas».

Ella cerró de nuevo los ojos, y el momento que yo había estado temiendo durante horas, pasó con rapidez sin una sola lágrima. No me sorprendió el que yo no llorara, porque en realidad, nunca había aprendido a llorar. Sin embargo, ahora la vida me había presentado una razón para aprender, y yo anhelaba todo un torrente de lágrimas; una inundación de proporciones bíblicas. Tal vez mi quebrantado corazón les enseñara a mis ojos lo que debían hacer.

32

Después de cuatro días, el cuarto de Deborah en el hospital parecía una floristería. Pero cuando comenzaron a salirse hasta el pasillo las montañas de rosas, margaritas y acianos, el administrador del hospital ordenó que había que quitarlas de allí. Deborah insistió en que las lleváramos a la misión. Ya teníamos un poco de experiencia con eso. A principios de aquel mismo año, ella había llevado allí ramos de flores para decorar las mesas del comedor. Pero Don Shisler y el chef Jim rechazaron la idea, preocupados de que algunas partes de los arreglos florales, como los alambres que mantenían erguidas las flores, se pudieran utilizar como armas.

A nosotros nos era difícil imaginárnoslo, pero por lo visto, fuimos ingenuos en cuanto al tema de las posibles armas que había en las flores. De todas formas, pensando que la gerencia de la misión podría hacer una excepción esta vez, Carson y yo llevamos dos camiones llenos de pistilos escondidos hasta East Lancaster Street. Cuando entramos por la puerta del frente, me sorprendió ver algo poco usual: seis o siete hombres tomados de la mano formando un círculo.

Tino, un calvo muy parecido a Telly Savalas, captó mi atención. «Estamos orando por miss Debbie. Nosotros la amamos, y queremos que vuelva».

Abrumados, Carson y yo nos unimos al círculo y oramos con aquellos hombres que por fuera parecían no tener nada que dar y, sin embargo, habían estado dando sin nosotros saberlo el regalo más valioso de todos: su compasión.

Después de aquello, fuimos poniendo flores por todas partes: la capilla, el comedor, el dormitorio de las damas... Era una explosión de color que les daba vida a aquellos bloques y aquellas losas de la institución. Yo recordé aquel primer día en que llegamos a la misión, y Deborah había soñado con margaritas y cercas de madera.

No habíamos visto a Denver desde que a Deborah le diagnosticaron el cáncer, y yo estaba preocupado porque estuviera sintiendo que lo había pescado para después soltarlo. En el pasillo que lleva a la cocina, nos tropezamos con el chef Jim. Le pregunté si había visto a Denver aquel día.

—Lo más probable es que esté durmiendo —me dijo.

—¿Durmiendo? —le respondí. *Perezoso*, pensé. Ya estábamos a media tarde.

Jim levantó una ceja.

—¿No lo sabes?

—¿Saber qué?

—Bueno, cuando Denver supo la noticia sobre miss Debbie, me dijo que ella tenía una gran cantidad de amigos que estarían orando por ella todo el día. Pero se imaginaba que necesitaba alguien que orara toda la noche, y que él iba a ser el que lo hiciera.

Yo iba abriendo cada vez más los ojos a medida que él seguía hablando.

—Así que sale fuera a media noche, se sienta junto al basurero y ora por miss Debbie y por la familia de ustedes. Cuando yo me levanto y vengo aquí a las tres de la mañana para empezar a preparar el desayuno, él entra para tomar una taza de café, y los dos oramos por ella aquí en la cocina hasta alrededor de las cuatro. Entonces él vuelve a salir, y ora hasta que sale el sol.

Avergonzado, me di cuenta de nuevo de lo profundas que se habían vuelto las raíces de mis propios prejuicios; de mis arrogantes juicios precipitados acerca de los pobres.

33

Me imagino que yo habría podido orar en mi cama, pero sentía que me estaba manteniendo vigilante, y no me quería dormir, como les pasó a los discípulos de Jesús en el huerto. Y habría podido orar en la capilla, pero no quería que llegara nadie a romperme mi concentración. Yo sabía que no había nadie que se fuera a arrimar al basurero, así que allí fue donde me mantuve despierto orando por miss Debbie todas las noches, eso que la gente llama «una vigilia».

Me sentaba en el suelo, con la espalda apoyada en la pared de ladrillo de un viejo edificio donde estaba el basurero, y miraba al oscuro cielo para hablarle a Dios acerca de ella. Le pedía mucho que la sanara, y también le preguntaba por qué. ¿Por qué has afligido a esta mujer que no ha sido más que una fiel sierva tuya? ¿Una mujer que está haciendo lo que tú dijiste: visitando a los enfermos, alimentando a los hambrientos, invitando a entrar a los extraños? ¿Cómo le llevas este sufrimiento tan fuerte a su familia y cortas el amor que ella les estaría dando a los indigentes?

Para mí, aquello no tenía sentido. Pero después de un tiempo, Dios me lo explicó. Una gran cantidad de veces, mientras estaba allá afuera, veía una estrella fugaz que atravesaba ardiendo el cielo oscuro, resplandeciente un minuto, y desaparecida al minuto siguiente. Cada vez que había visto una, me había parecido que iba a seguir cayendo hasta llegar al suelo, y no podía entender por qué nunca podía ver hasta dónde llegaba. Después de ver que muchas de ellas actuaban de esa forma, sentí que Dios me estaba dando un mensaje acerca de miss Debbie.

La Palabra dice que Dios puso todas las estrellas en los cielos, y hasta que les dio nombre a todas ellas. Si una de ellas caía del cielo, era asunto de él también. Tal vez nosotros no podamos ver dónde va a parar, pero él sí puede.

Entonces supe que, aunque aquello no tenía sentido para mí, Dios había puesto a miss Debbie en mi vida como una brillante estrella, y era él quien sabía dónde ella iría a parar. Y descubrí que algunas veces, nos tenemos que contentar con las cosas que no entendemos. Así que traté de aceptar que miss Debbie estaba enferma, y seguí orando afuera, junto a ese basurero. Me parecía que era el trabajo más importante de toda mi vida, y no estaba dispuesto a abandonarlo.

34

Deborah estuvo una semana en el hospital. Siete días después de su salida, la casa alquilada en la que nos habíamos estado quedando se vendió, pero nuestra nueva casa junto al río Trinity no estaría lista hasta varias semanas más tarde. Un mes antes, aquello le habría incomodado a Deborah. En cambio ahora estaba ya muy lejos de preocuparse por algo tan insignificante como el que tuviéramos un techo sobre nosotros. Si no podía vencer el cáncer, no necesitaría una casa aquí en la tierra.

Aun así, necesitábamos una mientras todo se arreglaba, así que los Davenort nos abrieron su hogar. Durante los dos meses siguientes, vivimos nueve personas bajo el mismo techo: los cuatro adultos, los cuatro hijos de los Davenport y Daphene, la hermana de Deborah, que se había convertido en su compañía casi constante. Mary Ellen y Alan habían sido nuestros mejores amigos durante diecinueve años, pero mientras vivimos con ellos, estrechamos más aun nuestra amistad. Tanto, que hasta lavábamos nuestra ropa interior al mismo tiempo.

En aquellos tiempos, su casa se llegó a parecer a las oficinas mundiales de la fundación caritativa Comida sobre ruedas. Todos los días nos traían comida casera nuestros amigos de la iglesia, algunas veces hasta para diecisiete personas, cuando contábamos a Carson, Regan y todos los novios y novias de los jovencitos. Muchos de los que nos querían traer comida nunca lo lograron, porque la fila era demasiado larga.

Había pasado menos de un mes desde el momento en que el doctor Dearden había hallado los bultos en el abdomen de Deborah. Pero ya el dolor se había convertido en un formidable enemigo. Se extendía como el fuego por todo su vientre, obligándola a salir de la cama por la noche para caminar, sentarse recta, darse un baño caliente; cualquier cosa que impidiera que se siguiera centrando en él. A nosotros nos parecía algo irreal: ¿cómo era posible que el dolor se hubiera extendido desde cuando no existía, hasta convertirse en una fogata en tan poco tiempo?

Le preguntamos a Alan, que había tratado a pacientes de cáncer. Él comparó el cáncer con las avispas. «Uno se puede parar junto a una colmena, e incluso dejar que las avispas se poden en grandes cantidades sobre su cuerpo. Pero si pincha el avispero con un palo, las avispas se ponen furiosas y lo matan».

Al parecer, las cirugías habían agitado los tumores que Deborah tenía en el abdomen hasta llevarlos a una venenosa furia. Pero ella detestaba tomar medicamentos para el dolor. En primer lugar, le tenía temor a crearse una adicción. Además, recibía docenas de visitas y no le agradaba la idea de recibirlas drogada y hablando con dificultad. Por eso, el sueño se convirtió en una ilusión mientras batallábamos al enemigo: el dolor.

Cuatro semanas después de su primera operación, fuimos en auto hasta el Centro Médico de la Universidad de Baylor para ver al doctor Robert Goldstein, especialista en problemas del hígado que tenía fama mundial. Después de hacerle una resonancia magnética, nos reunimos con el doctor en su oficina. Era un espacio donde curiosamente no había diplomas ni credenciales de ningún tipo. En cambio, estaba repleto de fotos del médico, con su cabello entrecano, su cola de caballo y su hermosa esposa posando montados en motos Harley Davidson.

Sentado frente a nosotros al otro lado del escritorio, el doctor Goldstein no desperdició palabras. «Lo siento. Las resonancias magnéticas no presentan un buen resultado». Deborah y yo estábamos sentados uno junto al otro. «¿Qué quiere usted decir?», ella le preguntó.

Él se lo dijo con toda claridad. «La mayor parte de las personas que se hallan en su situación no viven más de un año».

En el milisegundo que tomó que sus últimas palabras quedaran registradas en su cerebro, Deborah se desmayó. En realidad, se cayó de su silla al suelo. El doctor Goldstein salió disparado hacia el pasillo, agitando los brazos como alguien que ha visto un accidente y trata de conseguir ayuda.

Yo me arrodillé y levanté su débil cuerpo de manera que su cabeza descansara sobre mi regazo. Llegó una enfermera, con el doctor tras ella, y cubrió el rostro y los brazos de Deborah con telas frescas mojadas.

Un momento más tarde, volvió en sí, pálida y temblando, y yo la ayudé a regresar a su silla. Entonces le puse un brazo alrededor de los hombros, mientras con el otro le sostenía la mano. Miré al doctor Goldstein por un instante, sabiendo que él era la persona que poseía la última información existente sobre el cáncer del colon. Tenía que haber opciones.

«¿Qué nos recomienda?», le pregunté.

«Nada», fue su respuesta.

Entonces miró a Deborah. «El cáncer está demasiado extendido. Si usted fuera mi esposa, la enviaría a su casa y le diría que disfrutara de su familia lo mejor que pudiera, y tuviera la esperanza de que se encontrara una cura para el cáncer dentro de estos pocos meses». Deborah miró profundamente a los ojos al doctor Goldstein. «¿Usted cree en Dios?».

«Yo creo en la medicina», fue su respuesta.

De acuerdo con lo que había dicho, fue mencionando los posibles tratamientos, para después destruirlos, como si estuviera practicando el tiro al blanco: la quimioterapia... no va a funcionar; la extirpación de parte del hígado... demasiados tumores en ambos lóbulos; la ablación, o quema del cáncer que hay en el hígado... los tumores son demasiado grandes.

Sus palabras nos iban golpeando como martillos, aplastando nuestras esperanzas. Yo sentía que mi corazón latía con fuerza; que se rompía. Con las manos firmemente unidas, Deborah y yo nos pusimos de pie.

«Gracias por su opinión, doctor Goldstein», le dije con unos labios que sentía como si fueran de cera. Salimos de su oficina y subimos al auto, donde nos quedamos sentados, mudos y paralizados. Finalmente, Deborah habló en medio de aquel ensordecedor silencio.

«Vamos a alabar a Dios», me dijo.

¿Por qué razón?, pensé, aunque sin decirlo.

«Olvidemos lo que él dijo de que solo iba a vivir un año y limitémonos a confiar en Dios», me dijo. «El doctor Goldstein solo es un médico. Nosotros servimos al Dios viviente, que conoce el número de nuestros días. Yo tengo la intención de llenar todos y cada uno de los míos».

A pesar de aquella reunión con el doctor Goldstein, que había destruido todas nuestras esperanzas, Deborah y yo no nos íbamos a dar por vencidos sin pelear. Poco después de mudarnos a la casa de los Davenport, ella comenzó un agotador plan de quimioterapias en una clínica oncológica de sombrío aspecto en Fort Worth. El laboratorio de química era gris y estaba mal iluminado. Tenía veinte reclinables azules puestos en hilera sobre unas baldosas de linóleo en dos hileras de diez, generalmente llenas de gente que luchaba contra el cáncer, pálida y demacrada.

Deborah se quedaba allí, firme como un soldado, durante tres o cuatro horas cada vez, mientras aquel veneno le iba entrando por las venas. Decía que las sustancias químicas se sentían como si fueran un metal pesado que estuviera entrando en su cuerpo; sentía el gusto del hierro y del cobre. No había cortinas ni divisiones que crearan espacios privados para los que sufrían. Así que, mientras yo permanecía allí con ella, hablándole con suavidad y acariciándole el cabello, alrededor de nosotros la gente vomitaba en recipientes que se les habían dado con ese mismo propósito. Algunas veces, llegaba Mary Ellen, o alguna de sus demás amigas, y se sentaba con ella para leerle algo.

Por lo general, no íbamos muy lejos de la clínica de vuelta a casa, cuando invadía a Deborah una oleada de náuseas o de diarrea. Yo paraba el auto y la ayudaba a resolver esa situación. Además del sufrimiento, aquella indignidad de no poder controlar su cuerpo era muy dura para una mujer que nunca antes había dado el aspecto de ser una persona desaliñada; ni siquiera cuando salía de la cama por la mañana.

La medicina la debilitó con rapidez, haciendo que su peso quedara en cuarenta y cinco kilos. Pero aun así, ella estaba decidida a erradicar al enemigo e insistía en probar con diferentes clases de tratamientos de quimioterapia, algunas veces en la misma semana, con la esperanza de incinerar el cáncer con el equivalente médico del napalm. En casa, cada vez que podía levantar la cabeza de la almohada, se ponía sus zapatillas de caminar, y salíamos a caminar juntos. Nuestros hijos y yo no podíamos lograr que se detuviera, ni siquiera cuando perdía las fuerzas.

35

Fue Deborah la que sacó primero a relucir la idea de conseguirle a Denver una licencia de conducir, en el otoño de 1998. Se sentía mal porque el cáncer, y la forma en que consumía nuestro tiempo, estaban impidiendo que Denver formara una parte más cercana de nuestras vidas. Su razonamiento era que si él tenía licencia, tendría más libertad para unírsenos en las cosas que estábamos haciendo, sin tener que depender de que nosotros saliéramos a cazarlo por el vecindario. Cuando le mencionamos la idea a Denver, él respondió de una manera típica: «Déjenme pensarlo», nos dijo.

Unas pocas semanas más tarde, lo volvimos a conversar mientras nos tomábamos un café en la misión.

—Me gusta la idea de poder conducir, míster Ron —me dijo—. Pero te tengo que decir que no estoy precisamente limpio.

—¿Limpio?

—Tengo un récord.

Al parecer, Denver había estado explorando un poco en el Departamento de Seguridad Pública. Cuando el empleado puso su nombre en la computadora, salió a la pantalla una lista de problemas: una acusación de desorden en Luisiana, unas cuantas multas sin pagar relacionadas con su negocio de auto-motel, y algo que lo echaba a perder todo: una notificación por posesión de marihuana que le habían hecho en Baton Rouge durante unos años que pasó montando en los trenes. Con esa acusación por uso de marihuana, no iba a poder conseguir la licencia de conducir.

Denver quería limpiar su nombre, así que acordamos que tendría que viajar hasta Baton Rouge y someterse a las leyes de Napoleón. Es algo extraño en la historia de Estados Unidos que algunas de las leyes del estado de los canales no hayan sido renovadas desde que el pequeño corso era todavía el dueño del lugar.

Era el mes de diciembre de 1998, y escogimos una noche fatal para un viaje por carretera. Una lluvia helada había cerrado carreteras por todo el estado de Texas. Pero Denver quería dejar atrás su pasado, así que lo llevé a la estación de los autobuses Greyhound. Él se imaginaba que habría unos cuantos borrachos en el autobús, pero menos que en la misión, que siempre estaba repleta hasta el techo cuando hacía mal tiempo.

Denver apostaba que un par de centenares de dólares en la mano del preciso agente del orden dispuesto a colaborar, bastaría para arreglar su problema legal. «Sencillamente, así es cómo son las cosas por allí», me dijo. Así que yo le di $200 para que pagara la multa.

Después de un largo y resbaloso viaje en la Greyhound («¡Esa tortuga se deslizaba por la carretera como un puerco sobre el hielo!», me diría Denver más tarde), llegó a Baton Rouge. El día estaba tan malo como la noche anterior, con esa clase de viento helado que hace que a uno le duelan los dedos de los pies y la nariz le suelte agua. Denver empujó las puertas de la estación de policía para pasar, dio unas cuantas pisadas fuertes para quitarse el frío, y trató de explicar que él se quería entregar por una acusación de uso de marihuana que ya tenía diez años.

La policía todo lo que hizo fue reírse de él.

Él se buscó un teléfono público y me llamó para decirme que no estaba teniendo ninguna suerte. «Ellos piensan que estoy loco, míster Ron», me dijo soltando una breve risita. «Lo que creen es que yo solo estoy tratando de que me arresten para tener un lugar caliente donde dormir. ¡No puedo encontrar a nadie que me quiera recibir mi dinero por debajo de la mesa... *ni tampoco* por encima de ella!».

Si no podía ayudar a Denver para que lo multaran o lo arrestaran, me imaginé que tendría que usar el viejo sistema de las influencias. Llamé a un personaje que yo conocía, un joven de Luisiana muy influyente que había crecido jugando Hot Wheels con el hijo del gobernador.

Deborah le había dado clases en el primer grado. Me imaginé qué conocería a alguien que, o bien arrestaría a Denver, o lo dejaría en libertad. Él se movió, y en un santiamén, el récord de Denver quedó limpio. Era lo que Denver me había dicho antes de salir para Baton Rouge: allá las cosas son diferentes.

Y así fue cómo le quedó libre el camino a Denver para conseguir su licencia de conducir. Eso significaba que tendría que pasar un examen escrito. Aquello no era gran cosa para alguien que sepa leer. Pero, como no pudo estudiar el manual del Departamento de Seguridad Pública por sí mismo, Denver optó por conseguirse tutores. Un par de personas de la misión trabajaron con él durante semanas, hasta que se sabía todas las preguntas y la mayor parte de las respuestas. Cuando proclamó que estaba listo, yo lo llevé al departamento de licencias de conducir.

Después de hacer un examen oral, Denver salió de la oficina del Dios Padre riendo, y levantando la mano para darme un gran saludo. Después venía el examen práctico. Él había conducido un tractor, e incluso un par de autos, pero nunca había estacionado en paralelo. Yo llevé mi auto nuevo, un Infinity Q45 de color verde plateado, al gran estacionamiento que había al lado del estadio de fútbol de la Escuela Secundaria de Lakeworth, y dejé que él ocupara el asiento del conductor. Entonces, durante un par de horas, Denver practicó a estacionarse en paralelo entre la cabina telefónica y un puesto de ventas, hasta que la banda de la Escuela llegara al estacionamiento y nos obligara a irnos.

Finalmente, en septiembre de 1999, diez meses después de su viaje a Luisiana para tratar de lograr que lo arrestaran, Denver consiguió su licencia. (La dama que le hizo a Denver el examen práctico le dijo que le gustaba mucho su Q45, y se preguntó en voz alta cuánto estaría pagando mensualmente por él). Denver me dio las gracias una y otra vez, hasta que por fin, yo le tuve que decir que parara de hacerlo. Como él no tomaba nada por sentado, declaró que aquella licencia era una de las bendiciones tan abundantes que Dios le había enviado; entre ellas, Deborah y yo.

En la práctica, el que Denver consiguiera su licencia era un reconocimiento: sin una licencia, había muchas cosas que estaban fuera de su alcance; no solo conducir un auto, sino también otras cosas que hacen que una persona se sienta persona, como sencillamente la de poder demostrar quién es. Poco después de conseguirla, Denver la usó para demostrar algo más que eso.

— — —

Regan había hallado por fin un trabajo que estaba segura que le iba a gustar. Era el de cocinera en Young Life, un campamento cristiano para jóvenes. Le pagaban la mitad y trabajaba el doble de horas que en la galería, pero era una obra ministerial, y estaba situada en Colorado, teniendo como fondo las majestuosas montañas Rocallosas, donde una gran cantidad de jóvenes de veinticinco años se sienten llamados a ir para sufrir por el Señor.

Deborah sentía fuertemente que Regan no se debía quedar dando vueltas por la casa, en espera de ver cómo progresaría el cáncer. La animamos a que aceptara ese trabajo. Así que hizo su equipaje y tomó rumbo oeste, hacia el Rancho Crooked Creek, en Winter Park, Colorado. Pero a sus veinticinco años, Regan tenía más que equipaje, porque había tenido apartamento, tanto en Nueva York como en Dallas.

Un día yo le dije en broma a Denver: «Ahora que tienes la licencia de conducir, ¿te gustaría llevar las cosas de Regan hasta Colorado?».

Cuando mencioné que la ruta atravesaba a Denver, la capital, su sonrisa se ensanchó más que una carretera interestatal de ocho sendas. «Yo siempre he querido ver la ciudad de la que llevo el nombre», me dijo.

Ahora, yo había abierto mi trampa y no la podía recuperar. Así que a lo largo de los tres días siguientes, puntualizamos nuestro plan. Saqué un atlas de carreteras y tracé la ruta hasta Winter Park con marcadores de colores. Pero Denver no podía leer las palabras impresas en el atlas, así que tracé en un papel en blanco un mapa rústico con imágenes de las señales de las carreteras, y le mostré el aspecto que tenía la que iba hasta Colorado. Denver estaba totalmente convencido de que podría seguir el mapa... y también me convenció a mí.

Así que en un resplandeciente día de octubre, cargamos mi camión de reparto F-350 casi nuevo con todas las pertenencias de Regan: televisores, estéreos, ropa, muebles. Fijamos una hora para que se reunieran él y Regan: a las 6:00 p.m. del día siguiente, en la tienda de víveres Safeway, en Winter Park. Y después de una sesión final de repaso que duró una hora, lo envié de camino, armado con $700 en efectivo, un sencillo mapita trazado a mano con los puntos principales y los números de teléfono si se veía en un problema, y un camión de $30.000 con un título libre y claro.

Mientras él iba saliendo del parqueo de mi casa, yo iba corriendo al lado del camión, repitiéndole: «¡Dos-ocho-siete! ¡Dos-ocho-siete!». Si giraba para entrar a la Carretera 287, estaría de camino hacia Colorado. Si se perdía esa salida, terminaría en el interior de Oklahoma, donde yo había tratado de convencerlo de que los seres humanos hablaban un idioma totalmente distinto.

Traté de convencerme a mí mismo de que sabía lo que estaba haciendo, pero la realidad simple y llana era que Denver se estaba lanzando a un viaje de ida y vuelta de más de tres mil kilómetros, conduciendo por carreteras interestatales, caminos de campo y pasos de montaña, los más altos de Colorado, usando una licencia de conducir que había llegado en el correo solamente la semana anterior. ¿Qué estaría pensando él? Mejor aún, ¿qué estaría pensando *yo*?

Mientras se iba con el dinero, mi camión y todas las pertenencias de Regan, Denver se limpió el sudor de la frente con la toalla que solía traer consigo, dirigiéndome una media sonrisa que yo no fui capaz de descifrar.

El ángel que tenía en el hombro derecho me susurraba que quería decir: «Gracias, míster Ron, por confiar en mí».

El diablo que tenía en el hombro izquierdo se reía a carcajadas y me decía: «¡No; lo que quiere decir es "Adiós, idiota"!».

36

Yo no soy ni ladrón ni mentiroso, pero míster Ron no sabía eso. Solo que para mí no tenía sentido que él confiara en mí y me diera todas las cosas de su hija para que se las llevara tan lejos, a Colorado. Ahora, no seré el hombre más inteligente del mundo, pero me puedo dar bastante cuenta de las cosas, así que no estaba preocupado por llegar allí. Pero por mi vida que no podía pensar por qué un hombre blanco rico me iba a dar su cuatro por cuatro, 700 dólares en efectivo y todas las posesiones de su hija, y esperar que un indigente y en la quiebra que no puede leer ni escribir se fuera a casi mil quinientos kilómetros de distancia, a un lugar donde nunca antes había estado, entregara las cosas... ¡y trajera de vuelta el camión!

Es que no tenía sentido aquello. Yo sabía que él era un hombre listo, que tal vez piensa que sabe lo que está haciendo. Pero ser listo no significa que vaya a volver a ver su camión... Para eso hace falta fe.

Me imagino que nunca tuve más de veinte o treinta dólares propios de una sola vez, menos una, cuando míster Ron me dio cien. Entonces, me da *$700 en efectivo* y un *camión de $30.000* lleno de televisores, muebles y estéreos. ¡Qué va! Yo no podía dejar mal a ese hombre.

Él me hizo un mapa, pensando que yo lo podía leer, y me explicó lo mejor que pudo cuáles letreros buscar y cómo llegar allá. Después que acabamos de cargar el camión, me señaló por dónde quedaba Colorado. Entonces, cuando yo iba saliendo, se puso a correr al lado del camión, gritando: «¡Dos-ocho-siete! ¡Dos-ocho-siete!».

Ahora, te voy a ser sincero: con tanto hablar, señalar y gritar, yo estaba nervioso de verdad, y no podía recordar todo lo que me había dicho. Pero sí recordaba que me había dicho que si no pasaba a la 287, terminaría en

Oklahoma. Y la forma en que lo voy a saber es si cruzo un puente por encima de un río muy grande y el cartel dice «OKLAHOMA», y el río dice «RED».

Y eso es precisamente lo que pasó. Yo sabía que estaba metido en un problema, así que me detuve en una gasolinera y le dije a un tipo que estaba buscando la autopista 287 hacia Colorado. Él me dio una manera diferente de llegar allí, y yo me preocupé un poco por eso, porque no parecía demasiado listo. Salí otra vez a la carretera, y manejaba muy lento, porque tenía miedo de que todas las cosas de la hija de míster Ron salieran volando. Me imaginé que él preferiría que yo llegara tarde con sus cosas, que a tiempo con un camión vacío.

Una parte de los $700 que me dio era para un cuarto en un motel, pero yo dormí en el camión, porque nunca nadie me había confiado tantas cosas, y de ninguna manera iba a correr el riesgo de que alguien se lo robara. Las cosas iban bastante bien. Los tipos de las gasolineras me fueron indicando la dirección correcta. Ahora, cuando entré en Colorado, comencé a ver montañas a lo lejos, y estaba pensando en lo bonitas que son. Pero me imaginé que el campamento de la hija de míster Ron debería estar *dando la vuelta*, al otro lado de aquellas montañas, porque estaba seguro de que nadie las iba a subir en un camión. Mientras más seguía conduciendo, más grandes se iban haciendo aquellas montañas. Pude ver nieve en la parte de arriba de ellas, pero no pude ver dónde acababan, así que empecé a preocuparme sobre la forma en que les iba a dar la vuelta. ¡Cuando vine a ver, estaba al lado de ellas, y la carretera iba derecho para arriba!

Me paré en otra gasolinera y le pregunté a una dama cómo podía llegar a Winter Park. Ella me miró y me señaló hacia *arriba*, a la montaña. Y cuando le pregunté dónde estaba el Rancho de Crooked Creek, ella señaló a la parte de arriba de la montaña.

«El camino es estrecho», me dijo. «Una vez que te metas en él, no vas a tener manera de dar la vuelta».

Eso hizo que yo conversara un poco conmigo mismo. *Yo soy un tipo fuerte*, pensé. *No tengo razón ninguna para estar asustado*. Así que me volví a montar en el camión y me dirigí a la montaña. Bien lento.

El camino era muy bonito, con el cielo saliendo de la montaña tan azul como un lago, y los árboles todos rojos, anaranjados y amarillos, como si les hubieran prendido fuego. Cuando iba por la mitad de la subida, decidí contemplar un poco el paisaje, así que me salí de la carretera para echarle un vistazo al borde y mirar hasta dónde pudiera. Aquello fue un error.

No podía ver fondo ninguno. El borde de aquel camino caía directo al mayor vacío que había visto en mi vida. Me volví a meter al camión rápido, apreté aquel timón con tanta fuerza que pensaba que se iba a romper en mis manos, y comencé a sudar a chorros, aunque afuera todo se estaba congelando. No fui a más de unos ocho kilómetros por hora durante el resto del camino, y cuando llegué a Winter Park, tenía como cien autos pegados detrás de mí, como si fuera un tren de carga.

37

Como Denver no llegó a la reunión con Regan, mi fe se fue montaña abajo. Primero pensé en llamar a la patrulla de carreteras para informar sobre un posible accidente. Pero cambié de idea al imaginarme lo que se reiría el despachador cuando yo le dijera lo que había hecho. Además, se suponía que Denver había cruzado tres estados, y no tenía ni idea de dónde decirles a las autoridades que lo buscaran.

Me recomía por dentro que Denver tuviera todos mis números telefónicos, pero yo no había sabido de él en dos días. Recordé lo grandes que puso los ojos cuando le entregué los 700 dólares. Le deben haber parecido una pequeña fortuna. Recordé una lección que me había dado Don Shisler acerca del destino de un dólar en las manos de un indigente. Tal vez la tentación había sido demasiado grande.

Quizás se había llevado el dinero, el camión y las cosas de Regan y había puesto una casa en México. O en Canadá. Él siempre había dicho que quería ver el Canadá.

Detestaba tener que decirle a Deborah que Denver no aparecía, pero sabía que ella nos podía escuchar, cada vez que Regan y yo nos comunicábamos por teléfono, que nuestras voces habían subido unas octavas desde la preocupación hasta el temor, y de ahí hasta el pánico. Así que fui al cuarto y se lo dije.

La respuesta de Deborah fue lo que se podía esperar de ella: «Bueno, ¿por qué no dejas de preocuparte y empezamos a orar por la seguridad de Denver?».

Yo me arrodillé junto a la cama, nos tomamos de las manos y oramos. Habíamos estado así solamente unos pocos minutos cuando sonó el teléfono. Era Regan: «¡Ya llegó!».

38

Al día siguiente, ya tarde, sonó el timbre de la puerta y allí estaba Denver, con la mayor sonrisa que yo había visto en toda mi vida. En el estacionamiento de la casa estaba el camión, lavado y encerado.

Nos sentamos junto a la mesa de la cocina, y él me narró su viaje. Por último, me dijo:

—Míster Ron, tú tienes más fe que ningún otro hombre que haya conocido jamás. Las cosas se pusieron un poco difíciles, pero sencillamente, no te podía quedar mal. Entonces me entregó un fajo de dinero en efectivo enrollado; unos $400.

—¿Cómo es que te sobró tanto? —le pregunté.

—Porque dormí en el camión todo el tiempo, y comía en los McDonald's y los 7-Eleven.

Yo no había esperado que sobrara dinero después de los gastos, así que le dije:

—Quédate con ese dinero, por haber hecho un trabajo tan bueno.

—No, señor —me dijo en voz baja—. Yo no trabajo por dinero. Esto lo hice para bendecirte a ti y a tu familia. El dinero no puede comprar bendiciones.

Avergonzado, me quedé mirándolo. No estaba seguro de haber recibido un regalo más humano en toda mi vida. Sin embargo, no podía permitir que se fuera con las manos vacías, así que le dije que se lo llevara y lo usara para hacerle un bien a alguna otra persona.

Aquel viaje transformó la vida de los dos: la de él, porque demostró que era digno de confianza, y la mía, porque había aprendido a confiar. Dos semanas más tarde, envié a Denver a Baton Rouge en un camión de la Ryder cargado con pinturas y esculturas valoradas en más de un millón de dólares. Según mi cliente de allí, Denver vigiló el contenido de aquel camión como si se tratara del oro de Fort Knox.

39

Entre mayo y noviembre, daba la impresión de que estábamos abriendo surcos en el camino que iba desde el barrio residencial hasta la clínica de quimioterapia. Afortunadamente, alrededor del Día de Acción de Gracias, Deborah tuvo un descanso de dos semanas de toda la quimioterapia.

Nosotros siempre celebrábamos ese día festivo en Rocky Top. En la mañana del Día de Acción de Gracias, me levanté antes del amanecer para cazar venados. Vi un macho magnífico, pero no me interesó matarlo. Mientras tanto, Deborah preparó un gran festín para unas veinticinco personas, entre amigos y familia, incluyendo a Denver, que ya para entonces caía dentro de la categoría de familia. La quimioterapia estaba trabajando para reducir los tumores, y durante el tiempo que descansó de ella, Deborah había recuperado unas pocas libras y un poco de buen color. Si nuestros huéspedes no hubieran sabido nada sobre la situación, nunca habrían sospechado que estaba enferma.

En diciembre, la quimioterapia había reducido los tumores lo suficiente para hacer de Deborah una candidata a una cirugía del hígado. El 21 de diciembre le quemaron catorce tumores, eliminándolos por ablación, y después de la operación, que duró cuatro horas, tuvimos nuestro milagro.

«¡Está libre de cáncer!», exclamó su cirujano, después de observar toda la cavidad de su cuerpo en busca de cáncer durante la operación, sin haber podido hallar rastro alguno. Deborah se echó a reír y llorar a un mismo tiempo, y a mí me faltó poco para que quemara mi teléfono móvil propagando la buena noticia. Aquello lo consideramos como el regalo de Navidad que nos había hecho Dios.

40

Nuestro gozo duró poco. Como un enemigo que parecía vencido, pero que solo había estado agazapado esperando, el cáncer seguía con nosotros. Para fines de enero, había regresado con gran fuerza. En marzo, los médicos de Deborah estaban considerando hacerle otra operación en el hígado pero les pareció demasiado riesgosa después de solo tres meses de hecha la ablación. Esta vez la quimioterapia no redujo los tumores, sino que dio la impresión de que estos se alimentaban con ella. Surgieron como un malvado regimiento, y tratar de detenerlos se volvió como tirar piedras contra una flotilla de tanques en pleno avance.

En aquellos tiempos, Denver estaba abriendo las alas, moviéndose por toda la ciudad en un auto al que le llamaba «maná», porque decía que le había caído del cielo. (En realidad, Alan Davenport se lo había dado). Venía con frecuencia a visitarnos, y cada vez que yo lo veía era como ir al banco para recibir el pago periódico por unos bonos: me estaba volviendo más rico, recogiendo dividendos de su sabiduría. Raras veces nos dedicábamos a conversaciones ligeras. Él siempre iba al grano; era mi lección para el día.

Un día vino y, como de costumbre, fue derecho a lo que me quería decir. Me miró a los ojos y me dijo:

—Míster Ron, ¿qué dijo Dios cuando terminó de hacer el mundo y todo lo que hay en él?

Sabiendo que Denver no era muy partidario de las preguntas capciosas, le di una respuesta directa:

—Dios dijo: «Es bueno».

El rostro de Denver se iluminó con una sonrisa.

—Exacto.

Lanzándose a decirme un sermón, me aseguró que Dios no había hecho el cáncer, porque el cáncer no es bueno, y me advirtió que no culpara a Dios por algo que no había hecho. Aquella lección de teología me ayudó, al menos por un poco de tiempo.

Llegó la primavera, y con ella los rituales de Rocky Top. Enferma, pero decidida a disfrutar de la estación, Deborah observó expectante el primer florecimiento de nuestros acianos, y después el nacimiento de nuestros terneros longhorn. A dos de ellos les puso Freckles y Bubbles (Pecas y Burbujas), y yo no puse los ojos en blanco. Vimos cómo las águilas se daban un banquete con las lubinas que estaban desovando, y nos maravillamos con las salvajes batallas que a veces libraban en el aire por la propiedad de una presa. Por la noche, las estrellas adornaban el cielo como joyas, y la luz de la luna se reflejaba en el río Brazos, mientras los peces saltaban en el agua a la luz de aquel frío resplandor. Los únicos sonidos que se escuchaban en kilómetros a la redonda eran el del viento al pasar entre los robles blancos y el bajo y solitario silbido de los trenes en la distancia.

Denver fue con nosotros al rancho. Yo lo había invitado a la Reunión de Primavera de los Vaqueros, un acontecimiento anual en el cual acampaban unas doscientas personas en el Río Vista, el rancho de nuestros amigos Rob y Holly Farrell, exactamente enfrente de Rocky Top, al otro lado del río. Nos habíamos reunido allí durante más de veinte años para levantar tiendas de campaña indias, cabalgar y enlazar ganado, disfrutar de la comida hecha en el «chuckwagon», una carreta convertida en despensa y cocina, y leer poesía con temas de vaqueros alrededor de las fogatas.

«Yo he oído decir que a los vaqueros no les caemos bien los negros», me dijo Denver cuando lo invité. «¿Estás seguro de que quieres que vaya?».

«Por supuesto que quiero que vayas», le dije, pero con todo y eso, prácticamente tuve que enlazarlo y arrastrarlo hasta allí.

Denver levantó su tienda india de mala gana aquella primera noche, y a la mañana siguiente lo encontré durmiendo en el asiento de atrás de un auto. A él no le preocupaba dormir a la intemperie, después de haberlo hecho durante décadas en el centro urbano de Fort Worth. Pero es que allí no había tantas serpientes de cascabel.

Sin embargo, pronto encontró sus botas de vaquero y se comenzó a sentir cómodo entre todos nosotros. No montaba a caballo, pero sí quiso que le tomaran una foto montado en uno, para podérsela enseñar a sus amigos del vecindario. Si hubiéramos tenido un montacargas, nos habría venido muy bien para subir sus ciento y tantos kilos hasta la silla de montar.

Las fogatas y la camaradería hicieron magia en la vida de Denver, cuando comenzó a saber cómo se sentía uno cuando era aceptado y amado por un grupo de gente blanca a caballo y con sogas en las manos. Exactamente la clase de gente a la que le había temido toda su vida.

— — —

Cuando volvimos a Fort Worth, Deborah siguió perdiendo peso, y la piel le iba quedando floja sobre su diminuta complexión. Sin embargo, seguía luchando.

«¿Sabes lo que voy a hacer hoy?», me preguntó muy alegre una mañana del mes de marzo. «Me voy *de compras*».

Se sentía tan bien como antes, me dijo. Yo sospeché que solo se trataba de que tenía ansias de sentirse normal de nuevo, pero no se lo dije. Hacía un año que ella no conducía un auto. Yo me quedé junto a la ventana, viéndola marcharse en su Land Cruiser, y estuve preocupado todo el tiempo que estuvo fuera. En realidad, ardía de ganas de seguirla, pero me quedé quieto. Cuando la oí entrar el auto al garaje, alrededor de una hora más tarde, salí enseguida para ayudarla a bajar los paquetes.

Pero no había paquetes. Con los ojos rojos e hinchados y las lágrimas rodándole por las mejillas, me miró, buscando la manera de hablar.

—¿Estoy ya en la fase terminal? —logró decir finalmente, al parecer tratando de mantener alejada aquella palabra, como si se tratara de un repugnante espécimen de laboratorio.

Terminal es una palabra muy dura cuando se usa dentro del contexto de la muerte, y nunca nos habíamos atrevido a decirla en voz alta. Pero según el diccionario, también se refiere a un lugar por el que pasan las personas mientras se dirigen a otro lugar. Deborah sabía que su «otro lugar» era el cielo. Solo que tenía la esperanza de que el tren se retrasara.

Yo le quité una lágrima de una de sus mejillas, y traté de desviar la conversación.

—Todos estamos en fase terminal —le dije, sonriendo delicadamente—. Aquí no hay nadie que salga vivo.

—No. Dímelo de frente. ¿Estoy ya en la fase terminal? ¿Es eso lo que anda diciendo la gente?

Entonces me dijo que en el centro comercial se había tropezado con una antigua amiga del colegio universitario que había oído hablar de su cáncer. Muy dulce y preocupada, sin intención de incomodar a Deborah, su amiga le había dicho: «Acabo de oír que estás en la fase terminal».

Renuente a dar la impresión de que aquello la había estremecido, Deborah le contestó: «Nadie me ha dicho eso a mí».

Entonces, luchando por mantener la calma, se escapó de allí con toda dignidad, y solo se vino a desplomar cuando alcanzó la seguridad de su auto. Fue llorando en voz alta hasta llegar a la casa, según me dijo. Fue la última vez que salió sola.

En abril, los médicos le hicieron una segunda operación en el hígado y le advirtieron que su cuerpo no podría soportar otra invasión así, al menos durante nueve meses o un año. Aun así, al domingo siguiente insistió en ir a la iglesia, donde nos encontramos con Denver. Pero durante el momento de oración antes del culto, se sintió enferma y me pidió que la llevara a la casa de nuestros amigos Scott y Janina Walker. Janina estaba en casa, recuperándose de una operación por la que había pasado; tal vez se podrían hacer algún bien entre sí.

Después de la iglesia, Denver pasó por la casa de los esposos Walker para hacer una visita. Se quedó para el almuerzo y después se excusó. «Tengo que ir a ver cómo está míster Ballantine», dijo. Scott sintió curiosidad y le preguntó si lo podía acompañar.

Yo había conocido a míster Ballantine cuando se había estado quedando en la misión. Un poco antes que Deborah y yo comenzáramos a servir allí, según nos dijo Denver, él había visto un auto detenerse con rapidez junto a la acera de East Lancaster. El que iba conduciendo sacó a la fuerza a un anciano por la puerta del pasajero, tiró una maltratada maleta Tourister detrás de él, y salió disparado. El anciano, abandonado en el borde de la acera, se tambaleaba como un marinero borracho que estuviera de permiso, y lanzó una salva de maldiciones dichas a media lengua. Pero a Denver también le pareció que estaba... asustado. En aquellos tiempos, todavía Denver era como una isla, un solitario con cara de piedra que no se entrometía en los asuntos de los demás. Pero algo, y él piensa ahora que tal vez fuera lo indefenso que se veía aquel hombre, le tocó las fibras del corazón.

Denver se acercó al hombre y se ofreció a ayudarlo para que entrara en la misión. Como respuesta, aquel hombre lo maldijo y lo llamó «negro».

A pesar de eso, Denver lo ayudó, y mientras lo hacía, se enteró de que aquel personaje se llamaba Ballantine, y que era un viejo borrachín y malvado que se había ganado el desprecio de su familia, y que odiaba a los negros. A los cristianos los odiaba más aun, porque los consideraba un montón de hipócritas insípidos y quejosos. Por esa razón, le dieran comida gratis o no, él habría preferido morirse de hambre a soportar un sermón en un culto. Tal vez otros lo habrían dejado a su suerte. En cambio Denver, durante dos años, estuvo pidiendo dos platos en la fila de servir, y se llevaba uno para el segundo piso, donde estaba míster Ballantine. Malgenioso, gruñón y carente por completo de remordimiento, míster Ballantine le seguía llamando «negro» a su benefactor.

Al año siguiente, un matón asaltó a míster Ballantine fuera de la misión y le exigió que le diera su cheque del seguro social. En lugar de ceder, el anciano se sometió a una feroz golpiza que lo dejó lisiado. Don Shisler, que no estaba preparado para cuidar de un inválido, no tuvo más remedio que hallarle un espacio a míster Ballantine en un centro de cuidados subvencionado por el gobierno. Allí, unos trabajadores de hospital que cobraban el sueldo mínimo hacían las cosas básicas, pero lo cierto era que míster Ballantine, a sus ochenta y cinco años, estaba lisiado, indefenso y totalmente solo. Con la excepción de Denver. Después que reubicaron al anciano, Denver caminaba periódicamente más de tres kilómetros atravesando el vecindario para llevarle a míster Ballantine un poco de comida que no fuera la de aquel centro de cuidados, o unos pocos cigarrillos.

Un día, Denver me pidió que lo llevara allí en el auto. En cierto sentido, habría preferido no ir, porque aquel viaje me arrancó mi mentalidad de buena persona para revelar a un hombre remilgado, cuya caridad en esos momentos tenía unos límites definidos.

Cuando entramos al cuarto de míster Ballantine en el centro de cuidados, lo primero que me sacudió fue el olor: el hedor de la edad, la piel muerta y los fluidos corporales. Aquel anciano estaba tirado en su cama, en medio de un charco de orina, desnudo por completo, con la excepción de una chaqueta de esquiar de color naranja. Tenía sus espectrales piernas extendidas a través de una sábana que alguna vez había sido blanca, pero que ahora era de un color gris sucio, lleno de manchas de color café y ocre.

A su alrededor había basura esparcida por todas partes y bandejas con alimentos a medio comer... huevos revueltos con la yema ya dura... carnes resecas... emparedados petrificados. En un par de bandejas, cartones de leche del tamaño que se usa en las escuelas, tumbados y con la leche que se había desparramado, cuajada y maloliente.

De una sola mirada, Denver recorrió todo el cuarto, y después me vio a mí, que me estaba tambaleando y a punto de vomitar. «Míster Ron solo vino a saludarte», le dijo a míster Ballantine. «Ahora se tiene que ir».

Yo salí disparado, dejando solo a Denver, para que limpiara a míster Ballantine y su asqueroso cuarto. No me ofrecí a ayudar; ni siquiera a quedarme para orar. Sintiéndome culpable, pero no lo suficientemente como para cambiar, salté a mi auto y lloré mientras me alejaba. Lloré por míster Ballantine, sin un techo y decrépito, que se habría cocido en su propio excremento de no haber sido por Denver, y también lloré por mí mismo, porque no había tenido valor suficiente para quedarme. Para alguien como yo era fácil servir unas pocas comidas, escribir unos cuantos cheques y lograr que mi nombre y mi fotografía salieran en los periódicos, por haberme aparecido en alguna ostentosa función de beneficencia. En cambio Denver servía de manera invisible; amaba sin fanfarria de ninguna clase.

Las cosas habían dado la vuelta, y ahora era yo quien temía que él me pescara y me soltara a mí, una persona que carecía de una compasión genuina, y que tal vez no fuera una pesca digna de conservar.

Aquel día adquirí un nuevo y profundo respeto por Denver, y mi manera de percibirlo fue cambiando como las piezas de un rompecabezas que poco a poco van cayendo en su lugar. Él no estaba alardeando, sino solo compartiendo conmigo una parte secreta de su vida. Si sus secretos hubieran incluido el que jugara a los dados en un callejón con un montón de indigentes borrachos, eso no me habría detenido. Pero me sentía estremecido por el hecho de que entre ellos estaba, no solo el orar durante toda la noche por mi esposa, sino también cuidar de aquel hombre que nunca le daba las gracias, y lo seguía llamando «negro».

Por vez primera, me di cuenta de que cuando Denver me dijo que sería mi amigo para toda la vida, lo dijo en serio, para bien o para mal. Lo triste de todo aquello era que míster Ballantine nunca quiso un amigo, y mucho menos uno de color. Pero Denver, una vez que se comprometió, cumplió lo prometido. Eso me recordaba lo que les dijo Jesús a sus discípulos: «Nadie tiene mayor amor que este, que uno ponga su vida por sus amigos».

41

Cuando míster Scott me preguntó si lo podía acompañar a ver a míster Ballantine aquel día, después del almuerzo, le dije que sí. Pero me preguntaba si iba a hacer como míster Ron la primera vez que vio a aquel hombre. Estaba pensando que tal vez no, porque yo había empezado a ir al centro de atención con bastante regularidad para ayudar a que el cuarto de míster Ballantine no se llegara a poner tan sucio.

Cuando llegamos allí ese día, él se portó muy bien con míster Ballantine. Llamó al anciano por su nombre y habló un poco de esto y un poco de aquello, del clima y de quién sabe cuántas cosas. Entonces le dijo: «Míster Ballantine, me agradaría bendecirlo con unas cuantas cosas que necesite. ¿Hay algo que le pueda traer... algo que necesite?».

Míster Ballantine dijo lo que siempre había respondido: «Sí, necesitaría unos cuantos cigarrillos y de ese reconstituyente que se llama Ensure».

Así que míster Scott y yo nos fuimos a la farmacia. Pero cuando llegó el momento de comprarle a míster Ballantine sus bendiciones, él quería comprar el Ensure, pero no los cigarrillos.

«Es que no creo que esté haciendo bien comprándoselos, Denver», me dijo. «Es como ayudarlo a matarse».

Bueno, eso hizo que yo le clavara la vista. «Tú *le preguntaste* al hombre cómo lo podías bendecir, y él te dijo que quería dos cosas: cigarrillos y Ensure. Ahora estás tratando de juzgarlo, en lugar de bendecirlo, al bendecirlo solo con la mitad de las cosas que te pidió. Ya viste al hombre. Ahora dime la verdad: ¿crees que se va a poner mucho peor después de fumar? Los cigarrillos son el único placer que le queda».

Míster Scott me dijo que tenía razón. Compró el Ensure y un cartón de los cigarrillos favoritos de míster Ballantine, y después volvimos al centro, donde yo le entregué sus bendiciones. Y tú no vas a creer lo que pasó después.

— — —

Cuando volví al cuarto de míster Ballantine, me preguntó quién había pagado los cigarrillos, y yo le dije que había sido míster Scott.

—¿Y yo, cómo le voy a pagar a él? —me preguntó.

Yo le dije:

—No le tienes que pagar.

—¿Por qué ese hombre me quiso comprar los cigarrillos, cuando ni siquiera me conoce?

—Porque es cristiano.

—Bueno, sigo sin entender. Y de todas formas, tú sabes que yo odio a los cristianos.

Yo no dije nada durante un minuto; solo me quedé allí sentado en una vieja silla plástica de color naranja, observando a míster Ballantine en su cama. Entonces le dije:

—Yo también soy cristiano.

Me gustaría que le hubieras visto la cara que puso. Solo necesitó un minuto para comenzar a pedirme disculpas por haber estado maldiciendo a los cristianos todo el tiempo que yo lo había conocido. Entonces, me imagino que se había dado cuenta de pronto que todo el tiempo que yo había cuidado de él, y ya eran como tres años, me había seguido insultando.

—Denver, siento mucho todas esas veces en que te llamé negro —me dijo.

—No hay problema.

Entonces aproveché la oportunidad y le dije a que yo lo había estado cuidando a él todo aquel tiempo, porque sabía que Dios lo amaba.

—Dios tiene un lugar especial preparado para ti. Basta con que confieses tus pecados y aceptes el amor que te tiene Jesús.

No te engaño. Se portó escéptico. Sin embargo, al mismo tiempo me dijo que él no creía que yo le estaba mintiendo.

—Pero aunque no me estés mintiendo —me dijo—, he vivido demasiado tiempo y pecado demasiado para que Dios me pueda perdonar.

Se quedó allí en aquella cama, y encendió uno de los cigarrillos de míster Scott, con los ojos fijos en el techo, fumando y pensando. Yo seguí en silencio. Entonces, de repente me dijo:

—Pero por otra parte, qué caray, estoy demasiado viejo para pecar mucho más. ¡Tal vez eso cuente!

Bueno, míster Ballantine dejó de llamarme «negro» aquel día. Y no pasó mucho tiempo antes que lo llevara en silla de ruedas hasta la McKinney Bible Church, el mismo lugar adonde solían asistir míster Ron y miss Debbie.

Nos sentamos juntos en la última banca, aquella era la primera vez que míster Ballantine había puesto un pie dentro de una iglesia en toda su vida. Tenía ochenta y cinco años.

Después que terminó el culto, me miró y sonrió.

—Muy agradable —me dijo.

42

Había pasado un poco más de un año desde que la ansiosa llamada telefónica de Deborah al restaurante de sushi descarriló por completo nuestras vidas. Durante los peores tiempos, los médicos no nos daban esperanzas, y ella se quedaba en nuestra cama, encogiendo su macilento cuerpo hasta una posición fetal, combatiendo con sus agudos dolores. Pero mientras más ardía el fuego, más hermosa se iba volviendo para mí. Siempre trataba de no enfocarse en ella misma, y cuando podía caminar recta, hallaba la fuerza suficiente para visitar a sus amigos enfermos y orar por ellos, en particular aquellos que había conocido en aquel laboratorio de quimioterapia que más bien parecía una cripta.

Si ella hubiera creído que estaba a punto de morir, no me lo hubiera dicho a mí. Lo que hacía era lo contrario: hablar acerca de la vida. Acerca de nuestros sueños con nuestros hijos, nuestro matrimonio, nuestra ciudad. Hojeaba las revistas de Martha Stewart, recortando fotografías de pasteles de boda y arreglos florales para las bodas de Regan y de Carson. Ninguno de los dos estaba comprometido siquiera, pero soñábamos con aquello de todas formas, conversando mientras tomábamos café, murmurando después de apagar la luz acerca de las personas con las que se podrían casar, los nietos que tendríamos, los dulces pasos de unos pies de niño en Rocky Top durante la época navideña. Hablábamos de todo lo que es importante para vivir la vida, pero no hablábamos de la muerte, porque pensábamos que eso sería declararnos vencidos ante el enemigo.

La segunda operación trajo consigo un nuevo resurgimiento de la esperanza. Por segunda vez en cuatro meses, los médicos declararon a Deborah «libre de cáncer». Un mes más tarde volamos en jet a la ciudad de Nueva York para cumplir una promesa que ella había hecho: estar con Carson en el Día de las Madres.

Todavía estaba adolorida por la brutalidad de la operación quirúrgica, pero planificamos hacer todas las cosas que habríamos hecho si ella no hubiera estado sufriendo. El viernes, fuimos a almorzar con Carson y con mi socio Michael Altman, en el Bella Blue, un restaurante italiano. Allí pedimos la especialidad de la casa, *langosta fra diávolo*, y conversamos entre algunas bebidas. Pero tan pronto como llegó la comida, Deborah hizo un fuerte gesto de dolor, me clavó los ojos con una mirada de desesperación y me dijo: «¡Sácame de aquí!».

El apartamento de Daphene estaba a unas pocas cuadras de distancia. La saqué a toda prisa del restaurante, y tal vez habríamos caminado media cuadra cuando estuvo a punto de desplomarse. Se apretó el estómago y no pudo dar un paso más. Mientras yo trataba de parar un taxi, su rostro se llenó de terror, como cuando una nube tapa el sol: «¡Llama al doctor!», me susurró con vehemencia. «Me está pasando algo malo».

En medio del pánico, traté torpemente de llamar y fui marcando números equivocados. Por fin me las arreglé para marcar el número correcto y comunicarme con el oncólogo de Deborah. «No se preocupen», me dijo suavemente después de oírme decir que mi esposa parecía estarse muriendo en medio de una acera de la ciudad de Nueva York. «Los veré cuando regresen el lunes».

¿No se preocupen? Llamé a un amigo, un cirujano de Texas, el cual adivinó cuál era el motivo del dolor: una posible hernia causada por la última ablación. Traten de soportarla hasta el lunes, me dijo.

– – –

De vuelta en Texas, unas tomografías y otros exámenes revelaron que había más cáncer. En más lugares. La noticia nos penetró como si fueran balas de ametralladora.

Dice el autor de la Epístola a los Hebreos que la fe es la certeza de lo que se espera y la convicción de lo que no se ve. Yo me aferré a la fe como se aferra un alpinista sin soga al borde de un despeñadero: fe en que el Dios que dijo que me amaba no me arrancaría el corazón; que no me robaría a mi esposa, la madre de mis hijos. Tal vez esto suene absurdo, y hasta arrogante, pero con toda la mala información que se ha estado dando sobre él, me pareció que aquel podría ser un buen momento para que mejorara su reputación con un milagro, y no hay milagro tan maravilloso como una buena sanidad. Iríamos al programa de *Oprah* para propagar la noticia. Así se lo dije a él.

A Deborah y a mí nos habría encantado no hacer nada en ese momento: nada de quimioterapia, ni de cirugía, ni de drogas experimentales. Nosotros conocíamos y creíamos las Escrituras:

«A los que aman a Dios, todas las cosas les ayudan a bien...».

«Espera a Jehová...».

«Estad quietos, y conoced que yo soy Dios...».

Pero yo no estaba dispuesto a estar quieto, ni a esperar, y no creo que Deborah lo estuviera tampoco.

43

Docenas de amigos, muchos de ellos médicos, estuvieron registrando la web y la literatura médica de arriba a abajo, con la esperanza de encontrar una cura. Así supimos de una droga totalmente nueva para la quimioterapia, llamada CPT-11. La Administración de Alimentos y Drogas se había apresurado a aprobarla después que las pruebas clínicas demostraron su eficacia contra el cáncer colorrectal con metástasis. Para probarla, viajamos 400 kilómetros hasta el Centro de terapia e investigación sobre el cáncer, en San Antonio. Yo preparé mi Suburban de manera que Deborah pudiera estar acostada en una tarima suave durante los ochocientos kilómetros que significaba el viaje de ida y vuelta. Iba con los pies hacia la parte posterior del vehículo, la cabeza en la consola con unas almohadas encima, de manera que yo le pudiera acariciar el cabello mientras conducía. Hice arreglos para hospedarnos en el centro turístico Hyatt Hill Country, con la esperanza de que una suite suntuosa con una amplia vista del campo que rodeaba a San Antonio hiciera que no estuviéramos centrados en las circunstancias. No lo logró. Ni tampoco el vivaz mariachi que cantaba de manera nasal en el patio del hotel pareció la pista de sonido adecuada para repeler a la muerte.

Pero Deborah había nacido en San Antonio, y en nuestro segundo día allí, antes del primer tratamiento que estaba programado, comenzó a recordar cosas mientras yo sacaba el auto del estacionamiento del hospital, con la cabeza en la consola, a mi lado. «Daphene y yo fuimos las primeras gemelas con Rh positivo que nacimos en el Hospital Nix de una madre con Rh negativo. A las dos hubo que hacernos transfusiones de sangre», dijo mirando al techo. «Aquello era riesgoso entonces. Ahora estoy de vuelta para recibir otro tratamiento de riesgo».

Entonces se le llenaron los ojos de lágrimas. «No quiero morir aquí».

«No vas a morir aquí», le dije, alisándole el cabello. Pero lo cierto era que el espectro de la muerte había comenzado a morder los bordes de mi esperanza.

Al día siguiente encontramos el apartamento de la calle Fabulous Drive que habíamos compartido durante tres semanas en 1970 infestado de ratas. Nos habíamos mudado allí por un trabajo que acepté, y que consistía en vender acciones por medio de llamadas en frío, y solo por comisión. Atraído por la posibilidad de reunir un sueldo anual de $100.000, sí recibí un solo pago antes que la compañía se fuera a la quiebra. Era un cheque de trece dólares con ochenta y siete centavos. Deborah y yo estuvimos comiendo tacos de frijoles que costaban trece centavos cada uno durante tres semanas, hasta que se acabó el dinero y nos regresamos a Fort Worth. Ahora, treinta años más tarde, habíamos vuelto, con la esperanza de que esta segunda intentona en San Antonio nos saliera mejor que la primera.

No sucedió. Para Deborah, el CPT-11 fue un desastre. Veterana ya de veintenas de tratamientos con quimioterapia, tan pronto como esta invadió sus venas, Deborah me miró fijamente: «¡Por favor, diles que paren!», gritó. Las enfermeras redujeron enseguida la cantidad, pero unos calambres ardientes seguían recorriendo sus entrañas.

Aun así, seguimos los tratamientos durante semanas. Los tratamientos de CPT-11 hacían estragos en Deborah, reduciéndola a la condición de una mujer esquelética, estragada y con ojos vacíos. Durante aquellos tiempos, yo veía con frecuencia a Denver, sentado en oración fuera de nuestro hogar.

El 14 de julio del año 2000 celebramos sus cincuenta y cinco años de edad. A fines de ese mes, Carson voló desde Nueva York y fue con nosotros en el auto a Colorado, para visitar a Regan en el Rancho Crooked Creek. Deborah iba acostada en el asiento trasero, que habíamos convertido en cama. Pero tuvimos que acortar el viaje cuando la altitud comenzó a sofocar literalmente a Deborah. La quimioterapia había bajado de tal manera su conteo de glóbulos rojos, que su corazón tenía que latir mucho más de prisa para bombear sangre oxigenada. Nos apresuramos a bajarla de la montaña a una velocidad que erizaba los pelos, evitando venados y conejos mientras nos dirigíamos al hospital. Pudimos regresar a Crooked Creek, pero Deborah tenía que estar conectada a una botella de oxígeno.

Después que volvimos a Texas, ella me tomó por sorpresa un día. Me dijo: «Acabo de llamar al pastor Ken, y le he pedido que venga a casa para hablar sobre mis funerales».

— — —

El sábado anterior al Día del trabajo, Regan se dio cuenta de que ya era hora de venir a casa. Llamó a Carson, que abordó el siguiente vuelo desde Nueva York hasta Colorado, la ayudó a empacar las cosas y condujo con ella hasta Fort Worth.

Yo también sentía que el tiempo se iba haciendo corto, como las sombras cuando se acercan al mediodía. El doctor Senter, el primer cirujano que operó a Deborah, confirmó mis sospechas el 8 de octubre.

El estado de Deborah se había deteriorado de una manera tan crítica, que me la llevé enseguida al hospital. Ella me había suplicado que no la llevara, temiendo que nunca saldría viva de ahí.

«No quiero morir allí», me dijo mientras se le llenaban los ojos de lágrimas. Entonces se quebrantó: «Yo no tengo ningún deseo de morir».

Después de un tiempo en la sala de urgencias, el hospital admitió a Deborah y le asignó un cuarto privado. Tratando de serenarme, estuve caminando fuera en el pasillo, hasta que me encontré con el doctor Senter, que me pidió que lo acompañara a su oficina para sostener una conversación personal, no como médico, sino como amigo.

«Deborah está muy enferma», comenzó. «El último paciente que conocí en ese estado, solo vivió tres o cuatro días más».

No me sorprendí. Las horas en que Deborah estaba despierta se habían disuelto en el aturdimiento de una dolorosa agonía. Pero no quise creerle. Que la muerte estuviera tan cercana, no estaba de acuerdo con nuestras oraciones; con nuestra fe.

«Es mejor que comiences a llamar a tu familia y a tus amigos, porque ella va a querer verlos antes de...». Hizo una pausa y me lo dijo de otra manera: «Ron, es imposible hacer que el reloj dé marcha atrás. Lo siento».

Me acompañó hasta la puerta y me dio un abrazo, algo que los médicos deberían hacer con mayor frecuencia. Entonces salí de su oficina sin rumbo, caminando por aquel pasillo pulcro, tratando de llamar a alguien desde mi teléfono móvil mientras caminaba. ¿A quién llamar?... A Carson; sí, por supuesto; a Carson... y a Regan... y a Daphene. Atravesé una calle rumbo a un estacionamiento. No supe ni siquiera si estaban pasando autos. Entré en mi auto. Cerré la puerta, apoyé la cabeza en el timón y lloré. En algún momento, me di cuenta de que estaba gritando.

44

Carson me llamó para decirme lo que los médicos le habían dicho a míster Ron, así que me fui al hospital, y me quedé fuera de la puerta de miss Debbie y oré. De vez en cuando, echaba una mirada por la ventana, y podía ver a los que estaban allí dentro... Carson, Regan, miss Mary Ellen, unas enfermeras. También podía ver a míster Ron, a veces sentado junto a la cama de miss Debbie, muchas veces con la cabeza entre las manos. Se veía que estaba sufriendo mucho, pero le vi en la cara algo que me molestó un poco: estaba furioso. Y yo sabía con quién lo estaba.

De vez en cuando, salía alguien del cuarto. Yo lo abrazaba, y se iba a su casa. Debe haber sido alrededor de la media noche cuando todo el mundo se había marchado ya. Poco después de eso, míster Ron salió al vestíbulo, y yo le pregunté si le podría hablar a solas.

Yo sabía por lo que él estaba pasando. Era exactamente lo mismo que cuando yo estaba allí, de pie, viendo cómo se quemaba aquella casa, y mi abuela estaba adentro. Y sabía también que si moría miss Debbie, él iba a tener que seguir viviendo a pesar de todo, así como yo tuve que seguir viviendo cuando perdí a Big Mama, BB y tío James.

Hay algo que aprendí cuando vivía por las calles: nuestras limitaciones son oportunidades para Dios. Cuando uno llega hasta el punto en que ya no da más, y no puede hacer nada, entonces es cuando Dios se hace cargo de las cosas. Recuerdo un momento en que estaba en la selva de los indigentes con unos cuantos tipos que me hicieron pensar. Estábamos hablando sobre la vida, y el tipo que estaba hablando, dijo: «La gente se cree que tiene el control de las cosas, pero no lo tiene. La verdad es que, aquello que te debe pasar, te debe pasar. Y aquello que no te va a tocar, no te va a tocar».

Te sorprenderías de lo que se puede aprender hablando con los indigentes. Así aprendí yo a aceptar la vida tal como viene. Con miss Debbie, habíamos llegado al momento en el que lo teníamos que dejar todo en manos de Dios. A veces, para tocarnos a nosotros, Dios toca a alguien cercano a nosotros. Esto es lo que nos abre los ojos a la realidad de que hay un poder superior al nuestro, tanto si lo llamamos «Dios», como si no.

Tú ya sabes que míster Ron es muy conversador, pero afuera, en el pasillo no me dijo una sola palabra... Solo fue a parar a un rincón, y allí se quedó, mirando al suelo. Yo me puse un poco fuerte con él. «¡Míster Ron, levante la cabeza y míreme!».

Él levantó la cabeza de un golpe, como si alguien se la hubiera levantado, y a través de sus ojos pude ver que se le estaba destrozando el corazón mientras estaba allí parado.

«Yo sé que estás sufriendo y haciéndole preguntas a Dios», le dije. «Yo también estoy sufriendo. Y puede ser que te estés preguntando por qué una santa como miss Debbie está en ese cuarto, sufriendo, mientras que todos esos vagos de las calles a los que ella les ministraba, parecen estar muy bien. Bueno, déjame decirte algo: Dios llama al hogar a unos cuantos buenos, como miss Debbie, para poder realizar sus propósitos aquí abajo, en la tierra».

Míster Ron se me quedó mirando. Entonces fue cuando noté que tenía los ojos todos rojos e hinchados. Se le movía la garganta, como si se me fuera a echar a llorar, pero yo seguí hablando, porque sentí como que si no hablaba, él le iba a volver la espalda a Dios.

«Yo no estoy diciendo que Dios no pueda usar a los vagos y los drogadictos para hacer su voluntad aquí abajo. Él es Dios, y claro, puede hacer todo lo que quiera. Lo único que te quiero decir es que algunas veces, él necesita llamar al hogar a los buenos para la gloria de su nombre. Y te puedo decir algo más: no me importa lo que diga ninguno de esos médicos, porque miss Debbie no va a ir a ningún lado mientras que no haya terminado aquí en la tierra el trabajo que Dios le dio que hiciera. *Eso* sí que lo puedes dar tan por seguro, que te lo puedes llevar al banco».

45

Cuando me encontré con Denver en el pasillo, todavía estaba caminando sumido en un estupor, así que no recordaba todo lo que me había dicho. Pero sí recordaba cuando me dijo que Deborah no iba a morir, y que eso me lo podía llevar al banco. Recuerdo que me animó ligeramente el que existiera en algún lugar un banco que quisiera aceptar en depósito la diminuta cantidad de fe que me quedaba.

De vuelta en la habitación, Carson y Regan dormían intranquilos en reclinables tapizados en cuero artificial. Yo fui atravesando sutilmente una serie de obstáculos formados por conductos de alimentación intravenosa y acerqué a Deborah hacia mí. Pronto pude sentir sus tibias lágrimas que se deslizaban en el estrecho valle que había entre nuestros rostros. «Ronnie, yo no me quiero morir», me dijo, susurrando para que nuestros hijos no la oyeran.

La angustia se apoderó de mis cuerdas vocales, durante todo un minuto me quedé sin habla. Cuando por fin pude hablar, todo lo que dije fue: «Y yo tampoco quiero que te mueras».

A la mañana siguiente, los médicos sugirieron una colonoscopía como último esfuerzo. En las condiciones de fragilidad en que se encontraba, entre los riesgos se encontraba su muerte. Pero estuvimos de acuerdo en seguir pasando por todas las puertas que se abrieran, hasta que todas ellas estuvieran cerradas y fuera imposible pasar por ellas.

Mary Ellen estaba allí. El personal médico preparó a Deborah y se la llevó. Horas más tarde, vimos a los técnicos de cirugía llevarla en camilla a la sala de recuperación y corrimos para unirnos a ella. Los cirujanos fueron desfilando con un aspecto lúgubre, y a mí se me ocurrió extrañamente si acaso no sería que en la escuela de medicina les enseñaban el decoro facial adecuado. De vuelta en su habitación un par de horas después, un médico de apellido Redrow vino para darnos un resumen más detallado de la situación.

Antes que él pudiera hablar, Deborah sonrió débilmente y lo saludó.

—Tengo taaanta hambre. ¿Cuándo me pueden dar algo de comer?

El doctor Redrow la miró con tristeza.

—Usted no puede comer.

Deborah sonrió de nuevo, acostumbrada a los protocolos posteriores a las operaciones.

—Sí, pero ¿cuándo *puedo* comer?

Él la miró fijamente.

—No puede.

Ella lo miró, tratando de entender unas palabras que se negaban a que las entendiera.

—¿Quiere usted decir que nunca voy a volver a comer? Incrédula, me lanzó una mirada con la que me suplicara que le hiciera la pregunta de una manera diferente, para que la respuesta fuera distinta. Yo sabía que no lo iba a ser. Aunque aún no se lo había dicho, ya me habían informado que los tumores, irresistibles e inoperables, habían crecido hacia dentro en lo que le quedaba del colon, sellándolo como una caja fuerte. Le era biológicamente imposible digerir nada sólido. Solo se le podrían dar pedazos de hielo y pequeños sorbos de agua.

Con un tono mesurado y sereno, el doctor Redrow le explicó la situación. Cuando él terminó de hablar, ella le preguntó:

—¿Cuánto tiempo puedo vivir a base de pedazos de hielo y agua?

—Días... tal vez un par de semanas.

Expresó muy profesionalmente que lo sentía, y salió en el mismo momento que entraba Alan. La habitación quedó inmóvil y silenciosa. Entonces Deborah dejó que una pregunta se deslizara en medio del silencio:

—¿Cómo se puede vivir el resto de la vida en unos pocos días?

46

El 14 de octubre, once días antes de que cumpliéramos treinta y tres años de casados, trajimos a Deborah a casa. Mientras yo conducía en aquel cálido día de otoño, ella parecía notar todos los detalles: el resplandor del sol, la fresca brisa que le daba en la cara, los colores ardientes del otoño que estaban comenzando a aparecer.

Aquel mismo día, más tarde, estábamos sentados en la habitación principal con Regan y Carson, mirando los álbumes de recuerdos que les servían de crónica a los treinta y tres años de nuestra familia. A lo largo de los años, nuestros hijos y yo nos habíamos reído de Deborah porque se pasaba horas sentada, creando esos álbumes, montones de ellos, pasando trabajos para pegar en ellos unas fotografías que atesoraba. Pero no los había hecho para ella; los había hecho para un momento como aquel, y al ir pasando sus páginas cubiertas de plástico transparente, pudimos ir viajando en el tiempo hacia el pasado.

Nos reímos con las fotos de nuestra boda: aquí, una foto de la abuela de Deborah, sentada con las piernas un poco más separadas de la cuenta, y con parte de la faja al descubierto. Allí, una foto de unos amigos brindando con botellas de champaña. (Dos semanas después de nuestra boda, el padre de Deborah nos había enviado una factura por el champaña, con una nota en la que explicaba que él nunca había tenido la intención de pagar para que nuestros amigos se emborracharan).

Fuimos pasando páginas para ver centenares de fotos de nuestros hijos: las fotos en las que estábamos nosotros cargando a Regan por vez primera nos llevaron a contar por enésima vez que habíamos ido tocando la bocina de nuestro Chevy 1970 por todo el camino, desde nuestra casa hasta el Hospital Harris. Y fotos de Carson cuando solo era un bebé, que llevaron a Regan a insistir de nuevo en que ella era la que lo había escogido entre varios más en la guardería Gladney Home. Entonces pensábamos que se parecía un poco a las tortugas, y aún no habíamos cambiado de idea. En el espacio de unas pocas horas, nuestros hijos fueron creciendo y nosotros llenándonos de canas a través de siete álbumes de fotografías. Y recordamos, riendo y llorando, cuando nos metíamos solo los cuatro en la gran cama que tenía un poste en cada esquina.

Un par de días más tarde, Deborah pareció dirigir su atención a la limpieza de la casa; a los detalles finales. No con tristeza, sino con el gozo de una viajera que aligera su carga antes de ir a un lugar donde siempre ha querido, Deborah comenzó a regalar prácticamente todo lo que tenía. En aquella misma gran cama, nos sentamos durante horas con Regan y Carson, y ella habló acerca de las cosas que quería darnos a cada uno de nosotros. Yo le traje la caja de las joyas y ella sacó todos sus collares, anillos y broches, relató la historia de cada una de aquellas joyas y después se las dio todas a Regan, con la excepción de un collar de perlas que le dio a Carson como regalo para su futura esposa.

Además del conjunto de recuerdos de vaqueros que habíamos ido recogiendo en las tiendas de chatarra para decorar el rancho, Deborah nunca fue muy buena para coleccionar cosas. Pero sí había acumulado una pequeña colección de frascos de perfume que eran antigüedades. Le encantaban los colores y las formas, y la idea de que en el pasado habían contenido una fragancia cuya esencia todavía se podía captar si se les quitaba la tapa. Una por una, a lo largo de dos días, Deborah fue llamando a sus amigas más íntimas, le dijo a cada una lo que significaba para ella y les fue dando uno de sus valiosos frascos a cada una. El primero fue para Mary Ellen, que había estado con ella todos los días que había durado su enfermedad.

El mismo día en que había acabado de repartir los frascos, a altas horas de la tarde, entré a la habitación y me encontré a Deborah con el torso levantado por varias almohadas que había puesto en su espalda, sonriendo alegremente, mostrando una especie de expectación. Me senté al lado de ella. Tenía puesta la parte superior de una suave pijama verde, y el borde de la sábana estaba doblado y liso alrededor de su cintura. Me maravillé: hasta en su muerte estaba actuando de una manera inmaculada. Me deslicé junto a ella debajo de la sábana y la abracé muy apretadamente, teniendo cuidado de pasar las manos por el borde doblado para eliminar todas las arrugas.

—Quiero tener una reunión contigo, con Carson y con Regan —me dijo.

—¿Con qué motivo?

—Ya lo sabrás. Solo pídeles a ellos que entren.

A pesar de que me había acabado de meter en la cama, salí de nuevo y llamé a nuestros hijos. Minutos más tarde, sentados todos en la cama grande, Deborah les habló a Carson y a Regan con el tono de un director ejecutivo afable, pero ocupado, para manejar una cuestión de emergencia que no podía esperar. «Su padre ha sido un esposo y padre maravilloso, y yo quiero que ustedes sepan que lo estoy poniendo en libertad para que encuentre a otra mujer, la conozca e incluso llegue a casarse».

Sus palabras desataron un sufrimiento real en mi cuerpo, como si de repente se me hubiera calentado la sangre.

«No... por favor», le dije yo, interrumpiéndola.

Ella les siguió hablando a nuestros hijos, como si yo no hubiera dicho nada. «Sé que a ustedes se les va a hacer difícil, pero les estoy pidiendo que respeten sus decisiones y lo dejen ser feliz de nuevo».

Carson y Regan se le quedaron mirando, boquiabiertos y silenciosos. De repente, tratando de sacar de la habitación la pesadez que había aparecido, Deborah dejó ver una amplia sonrisa: «Por supuesto, ustedes dos también tienen libertad para casarse con la persona que escojan».

Regan sonrió y trató de bromear. «*Gracias, mamá*».

La reunión duró menos de cinco minutos, pero nos dio tanto la impresión de que se trataba mucho más de un «detalle final», que todas las demás cosas que habíamos hablado hasta ese momento. Era el reconocimiento de que, a pesar de que habíamos caminado juntos durante más de treinta años, una entre nosotros se estaba preparando para apartarse del camino.

Primero Carson, y después Regan, gatearon por la cama hasta su rostro y la besaron en la mejilla. Después se deslizaron y esperaron, pareciendo sentir que su madre tenía algo más que decir. Tenían razón. Ella me pidió que la ayudara a sentarse en la silla de ruedas que la gente del hospicio había puesto junto a la cama. Quería ir al jardín, cerca de la cascada que habían diseñado los arquitectos dentro del paisaje que había detrás de nuestra casa. Pocas veces ella había podido disfrutar de ella desde que nos habíamos mudado allí.

Yo empujé la silla hasta cerca del borde de la poco profunda piscina y tomé una silla del césped para ponerla junto a ella. Aunque en la habitación había sido la que daba las órdenes, de repente pareció más apagada. Habló, pero hasta la suave salpicadura del agua que caía a la piscina bastaba para robarle el sonido de su voz.

Yo le pedí que repitiera lo que había dicho, y me incliné tan cerca de ella, que sus labios me rozaron el oído.

—Aunque sea ella —me dijo.

Yo supe enseguida lo que quería decir. Fiel a su promesa de once años atrás, la que había hecho el día después de saber que yo le había sido infiel, nunca más había mencionado ni una sola vez a la artista de Beverly Hills.

—No —le dije—. Allí no quiero ir.

—Sí —me susurró con firmeza—. Fue algo *bueno*; algo que terminó siendo bueno para *nosotros*. Mira los últimos once años... si ella no hubiera intervenido, nuestra vida juntos nunca habría sido tan maravillosa como ha sido. Y ahora, tienes mi permiso para regresar a ella.

Yo le dije que ni siquiera quería pensar en esas cosas. Todavía estaba orando para que Dios la sanara, le dije, y añadí:

—Y sigo teniendo la esperanza de que Dios me lleve a mí primero.

47

25 de octubre

Habíamos orado para pedir que pudiéramos celebrar juntos nuestros treinta y un años de casados. Ahora, al verla aferrarse a la vida, con la respiración dificultosa y entrecortada, no estaba seguro de que viviría para verlo. Pero lo logró. Cuando apareció la luz del sol entre las cortinas de nuestra habitación, le susurré al oído: «Debbie, despertamos». Pero ella no me pudo responder. Cinco días antes, había dejado de hablar.

Así que hablé por nosotros dos. Le leí Proverbios 31, donde se habla de la «mujer virtuosa»... recordé la primera vez que la vi... recorrí los recuerdos de nuestras primeras citas para ir a los juegos de fútbol, cuando yo estaba demasiado asustado para besarla, y en lugar de hacerlo, le daba una serenata con «Mackie el Navaja». Ella permaneció inmóvil en la cama, y como pesaba ya menos de treinta y cinco kilos, apenas levantaba la sábana. Yo deslicé delicadamente mi brazo por debajo de su cabeza, y le toqué el rostro con la punta de los dedos. «Parpadea si me puedes escuchar», le susurré. Ella parpadeó, y sus lágrimas corrieron como pequeños ríos.

Después del mediodía, el médico del hospicio vino, y después de un rápido examen, me llamó fuera de la habitación para decirme que Deborah no llegaría al final del día. Yo decidí no creerle. Decidí creer que Dios no iba a ser tan cruel como para llevársela en el día de nuestro aniversario.

El día siguiente habría marcado una semana de silencio total, pero Deborah comenzó a agitarse y a quejarse. Aquella tarde, nuestros hijos, Mary Ellen y yo estábamos sentados con ella, cuando gritó de repente: «¡Ron! ¡Consígueme unas alas!». No me lo estaba pidiendo; me lo estaba ordenando, y me sorprendió tanto, que me tuve que reír.

Incapaz de moverse casi dos semanas, ahora comenzó a levantar las manos hacia el techo; derecha, izquierda, derecha, izquierda. Era como si estuviera subiendo una escalera.

Temiendo que se arrancara los conductos del suero intravenoso, los cuatro tratamos de evitar que se moviera, pero ella batalló con fuerza, luchando por seguir hacia arriba, hacia arriba. En realidad, ya no era más que un esqueleto viviente; era un despliegue extraordinario de fuerza.

El día pasó, después llegó una larga y agotadora noche en la que todos nos quedamos con ella. «¡Jesús! ¡Jesús!», clamaba Deborah al mismo tiempo que la luz del sol comenzaba a entrar en la habitación.

—¿Los pueden ver? ¡Están volando!

—¿Qué estás viendo? —le pregunté.

—¡Ángeles! —me respondió—. ¡Allí están! —Y señalaba hacia una parte de la habitación y rápidamente hacia otra. Nosotros seguimos sus movimientos con expectación, con la esperanza de verlos también. Siguió subiendo y clamando durante veintitrés horas. Entonces, tan de repente como había roto su silencio, volvió a guardar silencio de nuevo. El corazón se me heló, pensando que habría muerto. Pero después de dos minutos, volvió a hablar y dijo en voz alta y clara: «¡Jesús! ¿Cómo estás?».

Otro minuto de silencio y después dijo con firmeza: «¡No, creo que me voy a quedar aquí!». Eran las dos de la madrugada. Regan y yo nos miramos, asombrados. ¿Acabábamos de presenciar una visitación? Puse mi oído junto a la bata de suave algodón que llevaba puesta Deborah; su corazón seguía latiendo con fuerza. Le besé la mejilla.

—Te puedes ir con Jesús —le dije—. Regan, Carson y yo nos reuniremos pronto contigo en el cielo.

—Y Mary Ellen... —susurró débilmente.

—Sí, y Mary Ellen —le dije, maravillado al saber que había comprendido por completo lo que estaba pasando en ese momento.

– – –

A la mañana siguiente, muy temprano, Denver se presentó en nuestra puerta del frente con unas ropas sucias y andrajosas, oliendo a cigarrillos.

—Entra —le dije, abriendo la puerta de par en par—. ¿Quieres un poco de café?

—No vine para hacer una visita —me dijo—. Vine para entregarles una palabra del Señor.

Estaba agitado, y daba la impresión de haber estado despierto toda la noche. Se sentó junto a la mesa de la cocina, se inclinó hacia delante y me miró fijamente.

—Anoche yo iba en el auto por la carretera interestatal, míster Ron, cuando sentí la necesidad de salirme de la carretera para orar. Así que me salí a un lado del camino en esa colina desde donde se ve la ciudad, y fue entonces cuando Dios me habló al corazón. Dios dice que el espíritu de miss Debbie está clamando por estar con el Señor, y me mostró visiones de ángeles que entraban a su habitación para llevársela al hogar. Pero los santos de la tierra se estaban aferrando a su cuerpo porque su obra aquí todavía no ha terminado.

Me dijo que había visto a Jesús, unos ángeles y un relámpago. También me dijo a qué hora había tenido esa «visión»: precisamente en el momento en que había sucedido en nuestro hogar.

— — —

Ya hacía más de tres semanas que Deborah no comía. La piel le colgaba de las extremidades como si fuera gasa, se pegaba a sus pómulos y se le metía en las cuencas de los ojos. ¿Cuántas veces habían predicho varios médicos que no llegaría al día siguiente? Y sin embargo, un «tonto» viejo indigente había sido mucho más preciso que aquellos ilustres hombres de la medicina.

A la mañana siguiente, Denver tocó de nuevo por la puerta de la cocina. Nos sentamos a la mesa, moviendo nuestro café. Dejó caer la cabeza, hizo una larga pausa, y fue recogiendo sin prisas sus pensamientos, como conchas en una playa. Entonces dijo: «Dios le da a cada persona de la tierra un juego de llaves; llaves para vivir esta vida aquí abajo en la tierra. Pero en ese juego, solo hay una llave que se puede usar para abrir las puertas de la prisión y poner en libertad a los cautivos».

Volvió la cabeza ligeramente, de manera que el lado derecho de su rostro estuviera más cerca del mío que el izquierdo. Se inclinó hacia delante con el hombro derecho y entrecerró los ojos más aun. «Míster Ron, yo estaba cautivo en la prisión del diablo. A miss Debbie le fue fácil ver eso. Pero se lo tengo que decir: muchos tipos me han visto detrás de las rejas de esa prisión durante más de treinta años, y han seguido su camino. Han guardado sus llaves en el bolsillo y me han dejado en mi encierro. Ahora, yo no estoy tratando de caerles arriba, porque yo no era un tipo bueno; era peligroso... y probablemente me sentía muy feliz en la prisión. Pero miss Debbie era diferente. Ella me vio detrás de esas rejas, buscó en el fondo de su bolsillo, sacó las llaves que Dios le dio y usó una *para abrirme la puerta de la prisión y ponerme en libertad*».

Denver remachó esas últimas once palabras como si fueran once clavos separados, y después se volvió a sentar en su silla para tomar su café. Bajó la taza. «Ella es la única persona en toda mi vida que me amó lo suficiente para no darse por vencida conmigo, y alabo a Dios porque hoy me puedo sentar aquí en tu casa como un hombre transformado... un hombre *libre*».

48

1 de noviembre

Una semana después de nuestro aniversario, el médico del hospicio y las enfermeras estaban más que asombrados de que Deborah todavía estuviera viva. Habían dejado de hacer predicciones, en vez de eso hablaban de que se debían alterar los libros que hablan sobre la muerte, o por lo menos ponerles una nota que incluyera la posibilidad de unos resultados en personas como Deborah, que cuando la muerte llegó para llamarla, juntó todas sus fuerzas para posponerla, y le cerró cortésmente la puerta.

Durante meses, habíamos pasado por una larga sequía en Texas, pero ahora los cielos oscuros nos trajeron unas lluvias frías y abundantes. Yo me imaginé que los ángeles estaban llorando. *¿Pero por qué?*, pensé con amargura. Al parecer, Dios se estaba saliendo con la suya. Recordé lo que había dicho Denver, que él necesitaba llevarse al hogar unas cuantas personas buenas para hacer su voluntad en la tierra. Pensé que aquel plan era bastante desagradable.

Aquella mañana, Deborah estuvo tirada en nuestra cama, quieta y espectral. Pero al mediodía, su cuerpo comenzó a temblar y después a convulsionar. En cuestión de segundos, unas violentas convulsiones comenzaron a herirla en el torso y las extremidades. El rostro se le contorsionó por el dolor. Yo salté a la cama y traté de sostenerla mientras ella se sacudía y se golpeaba con violencia, suplicándole a Dios en silencio que dejara de torturarla. Alan, Mary, nuestros hijos y la gente del hospicio nos observaba con un horror creciente.

Después de dos horas, salté de la cama, y literalmente agité el puño contra el cielo. «¡Para ya, Dios! ¡Por favor!».

Durante dos horas más, Deborah se estuvo retorciendo en la cama como un cable de alto voltaje con corriente. Después de lo que pareció como una frenética consulta, la gente del hospicio decidió darle fenobarbital. La dosis era enorme; era probable que detuviera el dolor, pero también la podía matar. El médico me preguntó si estaba dispuesto a que le administraran las drogas. Yo lo acepté sin titubear. Habría hecho cuanto fuera necesario para parar sus sufrimientos. Sin embargo, me preguntaba si no estaría firmando su sentencia de muerte. Cuando las drogas comenzaron a fluir, sus temblores se fueron calmando, acabando con lo que habría podido ser un vistazo del infierno. Sin duda alguna, yo estaba listo ya para ver que llegara con seguridad a su hogar eterno. Y pensaba también que ella debía estar lista para irse.

2 de noviembre

Por la mañana temprano, sonó el timbre de la puerta. Cuando abrí, vi a Denver allí de pie, arrugado, de nuevo con el aspecto de un vagabundo que no había dormido. Pero esta vez sus ojos eran diferentes; vidriosos y vacíos, casi como si estuviera en un estado de conmoción. Yo lo abracé, pero él se limitó a quedarse allí, como si estuviera demasiado agotado para reaccionar. Mantuvo baja la cabeza, y durante un par de minutos, no me quiso mirar a los ojos.

«No vine para ningún café ni para ninguna visita», me dijo mientras nos sentábamos de nuevo a la mesa de la cocina. «Vengo para entregar una palabra del Señor».

Ya para entonces, mi fe tan elevada se había desmoronado. Los expertos habían fallado. Yo había fallado. Y tal parecía que Dios también estaba a punto de fallar. El Dios que había prometido que todo lo que le pidiéramos en fe sería hecho en el cielo, no había cumplido su palabra.

Pero yo también sabía que había sido Denver el primero en predecir que un ladrón llegaría para buscar a Deborah. Y cuando los médicos dijeron que Deborah no duraría ni un día más, Denver dijo que sí duraría, y tuvo razón. Denver supo lo de los ángeles antes que nadie le dijera lo que había sucedido en nuestra habitación. De alguna manera, de una forma que yo no podía entender, aquel hombre tan simple se había comunicado con Dios. Así que aquella vez, cuando me dijo que tenía una palabra del Señor, decidí que necesitaba un testigo.

Subí las escaleras y le pedí a Carson que viniera. Tan pronto como volvimos juntos a la cocina, Denver fijó en nosotros aquel ojo estrecho e intenso.

«Míster Ron, he estado toda la noche en una colina desde donde se ve la ciudad y he oído al Señor. Me dijo que el cuerpo de miss Debbie está clamando por el paraíso, pero los santos de aquí de la tierra todavía tienen una cadena alrededor de ella, y no la quieren dejar ir. Así que el Señor me dijo que viniera a romper esa cadena».

Yo no hablé, pero recordé las violentas convulsiones de Deborah y su clamor. ¿Estaba clamando por el paraíso? Y me pregunté qué podría ser esa «cadena», y quiénes eran los santos. Más tarde supe que treinta de los amigos de Deborah se habían reunido en nuestro patio la noche anterior y, tomados de la mano, rodearon toda nuestra casa para pedirle a Dios que la sanara. Denver siguió hablando: «El Señor también me indicó que le dijera a miss Debbie que podía soltar su antorcha, y me dijo que yo la recogiera. Así que, míster Ron, por obediencia a Dios, estoy aquí para romper la cadena, y les voy a pedir a ti y a Carson que oren conmigo para romperla».

Después de diecinueve meses orando para pedir un milagro, ahora nos parecía extraño estar orando para que Dios se llevara a Deborah. Pero cuando comencé, me vinieron a los labios sin pedirlas, nuevas promesas de las Escrituras. «Padre», oré, «ayúdanos a nosotros como familia a entregarte por completo a Deborah. Ayúdanos a confiar que desde el principio tú has dispuesto el número de nuestros días, y que no te vas a llevar a Deborah mientras se haya completado el número que has dispuesto para ella».

Cuando terminamos de orar, Denver me perforó con la mirada, y nos sorprendió con unas palabras que parecían contradecir su oración. «Pero aun así, miss Debbie no va a ir a ninguna parte mientras su obra en esta tierra no haya terminado».

Entonces comenzó a llorar. Yo nunca lo había visto llorando. Le corrían las lágrimas por las líneas del rostro como ríos de angustia, y de nuevo me golpeó el recordar lo mucho que él amaba a Deborah. Me maravillé por el intrincado tapiz que forma la providencia de Dios. Deborah, guiada por Dios para entregar misericordia y compasión, había rescatado a esta ruina de hombre que, cuando ella cayó enferma, se convirtió a su vez en su principal intercesor. Durante diecinueve meses, oró durante toda la noche hasta el amanecer, y vino a entregarnos palabras de Dios a nuestra puerta, como si fuera una especie de repartidor celestial de periódicos. Me sentí avergonzado de haberme creído superior a él en el pasado, solo inclinándome para salpicar con mis riquezas y mi sabiduría su pobre vida.

49

Yo derramé muchas lágrimas cuando estuve orando afuera, junto al basurero, pero nunca antes había llorado enfrente de míster Ron. Sin embargo, no lo pude evitar. Yo sabía que todo lo que se podía hacer por miss Debbie ya se había hecho. Los médicos habían hecho todo lo que podían. Míster Ron había hecho todo lo que podía. Y Dios me había puesto en el corazón que ya era hora de que miss Debbie se fuera al hogar, a estar con él. Pero seguía sintiendo el dolor y se me salieron las lágrimas antes de darme cuenta de lo que me estaba pasando.

Traté de limpiarlas con la parte de atrás de los dedos, y pude ver que míster Ron y Carson estaban allí sentados, mirándome un poquito sorprendidos. Entonces los dos bajaron la vista y empezaron a menear su café. Entonces fue cuando me levanté y tomé el pasillo para ir a la habitación de miss Debbie. Yo no tenía planes de hacer eso. Tal parecía que el Señor me empujaba, y yo sentía que era lo que tenía que hacer.

La puerta de la habitación se había quedado abierta, y allí estaba miss Debbie, acostada sobre su espalda en medio de la gran cama, delgada y con aspecto débil, debajo de la sábana. Las cortinas estaban abiertas y la luz gris de la mañana entraba a través de la lluvia que salpicaba los vidrios.

Tenía los ojos cerrados y el rostro muy demacrado, al punto que no se parecía a ella; solamente que seguía siendo bella. Yo me quedé allí un momentito, solo viéndola respirar.

«¿Cómo le va, miss Debbie?», le dije después de un ratito. Pero ella se quedó quieta, mientras el pecho le subía y le bajaba en medio del silencio. Ahora, yo había entrado a verla varias veces, y míster Ron o miss Mary Ellen o alguien siempre estaba allí, solo porque no había ni un segundo en que no tuviera alguien a su lado. Puesto que habíamos acabado de orar para permitir que el alma de miss Debbie saliera volando hacia la gloria, yo me sentía un poco sorprendido de que Carson y míster Ron no me hubieran seguido de vuelta al cuarto. Me imaginé que querrían estar allí, en caso de que necesitáramos orar lo mismo allí con ella. Pero ellos no vinieron. Miss Debbie y yo estábamos solos. Ahora que lo pienso, tal vez el Señor hubiera abierto esa pequeña ventana en el tiempo para hacer lo que él quería hacer.

Yo estaba parado al lado izquierdo de la cama, con la cabeza de ella junto a mi mano derecha y los pies junto a mi mano izquierda. La sábana que cubría su delgado cuerpo subía y bajaba, pero solo muy poquito. Con la cara vuelta hacia arriba, hacia el cielo, de la forma que estaba, ella no me podía ver, y yo no estaba seguro de que me podía oír.

Y quería estar seguro de que oyera lo que yo le había venido a decir. Así que puse mi rodilla derecha en la cama. Después deslicé mi mano debajo de su cabeza y la levanté de la almohada un poquito, y volví su cabeza hacia mi rostro.

«Miss Debbie», le dije.

Ella abrió los ojos bien grandes y me miró fijamente.

Así supe que me podía oír, de modo que seguí hablando. «Yo puedo comprender lo importante que es para usted que sigamos alcanzando a los vagabundos. Ahora ya usted hizo todo lo que podía hacer. Y Dios me ha puesto en el corazón que le diga que si usted suelta la antorcha, yo la voy a recoger, y voy a mantener funcionando su ministerio con los indigentes».

Ella no se movió ni dijo nada, pero comenzaron a brillarles los ojos con las lágrimas. A mí me empezó a latir fuerte el corazón, y me dolía en el pecho como si fuera demasiado grande para mi cuerpo.

«Así que ahora, usted ya se puede ir al hogar, miss Debbie», le dije. «Váyase en paz al hogar».

Entonces le corrieron las lágrimas, y a mí el corazón se me ensanchó hasta que llegué a pensar que se me iba a romper en dos pedazos. Le seguí sosteniendo la cabeza un poco levantada, para que ella me pudiera ver. Entonces pronuncié las últimas palabras que le dije en vida: «Hasta pronto. Nos encontraremos en la otra vida».

Volví a poner su cabeza sobre la almohada, y ella dejó que los ojos se le fueran cerrando.

Y yo sabía que ella también sabía que nunca nos volveríamos a ver. Nunca más en esta vida.

50

3 de noviembre

Ya no dormí más. Me quedé acostado junto a Deborah toda la noche. Ella estaba a mi lado, demacrada, con los ojos abiertos y fijos, la boca entreabierta y levantada hacia el cielo, como si estuviera a punto de hacer una pregunta. Su pecho subía y bajaba de manera esporádica; unas veces subía con rapidez y otras no subía en absoluto. Yo velaba la luz roja del despertador digital que indicaba el paso de los minutos, devorando lo que quedaba de la vida que habíamos construido. Cuando por fin entró el alba en el cuarto, retumbó un trueno. Pude oír la lluvia que caía sobre los aleros de la casa, corriendo hacia las canales de desagüe.

Michael, mi socio de Nueva York, había llamado para preguntar si podía venir a ver a Deborah, y estaba en pleno viaje. Yo había tratado de desanimarlo a él, y también a otros, para que no vinieran durante aquellas últimas semanas. Deborah estaba tan destruida, que apenas levantaba la sábana que la cubría. Sus ojos se habían apagado, y parecían cruelmente suspendidos en sus salientes cuencas óseas. Lo que quería era que todos la recordaran como la mujer hermosa y elegante que siempre habían conocido.

Pero Michael insistió, y como nosotros éramos los padrinos de su hijo Jack, acepté que viniera. Judío por nacimiento, no era un hombre particularmente religioso. Él sabía que nosotros éramos cristianos, y había presenciado nuestra propia trayectoria de fe. Habíamos hablado de Jesús como el Mesías, pero eso no encajaba con su propia educación religiosa. Nuestras discusiones eran de tipo filosófico; amistosas, nunca airadas.

Cuando Michael llegó a la casa, alrededor de las 10:00 a.m., Mary Ellen y yo estábamos en la habitación con Deborah, cantando con un disco de cantos cristianos, algunos de los favoritos de Deborah. Yo salí a saludar a Michael, y entonces él, Carson y yo volvimos a la habitación. En el momento en que Michael atravesó la puerta, comenzaba el canto «We Are Standing on Holy Ground»: *«We are standing on holy ground and I know that there are angels all around»* [«Nos encontramos en suelo santo; yo sé que hay ángeles en este lugar».]

Cuando el sonido de aquel canto llenó la habitación, Michael miró a Deborah y después a Mary Ellen. «*Ciertamente*, nos encontramos en suelo santo». Y entonces, como si alguien lo hubiera golpeado por las pantorrillas, cayó de rodillas y se echó a llorar.

Petrificados donde estábamos, Carson, Mary Ellen y yo intercambiamos miradas. En los veinte años que hacía que conocía a Michael, nunca lo había visto llorar. Cuando terminó el canto, él recuperó la compostura. Sacando una fotografía de Jack, se movió hasta el borde de la cama, y se la puso a Deborah en la palma de la mano, doblando delicadamente los dedos de ella sobre la foto.

«¿Quieres velar por él desde el cielo?», le dijo. «¿Quieres ser como su ángel guardián?». El momento que siguió se convirtió en un misterio. Nadie volvió a ver jamás aquella fotografía de Jack.

Michael de dio las gracias a Deborah por todas las oraciones que él sabía que había hecho por él. Ella no se movió, ni habló. Él se quedó allí unos veinte minutos. Cuando lo llevé hasta la sala de estar, parecía aturdido.

«En esa habitación había un poder o una presencia que no era de este mundo», me dijo. «Todo el tiempo tú me hablabas de un encuentro con Dios... Yo acabo de tener uno. No creo que pueda volver a ser nunca el mismo de antes».

Eso fue todo lo que hablamos. Salió corriendo en medio de la abundante lluvia y entró deprisa en su auto. Michael siempre se había mantenido alejado de la fe. Las palabras de Denver resonaron en mi mente: «Miss Debbie no va a ir a ninguna parte mientras su obra en esta tierra no haya terminado».

¿Habrá terminado ya?, me pregunté.

Recorrí rápidamente el pasillo y le hablé a Deborah acerca de Michael. Aunque no dijo nada, supe que me había oído. El pulso le había bajado hasta volverse un simple susurro, y respiraba de manera irregular y poco profunda. Yo me acosté, la rodeé con mis brazos, y esperé a los ángeles.

51

«¡Ven rápido! ¡Ha dejado de respirar!».

Era Daphene. Había subido corriendo las escaleras, presa del pánico. Yo había salido de la habitación de Deborah hacía menos de un cuarto de hora, sacado por Carson y Regan, que insistieron en que durmiera un par de horas. A eso de las 10:00 p.m., había recorrido el rostro de Deborah con la punta de los dedos y le había besado la frente, temeroso de salir de allí, por el temor de no volverla a ver viva nunca más, y había subido al segundo piso.

Daphene me sustituyó, y se preparó para velarla toda la noche. Pero a las 10:15, irrumpió en el cuarto de huéspedes donde me había acostado. Durante diecinueve meses, muy raras veces Deborah había estado lejos de mi vista. Y en las tres semanas anteriores, pocas veces había dejado su lado. Había estado con ella treinta y un años y siete días de nuestra vida. Pero fue Daphene, quien había entrado a este mundo con ella cincuenta y cinco años antes, la que vio partir a su hermana con toda certeza hacia el hogar.

La enfermera del hospicio estaba de pie sobre Deborah cuando yo entré a la habitación. Yo me trepé a la cama hasta estar junto a mi esposa. Todavía tenía los ojos abiertos. Se los cerré. En voz baja, le pedí a la enfermera que le quitara todos los conductos y sueros que la habían tenido atada durante un mes. Después le pedí que nos diera unos minutos a los dos solos, durante los cuales, sostuve a mi esposa ya muerta y lloré, suplicándole a Dios que la resucitara como Cristo había resucitado a Lázaro.

Como no lo hizo, y yo creía realmente que lo podía hacer, mi corazón estalló.

Al cabo de unos minutos, un hombre de aspecto anodino apareció en nuestra habitación para certificar su muerte, como si yo no lo supiera.

Después, aparecieron dos hombres que habían llegado en una furgoneta de carga sin letrero alguno para llevarse su cuerpo. Vestidos con camisas y pantalones de color azul oscuro, a todo el mundo le habrían parecido mecánicos de lavadoras. Yo había tenido la esperanza de que tuvieran el aspecto de los ángeles, pero no fue así. Y también había esperado que no parecieran empleados de funeraria, pero sí lo parecían.

Aquella noche, Daphene me trajo dos pequeñas píldoras blancas que Alan le dijo que me ayudarían a dormir. Mientras estaba acostado en la cama, mi pensamiento fue hasta Rocky Tops, y una serie de preguntas se me clavaron en el corazón. Cosas tontas, como quién les pondría nombre a nuestros terneros longhorn ahora. Y quién recogería los melocotones en julio para hacer la tarta que llenaba toda la casa de olor a canela. Los últimos pensamientos que me pasaron por la mente hicieron que llorara hasta quedarme dormido: que Deborah no vería casarse a Carson ni a Regan; que no conocería a nuestros nietos, ni los vería cabalgar sobre los terneros en Rocky Top después que yo los cazara a lazo en la mañana de Navidad, como mi abuelito había hecho conmigo.

Supuse que aun así, yo lo podría hacer. Tal vez Dios le permitiría a ella verlo.

52

Tres días más tarde, sepultamos a Deborah en un sencillo ataúd de madera de pino sobre una solitaria colina de Rocky Top, exactamente como ella quería. Sin embargo, al principio el clima parecía como un bofetón en la cara. Mis hijos y yo habíamos salido del rancho aquella mañana en medio de una fuerte tormenta eléctrica. Mientras los vientos del momento peor en el invierno soplaban una lluvia fría por toda la autopista, en mi corazón hervía la amargura.

Tal vez yo estuviera bajo algún tipo de castigo divino, pero ciertamente, Deborah no se merecía eso.

El lugar de la sepultura era el punto más elevado que había en Rocky Top. Era un pequeño claro rodeado por robles marchitos que siempre había sido uno de los rincones favoritos de Deborah en el rancho. Le encantaba en especial el lugar donde descansaba una enorme roca plana como si fuera un banco, a la sombra de un roble inclinado, formando una glorieta natural, perfecta para orar, o sencillamente, para estar solo.

Cuando Carson, Regan, y yo subimos la colina en el auto, Roy Gene, Pame y otros amigos estaban regando paja por el suelo para que absorbiera los inmensos charcos que se estaban formando bajo la abundante lluvia. También habían destapado la tumba, cuya vista me perturbó. Yo no sé lo que había estado esperando. Sabía que no estábamos sepultando a Deborah en un cementerio tradicional, donde las lápidas y los epitafios apoyan de alguna manera la civilidad de los últimos ritos. Pero con cruel claridad, me di cuenta de que su lugar final de descanso no era más que un oscuro hoyo en un terreno desolado donde los animales salvajes buscaban comida por las noches. Una oleada de náusea me recorrió las entrañas, y estuve a punto de desplomarme bajo la realidad de lo que estábamos a punto de hacer.

Gracias a Dios, el tiempo mejoró. Como un pequeño milagro, los cielos se aclararon y las frías ráfagas del norte se invirtieron, reemplazadas por una cálida brisa del sur que sopló sobre la cima de la colina, secando el suelo en menos de una hora.

Denver llegó, junto con cerca de un centenar de amigos y parientes. Como la gente del campo, nos sentamos alrededor de la sepultura de Deborah sobre balas de heno. Alguien había ensillado a Rocky, el caballo palomino de ella, y lo había dejado atado cerca de allí. Durante la hora y media siguiente, honramos a mi esposa. Entonamos cantos espirituales antiguos e himnos de música country, acompañados por dos vaqueros amigos que tocaban sus guitarras acústicas. La tibia luz del sol se filtraba a través de los robles, arrojando círculos dorados sobre el ataúd de pino de Deborah, de tal manera que la sencilla caja que ella había pedido, parecía cubierta por relucientes medallones.

Sin orden especial ninguno, las personas se fueron poniendo de pie para relatar historias sobre Deborah. Como era de esperar, Denver permaneció en silencio. Yo terminé con un poema que le había escrito en nuestro aniversario. Pame caminó a través de la gente allí reunida con un balde lleno de semillas de aciano, y yo observé mientras cada uno de los dolientes tomaba de él un puñado de semillas y las esparcía por el suelo húmedo. Entonces, mis hijos y yo nos fuimos a la Suburban y nos alejamos, al frente de una procesión de autos, bajando por el camino de tierra hasta la casa del rancho. Denver y los demás cargadores del ataúd se quedaron en el lugar para bajar a Deborah a la tierra por medio de sogas. Cuando dejé a mi esposa en la cima de aquella colina, traté de no pensar en las palas que había visto recostadas detrás de un árbol.

53

Cuando bajamos a miss Debbie hasta el fondo del hoyo, yo sabía que aquello no era más que su cuerpo terrenal. Sin embargo, sentía que el corazón se me hundía también en aquel hoyo. Yo sabía que Dios tenía un plan y una razón por los que se la había llevado. Pero todavía no podía comprender por qué se le ocurriría cortar una vida tan hermosa, mientras el mundo entero sigue repleto de criminales y de tipos como yo, que nunca le hemos hecho a nadie mucho bien.

Después que bajamos su ataúd a la tumba, míster Roy Gene, unos cuantos más y yo tomamos las palas y empezamos a cerrar la tumba. Me molestaba el sonido que hacía aquella tierra cuando caía sobre el ataúd de madera y se regaba alrededor de él como una lluvia maligna. Aunque yo sabía que el espíritu de miss Debbie estaba con el Señor, trataba de no pensar en lo que había adentro de aquella caja. Me tranquilicé cuando todo lo que pude oír fue tierra golpeando tierra, sin golpear ya el ataúd.

Después que terminamos, había una pila reciente de tierra roja donde había estado el hoyo. Uno de los amigos de miss Debbie y míster Ron había hecho una cruz grande con madera de cedro, le había dejado la corteza y la había amarrado con una tira de cuero. Alguien usó una pala para clavarla en la tierra por la parte de la cabeza de ella.

Y eso fue todo. Ahora aquel lugar no se veía diferente a cualquier otro lugar del rancho. Lo único era que se notaba esa gran cicatriz roja en el suelo.

Después que todo el mundo se fue a la casa, yo me quedé allá arriba, con ella, sentado en una bala de heno. A veces le hablaba a Dios, preguntándole por qué. Aunque él me había dicho una o dos palabras sobre sus propósitos, y aunque yo le había entregado esas palabras a míster Ron, como él me había dicho, eso no quería decir que me gustaran. Y se lo dije. Eso es lo bueno que tiene Dios. Como de todas formas, puede mirar hasta el fondo de tu corazón, puedes seguir adelante y decirle lo que piensas de verdad.

Como yo sabía que no había nadie que me fuera a oír, le hablé también a miss Debbie. Y en voz bien alta.

«Tú fuiste la única persona que vio a través de mi piel y de mi maldad, y viste que allá adentro había alguien que valía la pena salvar. Yo no sé cómo pero tú supiste que la mayoría de las veces, cuando yo actuaba como un tipo malo, solo era para que los otros tipos no se me acercaran demasiado. No quería tener a nadie cerca de mí. No valía la pena. Además de eso, ya había perdido a suficiente gente en mi vida, y no quería perder a nadie más».

Bueno, ya era demasiado tarde para eso. Pero no lamenté haber dejado que miss Debbie se me acercara. Al contrario, le di gracias a Dios por su vida, y por el simple hecho de que me amó lo suficiente como para aguantarme. Eso me hizo llorar. Lloré y lloré en voz alta y le dije a miss Debbie que eso era lo más importante que ella me había enseñado: «Todo hombre debería tener el valor suficiente para ponerse en pie y enfrentarse al enemigo», le dije, «porque toda persona que parezca por fuera un enemigo, no siempre lo es por dentro. Todos tenemos más en común de lo que pensamos. Tú te pusiste de pie con valentía y te me enfrentaste cuando yo era peligroso, y eso me cambió la vida. Tú me amaste tal como yo era por dentro: la persona que Dios quería que yo fuera, la persona a la que solo le había pasado que había estado perdida por un tiempo en algunos de los caminos tan feos que tiene la vida».

Yo no sé cuánto tiempo estuve allí sentado, en aquella bala de heno. Pero cuando sepultamos a miss Debbie fue por la mañana, y ya había caído la noche cuando por fin terminé de conversar con ella y me fui a la casa.

54

A la mañana siguiente, tuvimos un funeral en la iglesia, siguiendo las órdenes estrictas de Deborah de que se debía tratar de una celebración. Denver decidió seguirnos hasta allí en su auto, y llegó a casa muy bien vestido, con un traje oscuro a rayas y corbata. Yo salí de mi auto y le di un gran abrazo. Una de las amigas que asistieron al entierro me había dicho que cuando ella salió de Rocky Top al caer el sol, había visto a Denver sentado todavía junto a la tumba de Deborah.

El estacionamiento de la iglesia ya estaba repleto cuando nosotros llegamos, y tuve que encontrar estacionamiento donde primero pude. Deborah no había querido limusinas, ni ninguna otra cosa que lo hiciera parecer un funeral. Dentro de la iglesia se habían reunido cerca de mil personas, y durante las dos horas siguientes, los amigos más íntimos y los familiares de Deborah compartimos nuestros recuerdos de una vida bien vivida. La hermana Bettie se hallaba entre los que se levantaron para hablar.

Delgada y de hablar suave, caminó hasta el podio y relató brevemente cómo Dios había guiado a Deborah a la misión, y cómo ellas se habían convertido en hermanas en Cristo con la meta común de transformar la ciudad. Después miró hacia Denver, que estaba sentado en la primera banca, enfrente mismo de Regan, Carson, Daphene y yo. «Y ahora, el hermano Denver quiere decir unas pocas palabras».

Denver sacó su pañuelo y se secó la cabeza. Después se levantó de su asiento y caminó lentamente hasta el estrado. Yo les eché una mirada a Carson y a Regan, y compartimos una sonrisa cuando vimos que el cansado paso de Denver hizo que su subida al estrado pareciera como si estuviera subiendo una montaña.

Denver, que normalmente tenía un hablar suave, aquel día no necesitó micrófono alguno. Con una emocionada voz que se iba haciendo más alta y fuerte con cada palabra, nos entregó un mensaje acerca de la valentía, la esperanza y el amor de una mujer.

«Dios me ha concedido la bendición de que llegara hasta mí alguien que se interesara por mí y no por los malos lugares de los que yo hubiera salido. Desde que la conocí, miss Debbie me invitó a la iglesia, ¡pero de ninguna manera me pudo convencer de que viniera *aquí*!», dijo sonriendo, mientras la congregación, blanca en su mayoría, se reía. «Así que fue, me buscó y me trajo. Yo traté de quedarme en la puerta, pero ella me dijo: "Entra", y entró aquí conmigo llena de satisfacción. Era una verdadera dama».

Cuando contó lo ocurrido con las damas blancas y el retiro, la risa fue general, y cuando contó cómo Dios le había indicado que recogiera la antorcha de miss Debbie, la gente lloró. Regan y Carson, llorando a mares los dos, me apretaron las manos, emocionados al ser testigos de aquella oración respondida, y muy orgullosos de su mamá, cuyo legado había sido sellado por el poderoso testimonio de un hombre que habría sobrevivido a muchas de las cosas peores que pueden suceder en Estados Unidos, además de los problemas que él mismo se buscó; un hombre al que ahora nosotros considerábamos como miembro de nuestra familia.

Cuando Denver dejó el podio, yo vi a Roy Gene y a nuestro amigo Rob Farrell ponerse de pie y comenzar a aplaudir. Entonces, la congregación en pleno se puso en pie, y los aplausos tronaron por toda la iglesia. Durante diecinueve meses, habíamos orado esperando un milagro. De repente me di cuenta de que estaba viendo uno frente a mí mismo, a la cara. Una cara con unos ojos que ya no estaban airados y amarillos, sino claros y con un poderoso color castaño. Una cara en la que resplandecía una gozosa sonrisa, a pesar de que hubo un tiempo en que se había olvidado de cómo se sonríe. Cuando Denver bajó lentamente de la tarima, los aplausos continuaron. Regan, Carson y yo nos pusimos en pie, con las lágrimas corriendo por nuestros rostros, y cuando llegó hasta nosotros, lo acogimos en nuestros brazos.

55

Deborah, que nunca fue de esas personas que dejan los detalles al acaso, nos había dicho que después que ella muriera, quería que Carson, Regan y yo diéramos un viaje a algún lugar... solo nosotros tres. Nos dijo que debíamos salir inmediatamente después de su servicio fúnebre, permanecer una semana por lo menos, y no hablar de nada triste. Esas órdenes nos las había dado un mes antes, en el último día que estuvo en el hospital. Ese día los cuatro nos sentamos en su cuarto y estuvimos charlando sobre dónde debíamos ir.

«A Italia», sugerí yo. «Nos podemos quedar con Julio y Pilar en Florencia. Comeremos pasta, beberemos vino y nos reiremos con los recuerdos».

«Demasiado lejos», dijo Regan, tan práctico como siempre. «Yo lo que quiero es flotar por el río Grande y dar caminatas por el Big Bend».

A Deborah le gustó aquella idea, y Carson estuvo de acuerdo, así que quedó decidido: el desolado Parque Nacional de Big Bend, en el extremo oeste de Texas. Siguiendo sus instrucciones, pusimos las cosas en el auto el día después del culto, y estábamos literalmente saliendo por la puerta cuando sonó el teléfono. Era Don Shisler.

—Ron, ¿puedes bajar a la misión ahora mismo?

—En realidad, no. Mis hijos y yo estábamos saliendo ahora mismo para pasar una semana en Big Bend.

—Pero es que esto no puede esperar. ¿Te puedes quedar junto al teléfono un minuto? Le voy a pedir a Bob Crow que te llame enseguida.

Bob era uno de los miembros de la junta de la misión. Yo le dije que esperaría. En menos de un minuto, Bob estaba al teléfono, explicando lo que describía como «el mover más poderoso de Dios en los 112 años de la Misión Union Gospel».

Esto es lo que sucedió: inmediatamente después del servicio fúnebre de Deborah, una pareja, John y Nancy Snyder, se acercaron a Bob, diciendo que querían hacer una importante donación y ayudar a recoger fondos adicionales para edificar una nueva Misión Union Gospel. El edificio existente de la misión era viejo y ya no era posible repararlo, y fueron el poderoso testimonio de la hermana Bettie y la historia de Denver sobre la forma en que el amor de Deborah por él lo que había cambiado su vida y había inquietado sus corazones.

Solo aquella noticia sirvió para dejarme pasmado, pero lo que me dijo Bob después hizo que me temblaran las rodillas: «Ron, quieren construir una capilla nueva para la misión y ponerle el nombre de "Capilla Memorial Deborah Hall"».

Se me cerró la garganta y me brotaron las lágrimas. Apenas pude pronunciar las palabras: «Lo hablaremos durante nuestro viaje» antes de colgar.

Carson y Regan se sintieron entusiasmados por aquellas donaciones para la nueva misión, y nos fuimos para Big Bend repletos de una nueva energía que misericordiosamente hizo menos pesado el dolor de nuestros cargados corazones.

Discutimos el asunto del nombre que se le iba a dar a la capilla mientras íbamos por la carretera en la Suburban, totalmente cargada de botas y mochilas. Todos estábamos de acuerdo en que a Deborah no le habría agradado que fuera exaltada de ninguna forma, de la misma forma que no había querido que aquel Rolls–Royce fuera un alarde de riqueza estacionado frente a nuestra puerta.

Al principio estuvimos de acuerdo en que si los donantes de la misión querían que la nueva capilla llevara el nombre de alguien, debía ser el de la hermana Bettie. Entonces, desde el asiento trasero, Carson presentó una seria dificultad que echaba abajo todo lo que habíamos dicho. «¿Acaso no suele ser la gente que hace los cheques la que le pone nombre al lugar que se va a construir con su dinero?».

Lo estuvimos rumiando un minuto, mientras Regan contemplaba por la ventana el chaparral que íbamos pasando. «Papá, ¿sabes una cosa?», me dijo finalmente. «Ellos no nos pidieron a nosotros que le pusiéramos nombre a la capilla, sino solo que estuviéramos de acuerdo con el nombre que

De izquierda a derecha: Michael Carney, director; Mary Parent, jefa de producción; Darren Moorman, productor; Stephen Johnston, productor; Ron Hall, productor.

¡El día antes de comenzar a filmar, recibí una silla con mi nombre escrito!

En escena, la mañana de las primeras filmaciones en Jackson, Misisipí, con los tres escritores del guión cinematográfico: Michael Carney, director y escritor; Ron Hall, productor y escritor; y Alex Foard, productor ejecutivo y escritor.

Detalles de último minuto antes del comienzo de la grabación de la película. *I a D:* Jared Blanchard, vestuario; Alonzo Willson, diseñador del vestuario; Michael Carney, director; Greg Kinnear; Don Burgess, director de fotografía, de pie a la derecha.

Frente a la Misión Central Metodista Unida de la calle Farish, en Jackson, Misisipí. *I a D:* Stephen Johnston; pastor Stephen Cook; anciano Herbert Terry; Djimon Hounsou; William O. Hunter, diseñador de producción; Ron Hall.

Filmando la escena en que Denver lleva a Miss Debbie del hospital a la misión para que la visite por última vez.

Renée y Ron en escena para filmar la secuencia del sueño.

Beth Hall, Djimon Hounsou y Ron Hall en escena para la secuencia del sueño, filmada cerca de Jackson, Misisipí.

Michael Carney, director, con Greg y Renée recibiendo indicaciones de último minuto para conducir el Mercedes de 1966 cerca de la misión. Richard Graves, primer asistente al director, Greg detrás.

Ron y unos extras en la escena de una plantación, en las afueras de Jackson, Misisipí.

En escena en la casa de Big Mama.

Ron y Big Mama, Tonea Stewart.

Ashton Cotton como Denver de joven, en escena en la casa de Big Mama.

Retrato de la familia Hall con Djimon Hounsou en escena del museo en el Capitolio de Jackson. *Fila de atrás, I a D*: Beth Hall, Megan Hall cargando a Whitney Hall, Djimon, Carson Hall, Regan Hall Donnell, Ron Hall. *Fila del frente, I a D*: Griffin Donnell, Kendall Deborah Hall, Sadie Jane Donnell.

Sadie Donnell; Olivia Holt, estrella de Disney que representó a Regan Hall; Griffin Donnell. Estas son las hijas de Regan Hall Donnell.

Djimon Hounsou y Griffin Donnell, la nieta mayor de Ron, quien representó a la niña pequeña en la escena del museo.

Fila de atrás, I a D: Megan Hall cargando a Whitney Hall, Regan Hall Donnell, Carson Hall, Greg Kinnear. *Fila delantera, I a D:* Griffin Donnell, Sadie Donnell, Kendall Hall.

En escena del hospital en Canton, Misisipí. La familia Hall con los actores que los representaron. Fila posterior, *I a D*: Beth y Ron Hall, Austin Filson, quien representa a Carson, Carson Hall, Megan Hall, Renée Zellweger, quien hace el papel estelar de Deborah Hall. Fila delantera, *I a D:* Regan Hall Donnell, Olivia Holt, quien representa a Regan, Griffin Donnell, Kendall Hall, Sadie Donnell, Whitney Hall.

Ron Hall en escena en su breve aparición como el Sr. Ballentine, amigo de Denver.

Djimon Hounsou y Greg Kinnear en escena en el Rancho Miskelly, cerca de Jackson, donde se filmó la escena final.

Izquierda: La noche que terminamos nuestra película. En el escenario de la selva de indigentes cerca del centro de Jackson, con Renée Zellweger y Ron Hall.

Arriba: Euforia de Djimon al oír al director Michael Carney anunciarles a todos: «¡Hemos TERMINADO!».

Izquierda: Michael Carney y Ron Hall, la última noche en escena.

Arriba:
Cortejo fúnebre
de Denver.

Una de las últimas
pinturas de Denver:
un autorretrato.

ya habían escogido». No volvimos a hablar del tema durante el resto del viaje.

En Big Bend, el río Grande hace numerosos meandros a través de los iridiscentes arroyos del desierto de Chihuahua, que tiene encima los escarpados y elevados picos de los montes Chisos. Hicimos caminatas por las rocas de las orillas, y flotamos corriente abajo por el río helado a través de estrechos cañones y escarpadas paredes volcánicas que se alzaban sobre nuestras cabezas hacia una bóveda celeste azul. Era una simple escapada, limpia y austera; un monasterio de cielo y piedra.

La semana pasó lentamente, con la bendición de que estábamos libres de los ruidos de la vida. Yo pensaba en Deborah, y me acudían mezcladas todo tipo de imágenes a la mente, como si alguien hubiera reorganizado nuestras vidas en una especie de espectáculo de vistas fijas anacrónicas. Deborah cargando a Carson cuando era bebé. Deborah frágil en medio de su agonía. Deborah diciendo: «Sí, acepto». Deborah riendo en una ladera para esquiar. Sirviendo pastel de carne en la misión. Horneando con Regan.

Pensaba en Denver, de nuevo con aquellas imágenes que surgían al azar. Las palabras de Denver en el servicio fúnebre. El momento en que le puse la mano en la rodilla en el Caravan. Denver con míster Ballantine. Denver orando por Deborah junto al basurero. Yo sabía que nunca habría aquello de pescar y soltar.

Cuando se terminó nuestro tiempo en Big Bend, estábamos listos para regresar a casa. Y en el momento en que salimos del desierto y quedamos dentro de la cobertura del teléfono móvil, encontré en él un mensaje de Don Shisler.

56

Mientras ellos estaban en el río, oré por míster Ron, Carson y Regan, para que Dios les diera un tiempo en que sanaran. Los ríos tienen algo especial; algo espiritual que yo creo que viene desde los tiempos del Jordán. Aquella clase de viaje no iba a hacer que míster Ron y sus hijos se sintieran mejor por la pérdida de miss Debbie. Pero yo pedí en mi oración que tuvieran un tiempo de alivio allí, donde no hay ninguna cosa más que lo que Dios hizo.

Yo sabía que cuando ellos volvieran, me iba a tener que vestir bien otra vez. Míster Shisler me había invitado a ir a algo que él me dijo que era el «Día Nacional de la Filantropía». Ya había invitado a míster Ron, dijo que le había dejado un mensaje en su teléfono móvil para recordárselo. Miss Debbie era una de las personas que iban a honrar allí. No tenía muchas ganas de ponerme un traje por tercera vez en un mes, pero sí me gustaba la idea de participar en todo lo que ayudara a que la gente supiera qué clase de mujer era la que el Señor había llamado al hogar.

A la mañana después de volver del río, míster Ron pasó por la misión para recogerme. Yo me había puesto un traje que había conseguido en la tienda de la misión, y que parecía estar totalmente nuevo. Cuando míster Ron lo vio, se sonrió, y dijo que parecía un traje de un millón de billetes, así que me imaginé que yo había sabido escoger bien.

Estaban celebrando esa ceremonia del Día Nacional de la Filantropía en el Worthington, un hotel de gente rica que está en Main Street. Cuando entramos en el vestíbulo, había como un millón de personas por todas partes, esperando a pasar por unas grandes puertas viejas y elegantes que míster Ron me dijo que daban al salón de baile donde ellos iban a tener ese jaleo. No habíamos estado allí más que unos minutos, cuando una gente que nunca había visto en toda mi vida se me empezó a acercar.

Llegó una dama con un collar de perlas y un sombrero para decirme: «Lo oí hablar en el servicio de Deborah. ¡Qué historia tan *maravillosa*!».

«Denver, quiero estrechar tu mano», me dijo un tipo flaco y alto con un diamante que le sobresalía de la corbata. «¡Me alegró mucho oír de qué manera cambiaste tu vida por completo!».

Y así siguieron las cosas, con gente desconocida que se me acercaba y me llamaba por mi nombre. Yo empecé a sudar. Míster Ron solo sonrió y dijo que tal vez se debía convertir en mi agente. Cuando las dichosas puertas del salón de baile por fin se abrieron, le di gracias al Señor, con la esperanza de que nadie más me siguiera felicitando.

Ahora bien, míster Ron me había llevado a unos cuantos lugares lujosos, pero es probable que aquel salón de baile fuera el más grande y lujoso de todos. Era como si alguien hubiera metido allí toda la plata y todo el cristal de Texas, y lo hubiera puesto todo en mesas redondas cubiertas con unos manteles de color rojo oscuro. Yo me senté junto a míster Ron y traté de actuar como si estuviera a mis anchas, pero no pude evitar ponerme a contemplar las lámparas.

Míster Ron me vio sonriendo. «¿En qué estás pensando?», me dijo.

«Yo he visto este hotel desde fuera por veinte años», le dije. «Pero nunca me imaginé que alguna vez entraría en él».

Le conté que cuando todavía andaba por las calles, tenía la costumbre de acercarme al Worthington en las noches más frías, y colarme detrás del hotel, donde tenían unos ventiladores inmensos que soplaban aire caliente en la acera. Dormía encima de las rejillas de los ventiladores para mantenerme caliente. Le caí bien a uno de los guardias de seguridad. Solo por ser buena gente, tenía la costumbre de llegar por allá de vez en cuando y darme una patadita para asegurarse de que yo no me había muerto congelado. Algunas veces, hasta me traía un poco de café caliente.

«Nunca me sacó de allí», le dije a míster Ron. «Mientras no preparara mi cama sino hasta después de la media noche, y me hubiera ido ya a las seis de la mañana, él dejaba que me quedara».

«¿Nunca llegaste ni siquiera a entrar al vestíbulo del hotel? Yo creía que todos los vestíbulos de los hoteles están abiertos al público».

Yo miré a los ojos a míster Ron. «Los indigentes no son "público"», le dije.

Según parecía, ahora sí era «público», porque vi mi nombre en la lista de «Huéspedes invitados». Cuando llegó la comida, tomé mi servilleta de tela y me la puse en el regazo. Y estuve vigilando a míster Ron, para asegurarme de que estaba usando el tenedor que debía. Yo había aprendido para entonces que los blancos ricos tienen un montón de reglas sobre los tenedores. Todavía no entendía por qué tendrían que usar tres o cuatro tenedores diferentes y darles mucho más trabajo a los que trabajaban en la cocina.

Casi habíamos acabado de comer, cuando míster Ron habló del tema de ponerle a la nueva capilla de la misión el nombre de miss Debbie.

—Decidimos que no querríamos que se hiciera —me dijo—. No nos parece que ella hubiera querido atraer la atención hacia sí misma de esa manera.

Entonces sí que me puse serio con él.

—Míster Ron, miss Debbie está en el cielo, y al fin y al cabo, esto no tiene que ver con ella, sino con Dios. ¿Te vas a meter ahora tú en el medio mientras Dios se está moviendo?

Míster Ron sacudió la cabeza, como con vergüenza.

—No, supongo que no.

—¡Entonces quítate del medio y deja que Dios haga las cosas como quiera!

57

Denver Moore se abrió paso a través de la resplandeciente multitud de la gente más rica de Fort Worth y, con gracia y dignidad, aceptó un premio a la filantropía en nombre de Deborah. Entonces le dedicaron también un aplauso cerrado.

Al día siguiente, me reuní con la junta de la misión y les dije por qué nuestra familia no quería que se le diera a la capilla el nombre de Deborah. Pero también les comuniqué el consejo que me había dado Denver, y por supuesto, quedó decidido: el nuevo lugar de adoración sería Capilla Memorial Deborah Hall. Mientras tanto, la recogida de fondos para New Beginnings, las nuevas dependencias de la misión, comenzó de manera oficial. Dentro de los dos días siguientes al funeral de Deborah, mientras nosotros habíamos estado flotando por el río en Big Bend, la familia Snyder y nuestros amigos Tom y Patricia Chambers le habían donado 350.000 dólares a la misión en su honor.

aquella reunión de la junta pareció marcar un final a la gracia que me había estado sosteniendo durante el entierro y el funeral de Deborah, en el tiempo que estuvimos en Big Bend y en el banquete. También resultó ser la última parada civilizada antes que la vida me lanzara por una senda sin señales. Tenía cincuenta y cinco, con las sienes canosas, y con la mitad del corazón enterrada en Rocky Top. ¿Cómo iba a sobrevivir? ¿Cómo iba a seguir adelante? Me sentí atrapado en una tormenta de nieve toda blanca, sin orientación alguna y sin víveres de ninguna clase. La intensidad de mi miedo me sorprendió.

Por semanas, anduve por toda la casa como un fantasma en un cementerio. Visitaba el armario de Deborah, abriendo las gavetas y los gabinetes, tocando sus bufandas, sus calcetines, sepultando el rostro en su ropa, tratando de respirar su olor. Algunas veces, cerraba tras mí la puerta del armario y me quedaba allí sentado en la oscuridad, con la última fotografía que nos tomamos juntos en las manos.

Revisé los archivos y los álbumes de fotos e hice uno de recortes con mis fotos favoritas de ellas y cartas que ella había escrito. Durante varios días y noches, me quedé sentado en nuestra cama aturdido, pasando lentamente las páginas y volviendo a vivir los momentos: la primavera en la que me enamoré de ella y le fui a llevar gomas de limón en una pequeña bolsa de papel a la escuela donde daba clases... el verano en que nos comprometimos, nadando en el lago, besándonos debajo del agua por tanto tiempo que salíamos disparados a la superficie escupiendo en busca de aire, riéndonos porque habíamos estado a punto de ahogarnos... nuestra luna de miel de otoño en Vail, tan pobres que tuvimos que compartir un cuarto con otra pareja... los días de sol con nuestros hijos en el parque... los inviernos en que fabricábamos hombres de nieve y explorábamos las cuevas indias de Rocky Top.

Abandoné mi Biblia para leer la de ella, no en busca de palabras de consuelo procedentes de Dios, con el cual apenas tenía deseos de hablar, sino en busca de las palabras de Deborah; miles de palabras escritas a mano en los márgenes de 2.094 páginas. Ella había ido haciendo una crónica de nuestros valles y nuestras cimas, nuestras luchas y nuestras victorias... en nuestro matrimonio, en la crianza de nuestros hijos, en los viajes con nuestros amigos. Sus palabras eran el tesoro de nuestra familia, no nuestro dinero, las joyas, las antigüedades ni las pinturas de los maestros del siglo veinte. Eran el desbordamiento del corazón de Deborah, escritas con su puño y letra.

Sentía mi propio corazón marchito y ennegrecido, y mi cuerpo se iba marchitando con él. Yo mido casi un metro ochenta, y llegué a pesar solo 61 kilos. Mis amigos me decían que me veía peor que terrible. Y me alegraba. Porque así era como debía ser. Mary Ellen me preguntó si era que me quería morir. En cierta forma, supongo que sí: estaba deseando estar con alguien que estaba muerta.

Mis temores le cedieron el paso a la ira, era mucha la que sentía. Pero mientras lanzaba saetas culpando a los médicos, a la industria farmacéutica, a los investigadores sobre el cáncer... estaba claro que en el centro de mi blanco estaba Dios mismo. Era él quien había abierto a la fuerza un agujero grande e irreparable en mi corazón. Sin revólver ni máscara, me había robado a mi esposa, y me había robado a la madre de mis hijos y la abuela de mis nietos. Yo había confiado en él, y me había fallado.

¿Cómo se puede perdonar algo así?

Llegó el Día de Acción de Gracias; un día para soportarlo; no para celebrarlo. En una casa que en la festividad favorita de Deborah se había parecido al banquete de los Peregrinos, Denver y mis padres fueron nuestros únicos huéspedes. Me levanté temprano, puse en el horno un raquítico pavo y salí al portal del traspatio cargando una taza de café. A medida que el sol naciente fue iluminando poco a poco el valle, pude observar cómo los venados perseguían a sus parejas cerca del río. Todos los años, hasta este, siempre había cazado venados en el Día de Acción de Gracias por la mañana. Pero ahora, la muerte me parecía demasiado personal.

Subí en el auto para sentarme junto a Deborah. Me senté en la gran piedra que había debajo del roble inclinado, hundiéndome más aun en mi aflicción, mientras sus hojas rojas color sangre iban cayendo al suelo alrededor de mí. Las rosas blancas que había en la tumba de Deborah se habían vuelto de color castaño. Solo quedaba una fea malla de alambre que protegía de los animales salvajes el lugar donde ella descansaba.

Me dolía el corazón mientras me preguntaba cómo era posible que yo la dejara allí así, sin ninguna pared o puerta que la protegiera. Denver me había dicho que me quería ayudar a convertir el lugar en un cementerio familiar, así que hicimos planes para trabajar juntos.

A mediados de diciembre, nos reunimos él y yo en Rocky Top para comenzar nuestra labor de amor, transformando la colina solitaria e inhóspita en la que descansaba Deborah en un lugar seguro de descanso. En la noche antes de comenzar el trabajo, apilamos troncos en la gran chimenea de piedra y nos estiramos en los sofás de cuero para calentarnos los pies. La luz de la fogata resplandecía contra la oscura piel de Denver mientras nosotros recordábamos cosas acerca de Deborah.

«¿Te acuerdas de aquella vez que ella me hizo una fiesta de cumpleaños, míster Ron?».

«¡Claro que sí! Fue en el Red, Hot & Blue».

Denver cumplía sesenta y tres años, y Deborah había preparado una pequeña fiesta sorpresa. Después del culto en la iglesia, lo habíamos llevado al Red, Hot & Blue, un restaurante de parrilladas, donde Denver y yo habíamos estado con frecuencia, para comer emparedados de tiras de cerdo con coles silvestres y batatas como acompañamiento. Allí se presentaron Scott y Janina con sus hijos para honrar al homenajeado.

—Denver —le dijo Deborah después que encargamos la comida—, háblanos de tu fiesta de cumpleaños favorita.

Él bajó la vista hasta la mesa, pensó un instante, y después volvió a mirar a Deborah.

—Bueno, creo que esta es mi fiesta de cumpleaños favorita, porque es la única que he tenido en toda la vida.

—¿Ni cuando eras niño? —le dijo Deborah, sorprendida.

—No señora. En la plantación nunca celebrábamos ningún cumpleaños. En realidad yo nunca supe cuándo era el mío, hasta que ya había crecido y mi hermana me lo dijo.

Entonces se animó.

—Así que esta fiesta de cumpleaños tiene todas las razones para ser mi favorita.

Deborah había llevado un pequeño pastel de chocolate cubierto de glaseado blanco. Encendió las velitas y le cantamos el «Feliz Cumpleaños». Las voces de los niños parecían piar muy alto, mientras Denver sonreía tímidamente.

Ahora se sonreía al recordar aquellos momentos, estirando los pies hacia el chisporroteante fuego. «De verdad que aquello me hizo sentirme bien. Y el asado y el pastel estaban muy buenos también».

«Pero sí que pasaste bastantes trabajos luchando con aquel asado», le dije, recordando cómo se le salía la saliva a través de los pocos dientes buenos que le quedaban, para caer en el mantel rojo de cuadros cada vez que le daba una mordida.

«Sí, así mismo fue», me contestó, riéndose al recordarlo. Había pasado tanto trabajo para comerse su almuerzo de cumpleaños, que al día siguiente yo había llamado a Glen Petta, un dentista que había conocido a Denver en el retiro. En aquellos momentos se había ofrecido para hacerle a Denver una dentadura postiza sin cobrarle nada. Cuando lo llamé, se sintió feliz de poder cumplir su palabra. La siguiente vez que vi a Denver, sonreía con una gran sonrisa de esas de «tengo dientes nuevos», enseñando un conjunto completo de dientes blancos, alineados tan bien y tan juntos como la rejilla de un Corvette 1954.

«Pero Denver, si pareces una estrella de cine», le dije, devolviéndole la sonrisa.

«¿Cuál de ellos?».

Yo le dije el nombre del primero que me vino a la cabeza: «¡John Wayne!».

Aquello pareció caerle bien, pero no pasó lo mismo con los dientes. Solo los usaba para ir a la iglesia. Decía que le molestaban cuando comía.

No los llevaba puestos ahora, mientras estábamos sentados junto al fuego, con la leña verde siseando y estallando mientras se quemaba, sosegándonos hasta darnos una soñolienta calma.

Por fin hicimos un esfuerzo y nos levantamos. Entonces llevé a Denver al segundo piso para enseñarle el cuarto donde iba a dormir. Sentía urgencia por hacer que se sintiera bienvenido allí. Él había dormido antes en Rocky Top unas cuantas veces, pero lo habíamos tenido que presionar.

En primer lugar, seguía prefiriendo dormir a la intemperie. Y ahora que Deborah se había ido, yo había comenzado a sospechar que se sentía como una especie de pegote. Yo no sentía nada de eso acerca de él. De hecho, durante la enfermedad de ella y hasta que murió, lo había llegado a considerar como hermano mío.

58

Me alegraba realmente ir con míster Ron a su rancho para ayudarle a arreglar el lugar donde se enterró a miss Debbie. Pero a decir verdad, nunca me sentía tan cómodo cuando estaba con él, como cuando estaba con ella. En realidad, no, a pesar de que nos habíamos conocido ya por un par de años. Yo estaba muy seguro de que la única razón por la que míster Ron trataba de ser amigo mío, era porque miss Debbie le había dicho que lo hiciera. Y me imaginaba que ahora que se había ido miss Debbie, no pasaría mucho tiempo antes que se desprendiera de mí.

Aquella noche, míster Ron fue conmigo de nuevo al cuarto del segundo piso, aunque yo sabía dónde estaba. Es un cuarto muy cómodo, con una camita de hierro, y todo hecho al estilo de los vaqueros. Yo había dormido allí antes, pero siempre en el suelo, porque en primer lugar, nunca me he sentido realmente cómodo durmiendo dentro de una casa. Pero míster Ron me dijo que no quería volver a oír que yo decía eso, y me hizo prometer que iba a dormir en la cama.

«Nos vemos por la mañana», me dijo, y salió, cerrando la puerta al marcharse. Yo me quedé en silencio en medio del cuarto, y lo oí bajar las escaleras. Cuando oí que cerraba la puerta de su habitación, abrí la mía, para no sentirme tan encerrado. Entonces, me enrollé en una manta y me acosté en la cama con la manta sobre la cabeza como si fuera una capucha, y sacando de ella solamente la nariz, al estilo de los indigentes. Sin embargo, no importaba lo que yo hiciera. Sencillamente, no me podía sentir cómodo en la cama de otra persona, y sabía que no iba a dormir gran cosa.

Allí llevaba acostado un par de horas, tan tieso como un muerto y totalmente despierto, cuando oí algo: pasos en el cuarto.

Durante un minuto, me quedé de piedra, asustado de verdad. Pero entonces, me llenó una paz muy especial, y cerré los ojos debajo de la manta. Después sentí que la manta se me deslizaba de la cabeza y unas manos suaves, ligeras como una pluma, me arropaban con ella alrededor del cuello. Pero seguí con los ojos cerrados.

Entonces oí la voz de una mujer; una voz que reconocí: «Denver, tú eres siempre bienvenido en nuestro hogar».

Abrí los ojos, y allí estaba miss Debbie, sana y hermosa. Entonces, con la misma rapidez que había llegado, desapareció. Tan seguro como te estoy contando esto, aquello no fue ningún sueño, porque yo no estaba durmiendo. Fue una visitación.

Me quedé allí acostado un largo rato, tratando de entender por qué había venido miss Debbie. *Eres siempre bienvenido en nuestro hogar.*

Nuestro hogar.

Supuse que eso significaba que era el hogar de ella *y* de míster Ron también, y que yo seguía siendo bienvenido, aunque ella se había ido. Ahora bien, ella había estado casada con él por mucho tiempo, así que me imaginé que lo conocía muy bien. Fue entonces cuando supe lo que había querido decir míster Ron cuando me dijo que era mi amigo.

Enseguida que me di cuenta de todo aquello, dejé de sentir que aquella cama era la de un extraño, y caí en un profundo sueño.

59

A la mañana siguiente despertamos con un amanecer rojizo que hizo que la helada se viera rosada, y después dorada, cuando el sol subió en un cielo sin nubes. Denver parecía descansado y especialmente alegre. Nos fuimos al portal del traspatio para tomar el café y vimos varios venados que cruzaban el pálido río, muy debajo de donde estábamos. Pero incluso estando a cien metros por encima de ellos, podíamos oír sus ligeros cascos haciendo chasquear el hielo que se había formado por la noche en la orilla del río.

Como habíamos hecho planes para pasarnos el día recogiendo las piedras que íbamos a llevar al lugar de la sepultura de Deborah, nos vino bien el frío que había. Recoger piedras en un rancho de Texas no es un trabajo que uno quiera hacer antes de la primera helada, a menos que sienta ganas de enfrentarse a una enojada serpiente de cascabel.

Denver y yo recogimos las piedras durante tres días, dejando las más ordinarias para escoger las perfectas. Entonces, piedra por piedra, hicimos una pared alrededor del cuadrado de tierra donde algún día yo descansaría junto con mi esposa. Usamos las mejores piedras para levantar columnas que soportarían un arco de entrada hecho de hierro forjado, en el cual se leía el nombre del cementerio: «Brazos de Dios».

Ya para entonces, llevábamos seis días trabajando, y me pareció que notaba un cambio en Denver. Había algo... *más ligero* en su espíritu. No podía acertar a saber qué era. Mientras estábamos levantando aquellas pesadas columnas de piedras, él me resolvió el misterio.

—Míster Ron, tengo algo que decirte.

—¿Qué es? —le dije, mientras colocaba en su lugar una piedra caliza del mismo color de los ladrillos.

—Bueno, tal vez tú no creas esto, pero yo vi a miss Debbie anoche.

Yo me había acabado de inclinar para levantar la piedra siguiente, pero me enderecé y me volví a mirarlo.

—¿Qué quieres decir con eso de que la viste?

Denver se quitó su gorra de pelotero, se secó la frente y se metió la tela de vuelta en su negro bolsillo.

—¿Te acuerdas de la primera noche que estuvimos aquí y tú me llevaste al segundo piso para enseñarme dónde iba a dormir?

—Sí...

—Bueno, pues no podía dormir. Y después de haber estado acostado allí un tiempo, miss Debbie entró al cuarto. Solo que ya no se veía enferma. Se veía hermosa, como antes de tener el cáncer.

Inseguro sobre lo que debía decir, ladeé la cabeza un poco y lo miré detenidamente.

—¿Crees que estabas soñando?

—No —movió la cabeza con insistencia—. Como te dije, no me había podido dormir. No fue un sueño. Fue una *visitación*.

En mi experiencia con Denver durante la enfermedad de Deborah, todo lo que él había dicho, siempre había resultado cierto. La predicción de que iba a pasar algo malo. Los ángeles. El intento de ella por subir al cielo. Hasta su esperanza de vida. Como resultado de esto, había llegado a creer cosas que en el pasado había considerado increíbles.

Miré la tumba de Deborah y después volví a mirar a Denver.

—¿Te dijo algo?

—Sí. Me dijo: «Eres siempre bienvenido en nuestro hogar». Te tengo que decir, míster Ron, que me sentí mucho mejor cuando me dijo eso, porque estaba casi seguro que después que ella se fuera al hogar para estar con el Señor, tú me ibas a soltar.

—¿Que yo te iba a soltar? —Me quedé pasmado al ver que pudiera pensar así. Yo había llegado a dar por seguro que él y yo seríamos amigos para siempre, tal como me había dicho aquel día en Starbucks. Entonces recordé: al principio, cuando quería ser amigo de Denver, era porque Deborah me empujaba a serlo. Entonces, durante un tiempo, me había visto a mí mismo en secreto como una especie de Henry Higgins de los indigentes...

al menos, eso había pensado en secreto. ¿Y acaso no era cierto que le había prometido no pescarlo y soltarlo cuando aún estaba viva mi esposa, la capitana del barco pesquero? Ahora ya ella se había ido. Tal vez no me habría debido sorprender de que Denver pensara que yo estaba haciendo planes para abandonar el barco.

Sonriente, di un paso hacia él y le puse la mano en el hombro.

—Denver, por supuesto que siempre eres bienvenido aquí. Eres bienvenido, incluso aunque yo no esté. Mis hijos y yo te consideramos ahora como parte de nuestra familia, y nuestro hogar es también tuyo. Cuando te prometí que no te pescaría para después soltarte, te lo dije con sinceridad.

Me pareció ver que su garganta se movía. Permaneció con la vista fija en el suelo durante un largo momento, y cuando levantó los ojos, los tenía húmedos.

—Para siempre —me dijo. Después sonrió y se volvió para levantar otra piedra.

60

Me gusta la gran piedra que hay allí en Brazos de Dios; esa piedra plana que está abajo del roble inclinado. Es un lugar cómodo para mí, porque cuando subo allí, sé que miss Debbie está conmigo. Inauguramos el nuevo cementerio en mayo, y me alegró mucho ver que Dios bendecía aquel día con un cielo azul y todo un gran manto de flores amarillas que llegaban hasta donde alcanzaba la vista. Llegaron alrededor de cincuenta personas, mayormente las mismas que habían llegado al entierro en noviembre. Todos cantamos un poco y pasamos un tiempo hablando de la fidelidad de Dios, que nos va llevando de la mano a lo largo de este momento de dolor.

Entonces sentí que el Señor me había dado unas palabras para las personas que estaban reunidas allí. Y cuando el Señor dice: «¡Habla!», todo lo que uno puede hacer es levantarse, abrir la boca y ver qué sale de ella.

Esto es lo que salió aquel día: «Miss Debbie era una gran amiga mía; yo oré y oré por ella, día y noche, hasta el punto de llegar a ofrecerle a Dios mi vida a cambio de la de ella. "Deja que sea yo el que me vaya", le decía. "Deja que ella se quede aquí, porque es más digna que yo de quedarse en esta tierra, y yo estaría mejor allá arriba en el cielo, porque aquí abajo no he tenido mucha suerte"».

Pero todos los que estaban allí aquel día, sabían que las cosas no habían salido así. Entonces miré a míster Ron, a Carson y a Regan, sentados en el banco que había puesto miss Pame, porque sabía que estaba a punto de decir algo que les iba a ser duro de escuchar.

«Yo sé que cuando se va alguien al que uno ama, esa es la última vez que uno se siente con ganas de darle gracias a Dios. Pero a veces, tenemos que estar agradecidos por las cosas que nos hacen sufrir», dije, «porque a veces Dios hace cosas que nos duelen a nosotros, pero que ayudan a otra persona».

Pude ver que la gente asentía con la cabeza. Míster Ron y los demás estaban sentados quietos y en silencio.

«Si quieren saber cuál es la verdad de todo eso, es que en realidad nada termina ni tampoco empieza nada nuevo», dije. «Cuando termina algo que vemos, empieza en algún otro lugar donde no lo podemos oír, ni ver, ni sentir. Nosotros vivimos en dos mundos: un mundo físico y un mundo espiritual. Cuando cayó el cuerpo físico de miss Debbie, su espíritu se levantó. Cuando pasamos por este mundo, solamente cambiamos de forma antes de irnos al otro».

Miré hacia su tumba, donde los trabajadores del rancho de míster Ron habían colocado unas rosas silvestres en un viejo balde, y las habían puesto junto al lugar donde estaba la cabeza de miss Debbie.

Entonces, miré de nuevo a míster Ron, y pude ver que estaba asintiendo con la cabeza. Sonrió un poco, pensé que tal vez estuviera recordando que yo había visto el cuerpo espiritual de miss Debbie con mis propios ojos.

61

Pasó el verano con su calor y llegó septiembre con sus brisas, esos vientos casi siempre calientes que se vuelven incomprensiblemente frescos. Denver y yo pasábamos mucho tiempo juntos. Hablábamos de las cosas por las que habíamos pasado, y estudiábamos la idea de poner por escrito nuestra historia.

Pero para contar la historia, yo necesitaba conocer mejor las raíces de Denver. El lugar de donde procedía, ¿era tan malo como él decía? En mi mente, yo había visitado la plantación de la parroquia de Red River numerosas veces. Pero las imágenes que veía tenían la misma cualidad que los lotes traseros de los estudios cinematográficos. Era como si algún fabricante de escenarios las estuviera haciendo usando utilería que había sobrado de *Lo que el viento se llevó*. Además, el vocabulario de Denver era escaso en adjetivos, lo cual solo nos dejaba una posibilidad. Yo sabía que tenía que volver con él a la parroquia de Red River para ver y tocar el lugar que había producido a aquel hombre que me había cambiado la vida. Denver tenía otra razón para querer volver: cerrarle la puerta al pasado.

Tal vez fuera ese el motivo por el que se encerró en sí mismo cuando a principios de septiembre de 2001, nos subimos a la Carretera Interestatal 20 para comenzar nuestro peregrinaje. Mientras avanzábamos hacia el este en mi nueva Suburban, porque la vieja ya para entonces había recorrido demasiados kilómetros, Denver se mantenía extrañamente callado, y yo le pregunté por qué.

«Últimamente no he dormido demasiado», me dijo. «He estado nervioso por este viaje».

Él había vuelto allí antes, para visitar a su hermana Hershalee y a su tía Pearlie May. Pero Hershalee había muerto en el año 2000, solo unos pocos meses antes que Deborah, dejando a Denver permanentemente desligado de los lazos familiares de sangre que nos atan a la tierra y nos dan un lugar.

No llevábamos demasiado tiempo en la carretera cuando su cabeza le golpeó el pecho como una piedra que cayera de un acantilado. Un minuto después, comenzó a roncar. Durante las tres horas siguientes, el viaje pareció una ruta escénica a través de un aserrío. Pero una vez que pasamos a la tierra de los canales, algo que había en el aire pareció despertar su espíritu: no se despertó lentamente de su sueño, sino que se sentó recto de manera repentina.

«Ya casi estamos allí», me dijo.

El aire de Luisiana estaba cálido y húmedo, pesado con los residuos de una lluvia reciente. Pronto estábamos pasando junto a los campos de algodón, y a Denver se le iluminaron los ojos, como los de un jovencito cuando pasa junto a un parque de diversiones. Afuera de nuestras ventanillas iban pasando hectáreas de cultivos, y amplias mantas de vainas blancas como la leche se extendían hasta encontrarse con hileras de árboles madereros que formaban un horizonte en la distancia.

«¡Mira para allá! ¿Verdad que es bonito? ¡Está listo para cosecharlo!». Denver sacudió lentamente la cabeza, recordando. «Antes se encontraban cientos de gente de color desperdigadas por todos estos campos hasta tan lejos como pudieran ver tus ojos. Y el hombre estaría parado junto a su vagón con su balanza, escribiendo cuánto recogía cada uno de ellos. En estos días, todo ese algodón está esperando que venga una gran máquina que parece un monstruo, para que pase por él y lo vaya arrancando. Esas máquinas le han costado su trabajo a un montón de gente. A mí no me parece justo».

Una vez más, la relación de amor y odio que tenía Denver con su plantación me dejó asombrado. Era como si no le hubiera importado tanto quedarse estancado en una distorsión agraria del espacio y el tiempo, de no haber visto tanta injusticia en ella.

Caminamos más o menos un kilómetro más. Denver iba con la nariz prácticamente pegada a la ventanilla. «Aquí, míster Ron. Para aquí mismo».

Dirigí la Suburban hacia la cuneta de gravilla, y las ruedas fueron crujiendo hasta detenerse al borde del algodón, con sus blancas hileras esparcidas como los rayos de las bicicletas.

Denver bajó hasta un pasillo enlodado, y caminamos entre las hileras, mientras él pasaba suavemente la mano sobre las suaves vainas del algodón.

—Yo aré, corté y recogí el algodón de este campo un montón de años, míster Ron... un montón de años. —Se le oía melancólico y cansado, pero entonces su rostro se iluminó mientras me comunicaba un secreto del oficio—. Este es un buen día para recoger algodón, porque el aire está un poco húmedo —me dijo haciendo un guiño—. «Eso hace que el algodón pese más.

—¿Y tú no crees que el hombre también lo sabía, y lo incluía en sus cuentas? —le pregunté.

Denver hizo una pausa y después se echó a reír.

—Sospecho que sí.

Yo saqué del bolsillo una pequeña cámara digital y Denver posó como para aquellas fotos antiguas de color sepia, como si yo hubiera tirado de un interruptor. Puso una rodilla en el suelo y miró seriamente al lente a través de sus lentes de sol de marca, con tanto aspecto de antiguo recogedor de algodón como el que podría haber tenido Sidney Poitier. Yo le tomé varias fotos, y él todavía estaba inmóvil en su pose de turista cuando el expresivo silbato de un tren flotó sobre los campos.

—¿Fue ese que va por ahí el que tú tomaste para salir de estos lugares? —le pregunté.

Denver asintió con solemnidad. Yo me pregunté cuántas veces él había escuchado aquel silbato antes que oyera que lo llamaba por su nombre.

62

Yo estaba muy ansioso por volver a la parroquia de Red River. Sin embargo, me sentí mejor cuando cruzamos el límite de Luisiana. Había algo en el aire... recuerdos, espíritus, no sé. Todos los espíritus no son buenos, pero tampoco son todos malos.

Míster Ron me tomó unas cuantas fotografías en uno de los campos donde había trabajado en el pasado. Solo paramos un minuto, antes de regresar a la Carretera número 1, que iba recto, cortando por la mitad los campos de algodón como si fuera un largo cuchillo de color negro.

Seguimos en el auto por un rato bastante largo, hasta que le dije: «Aquí dobla a la derecha». Él giró con fuerza el timón para entrar en un viejo camino de tierra. Al fondo, a la izquierda, estaba la casa del hombre, y a la derecha había una casa nueva que no había visto nunca.

Caminamos bastante lento, dando tumbos por aquel camino, levantando un poco de fango, y repartiendo algodón por todas partes. Muy pronto vimos una cabaña vieja que estaba abandonada, gris y cayéndose, totalmente despintada. «Esa era la casa del Jefe Negro», le dije.

Míster Ron me miró extrañado. Supongo que se sorprendería que yo dijera la palabra «negro», pero así era como hablábamos entonces. En caso de que te estés preguntado qué hacía el Jefe Negro, era exactamente como sonaba: era el hombre de color que mandaba a toda la demás gente de color que había por allí.

Míster Ron siguió conduciendo hasta que le dije: «Para aquí mismo».

Allí, junto al camino, al otro lado de una cerca de alambre, había una cabaña de dos cuartos que parecía preparada para caerse en cualquier momento. Estaba rodeada por completo de hierbas malas. No tenía puerta en el frente; solo un nido de avispas tan grande como el tapacubos de una rueda de auto. «Allí era donde yo me quedaba», le dije en una voz más bien baja.

Como no había ningún lugar donde apartarse del camino, míster Ron paró la Suburban en medio de él. Salimos, saltamos la cerca y miramos un poco alrededor, caminando entre las hierbas altas y mirando por las ventanas. No tenían vidrios. Nunca los habían tenido. Adentro todo lo que había era telarañas, avispas y montones de basura. Me pregunté si alguna de aquella basura no sería mía. Pero después de tanto tiempo que hacía que me había ido, decidí que no.

Míster Ron todo lo que hacía era mover la cabeza. «Apenas puedo creer que tú viviste aquí todos esos años», me dijo. «Esto es horrible. Peor de lo que yo creía».

Al mirar aquella cabaña, me podía ver a mí mismo cuando era joven, tan orgulloso de tener mi propio lugar, que ni siquiera me daba cuenta de que no era más grande que un cuarto de herramientas. Me podía ver subido al tractor del hombre en aquel campo que había más allá. Me podía ver cuidando a un puerco detrás de la chabola, y estirando la comida para que alcanzara. Me podía ver saliendo a duras penas de la cama todas las mañanas antes del amanecer, cuidando año tras año del algodón del hombre, sin recibir nada.

Cuando míster Ron me preguntó si me podía tomar unas fotografías en el frente de aquella cabaña, se lo permití. Pero solo estaba sonriendo por fuera.

63

Cuando Denver me mostró el lugar donde solía vivir, apenas pude procesar lo que vi. Hecho de tablas grises, tenía la mitad del tamaño de aquellas chabolas de tiro de rifle que yo había conocido mientras crecía en Corsicana; era casi lo suficientemente pequeña para caber en un camión de recogida que tuviera la cama larga. Miré al camino por donde habíamos llegado, y recordé haber pasado la casa del hombre, una gran casa de campo blanca hecha de buenas tablas, con un elegante portal que hasta tenía su columpio. El contraste me pareció repulsivo.

Denver no dijo gran cosa mientras husmeábamos por aquel lugar. Entonces me sugirió que nos fuéramos a la casa donde había vivido Hershalee. Nos volvimos a subir a la Suburban, y mientras avanzábamos por el camino de tierra roja, me dijo que el hombre le había permitido vivir en la casa hasta que murió, a pesar de que ya no trabajaba en los campos, ni podía pagar la renta. Denver parecía pensar que había sido un gesto muy decente de su parte.

Por un momento, mi mente divagó por un camino por el cual ya había viajado antes: ¿qué clase de ser era aquel hombre? Durante décadas, un hombre mantenía a los aparceros descalzos y pobres, pero le permitía a un muchachito de color ganarse una bicicleta Schwinn roja totalmente nueva. Otro hombre dejó que una negra anciana viviera en su lugar sin cobrarle nada después que dejó de trabajar en los campos. Un tercer hombre mantuvo a Denver ignorante y dependiente, pero le estuvo proveyendo mucho más allá del tiempo en el cual era probable que no necesitara su trabajo.

Aquello parecía un retroceso a la doctrina de la era de la esclavitud llamada «paternalismo», la idea de que la gente de color era como los niños, y que no era capaz de vivir libre, por lo que de esclavos les iría mejor. Que esto le hubiera sucedido a Denver a mediados del siglo veinte, me sorprendió.

Como medio kilómetro más allá en el camino, nos detuvimos ante el lugar de Hershalee. Era una verdadera casa... lo que se podía ver de ella. Un tejado de papel asfaltado y unos aleros ya grises y despintados sobresalían por encima de un enredo de sorgo de tres metros de alto, como si fuera la última cubierta sin inundar de un barco que se estaba hundiendo. Detrás de la casa, a unos diez metros, un canal de color verdoso fluía de izquierda a derecha. Yo cerré la Suburban, luego Denver y yo salimos a recorrer aquel lugar.

Hubo un lugar en que la casa de Hershalee había tenido una mano de pintura blanca con los bordes de azul claro. Pero hoy se veía como si hubiera estallado una bomba cerca de ella. Todas las ventanas estaban rotas. Había basura y vidrios, sobre todo botellas de vino, esparcidos por las pocas partes de suelo de las cuales las malas hierbas aún no se habían apoderado.

La casa se inclinaba torcida desde unos troncos de árbol cortados de naranjos de Luisiana, y el portal estaba podrido y cayéndose. Por lo que nosotros podíamos ver, el sorgo había envuelto a la casa por los cuatro lados. Las partes de las ventanas que nosotros podíamos ver, solo nos mostraban oscuridad.

Denver me miró con una furtiva sonrisa.

—¿Te da miedo entrar ahí?

—No; no me da miedo. ¿Y a ti?

—¿A quién, a mí? Yo no me asusto con nada.

Una vez dicho eso, nos fuimos abriendo paso a través de las inmensas hierbas que nos daban al pecho, como si fuéramos de safari, y saltamos al portal. Tuvimos que hacerlo, porque los escalones ya se habían caído. Usando las pocas tablas que quedaban para ir caminando solo por ellas, nos abrimos paso hasta la puerta del frente, que se mantenía abierta, recordándome una boca con hambre.

Denver entró primero, oí roedores que corrían a buscar refugio cuando lo seguí hasta una salita que habían saqueado, y después usado como basurero. Había un diván que tenía encima una gran pila de basura, sillas rotas y un viejo tocadiscos. Una mesa y un aparador estaban recostados a la pared en unos ángulos raros e imposibles. Había ropa tirada por el suelo. Encima de todas las cosas había una gruesa capa de polvo.

Di un paso y sentí que le daba con el pie a algo de papel. Cuando bajé la mirada, encontré un viejo montón de cartas. Encima de todas había una procedente de la ciudad de Fort Worth y dirigida a Denver Moore, en la parroquia de Red River, Luisiana. La fecha, 25 de marzo de 1995. Yo se la fui a dar a él, pero no me la recibió.

«Ábrela tú. Tú sabes que yo no sé leer».

Deslicé un pulgar bajo la solapa amarillenta del sobre, y el pegamento cedió como si fuera polvo. Dentro había una sola hoja. La abrí, y resultó ser una orden judicial por haber estado conduciendo sin licencia. Entrecerrando los ojos en medio de la escasa luz, leí en voz alta: «Estimado señor Moore, tenemos una orden judicial por su arresto por la cantidad de 153,00 dólares».

Nos echamos a reír, y aquel sonido llenó de una manera extraña aquella oscura y desvencijada casa. Me metí la carta en el bolsillo como recuerdo. Me incliné y recogí otra carta, esta dirigida a Hershalee, procedente de Publishers Clearing House, para informarle que tal vez se hubiera ganado diez millones de dólares.

Al parecer, había muerto la víspera de su momento afortunado.

La habitación de Hershalee era como caminar por una vida que había sido abandonada de repente. Había fotos familiares todavía sobre el buró. Su ropa seguía colgada en el armario, y la cama estaba hecha.

Denver miró hacia la cama y sonrió. «Recuerdo una vez que Hershalee estuvo cuidado a los hijos de otra gente, y les quiso dar un susto. Así que entramos aquí, cerramos la puerta y ella me dijo que saltara en la cama y gritara, como si ella me estuviera dando una buena paliza. Quería hacer que los otros niños obedecieran lo que ella decía».

Aquel recuerdo lo puso melancólico, pero el momento pasó con rapidez.

«Ven», me dijo. «Te quiero enseñar la bañera de Hershalee».

Denver me había hablado de la bañera, cuando él se la había comprado a Hershalee, usando el dinero que yo había insistido en que guardara después de su aventura en Colorado.

Hershalee se bañaba en ella, pero nunca la había conectado con ninguna tubería, y la tenía en su portal del fondo, que estaba resguardado por tela metálica. Denver y yo nos abrimos paso hasta afuera, esforzándonos por ver dentro del oscuro centro de la casa. Las tablas crujían y chirriaban bajo nuestros pies, por lo que se me erizó un poco el pelo de la nuca. Cuando llegamos al portal, un poco más de luz se abrió paso a través del sorgo que subía por las telas metálicas que lo rodeaban. Y sí, allí estaba la bañera de Hershalee, llena de arañas.

Solamente la mitad del portal donde estaba la bañera tenía tela metálica y estaba abierta al aire. En el otro extremo había una especie de cuarto extra, oscuro y con tablas clavadas en la puerta, que se extendía hacia el canal.

«Hershalee se sentía muy orgullosa de tener esta bañera nueva», me dijo Denver.

«Ven. Te quiero enseñar la estufa de hierro donde ella calentaba el agua para darse un baño».

Comenzó a caminar hacia la cocina, pero se quedó inmóvil y se volvió para mirarme: «¿Oíste eso?».

Yo me detuve y escuché en medio de aquel extraño silencio. Entonces oí unos pasos, como de unas botas pesadas. Peor aún, oí una respiración fuerte. Alguien nos estaba acosando desde *dentro* del cuarto con la puerta clavada, a menos de cinco metros de nosotros. Pero no sonaba como *alguien*... sonaba como *algo*.

Se me volvió a erizar el pelo de la nuca y miré a Denver. Los pasos se nos acercaban, *bum*, *bum*, y después rechinó la manilla de una puerta. A Denver se le abrieron tanto los ojos que parecían platos para pastel. «¡Vámonos de aquí!», me susurró.

Salió disparado del portal, volvió a atravesar la oscura casa, saltando por encima de las pilas de basura y los muebles virados al revés. Apenas logré llegar antes que él a la puerta del frente. Salimos a toda prisa, uno y dos. Yo salté sobre las tablas podridas del portal, y volé hacia fuera del portal del frente. Denver voló detrás de mí. Cuando tocamos el suelo, ya íbamos corriendo, pero a unos pocos metros de la casa, frenamos y nos detuvimos.

Yo miré a Denver y él me devolvió la mirada. Los dos estábamos jadeando, pero aliviados. Entonces él se comenzó a reír nerviosamente.

«¿Crees que haya sido una zarigüeya o un mapache?», dije por decir algo, como si ninguno de los dos hubiera estado realmente *tan* asustado.

«Míster Ron, no hay zarigüeyas de noventa kilos, ni mapaches que usen botas y caminen como los hombres».

Yo recogí un gran palo y volví la mirada al portal del frente, listo para pelear con lo que saliera de allí. Entonces, en lugar de terminar de una vez, Denver y yo hicimos exactamente lo que hacen en las películas de terror: le dimos la vuelta a un lado de la casa para dirigirnos hacia el canal. Yo estaba preparado para ver alguna clase de monstruo del pantano con unas botas puestas, caminando pesadamente hacia su pegajosa madriguera. Había pasado menos de un minuto cuando de repente se me erizaron todos los pelos del cuerpo. Denver y yo nos miramos fijamente, transmitiéndonos un terror que ya se había vuelto común.

«¡Larguémonos de aquí!».

Esta vez lo dijimos los dos, y salimos corriendo de vuelta a la Suburban a toda velocidad. Saltamos hacia dentro del auto, cerramos de un golpe las puertas y apretamos los botones de las cerraduras. Yo le di vuelta a la llave para echar a andar el motor... y nada.

Mi auto totalmente nuevo no quería echar a andar. Una y otra vez le di vuelta a la llave.

La cabeza de Denver iba de la llave a la casa, la llave, la casa. Abrió los ojos al máximo. Presionó un acelerador imaginario en el lado del pasajero, con el deseo de que aquella cosa echara a andar.

El motor tosió y escupió, como si se le hubiera acabado la gasolina. Pero el tanque estaba casi lleno.

«¿Crees esto?», le dije, con un tono de voz una octava más alto que de costumbre.

«¡Claro que sí!», me dijo, y tragó en seco.

Pasó todo un minuto mientras intentaba prender el motor una y otra vez. Tenía el pelo de la nuca tan rígido ya, que me dolían los folículos. El motor tosió, escupió, y por fin prendió. Pero cuando yo apreté el acelerador... no pasó nada.

Aterrado, no me habría sorprendido que el monstruo del pantano que *no habíamos* visto detrás de nosotros, rugiera desde debajo del vehículo, rompiera el parabrisas y nos arrancara la garganta a los dos. Nunca antes había sentido tanto miedo. Era algo visceral, palpable. Con el motor girando apenas, moví con fuerza el cambio de velocidades y salimos hacia delante en mi todoterreno de $40.000, que iba saltando como una de esas calesas antiguas. Alrededor de medio kilómetro más adelante, se acababa el camino. Yo me metí por unos pastos llenos de lodo para dar la vuelta, pero el motor se ahogó. Mientras giraba el motor de encendido una y otra vez, Denver seguía mirando al camino, en busca de aquel algo.

Por fin, la Suburban se puso a escupir hasta tener vida de nuevo, y yo la saqué otra vez al camino, con el motor saltando y escupiendo como un tractor viejo con un tanque de gasolina de mala calidad. Nos fuimos arrastrando así, hasta que pasamos la casa de Hershalee. Cien metros más tarde, el motor volvió plenamente a la vida, y después comenzó a ronronear como un gatito, con todos los calibradores perfectos, como si no hubiera sucedido nada.

Fue entonces cuando Denver rompió a reír estrepitosamente, de una manera tan consumidora, que si hubiera estado en un avión, había saltado la máscara de oxígeno para ayudarlo a respirar. Jadeó y aulló, mientras le brotaban las lágrimas a chorros, hasta que por fin pudo decir: «Míster Ron, ahora sí que tienes una historia que contar, ¡y buena! ¡Claro que sí!».

Entonces, como si un borrador le hubiera eliminado del rostro la sonrisa, se puso muy serio y me miró a los ojos. «No hay nada que te mantenga tan sincero como un testigo», me dijo.

64

Cuando oímos aquellos pesados pasos que se nos acercaban desde dentro de aquel cuarto con tablas clavadas en la puerta, que no eran de ningún humano, a mí me pareció que los ojos se me iban a salir de la cabeza. Salimos disparados de allí como que no teníamos nada que hacer en aquel lugar.

Pero cuando iba corriendo, empecé a sentirme un poco tonto, pensando que tal vez lo que oímos podría haber sido algún vagabundo, o alguien que se había refugiado en la casa de Hershalee. Pero cuando rodeamos la casa y la piel se me empezó a erizar, estaba bien seguro de que no era alguien, sino *algo*. Y cuando el auto recién estrenado de míster Ron comenzó a actuar como un caballo asustado, lo supe con toda seguridad.

Después que pasamos la casa de Hershalee, le dije a míster Ron que aquella no había sido la primera vez que había visto cosas extrañas en la plantación. Como aquella vez que mi tita, la hermana de Big Mama, hizo que lloviera.

Recordándolo ahora, pienso que tita era lo que se podía llamar una sanadora espiritual, como una especie de «médico brujo»; solo que era una mujer anciana. Vivía fuera, cerca del canal, como a un kilómetro de donde vivía Big Mama, y yo solía ir allí para verla de vez en cuando. Me asustaba. Siempre usaba una falta larga y oscura, y un trapo alrededor de la cabeza, y cuando se reía, sonaba como si fuera una bandada de pájaros asustados que habían salido volando. Pero Big Mama hacía que yo fuera a presentarle mis respetos a mi tita, y también que la ayudara a recoger las cosas que necesitaba para sus medicinas.

Ella solía hacer que la acompañara hasta el pantano, donde recogía algunas hojas y raíces. Íbamos al empezar la noche, justo cuando la caída del sol daba paso a una penumbra fresca, y llevábamos una pequeña canasta. Yo se la llevaba, y nos íbamos abriendo paso entre los cipreses, mientras que las ranas toro y los grillos empezaban a cantar. Yo siempre me mantenía alerta por si había caimanes.

«Ahora, Li'l Buddy, esta de aquí es para quitar el dolor de una herida», me decía, sacando una raíz y sacudiéndole la tierra. «Y esta es para la neumonía». Debe haber conocido como veinte clases de raíces y quién sabe cuántas cosas más, y lo que ella sabía tenía, debe haber sido un secreto, porque me hacía prometer que no le iba a decir a nadie qué estaba arrancando, ni dónde lo estaba arrancando.

Tita vivía sola. Tenía en su casa un cuarto con una mesa grande dentro, que estaba cubierta de frascos de todos los tamaños.

«¿Ves esos frascos?», me dijo una vez.

«Sí señora».

«En cada uno de ellos tengo algo para cualquier cosa que te pase».

La gente tenía la costumbre de ir a ver a tita cuando estaba enferma. Pero si no lo estaba, se mantenía lejos de ella. A mí eso no me sorprendía. En su casa siempre estaba pasando algo espiritual. Cada vez que entraba allí, ella me hacía sentar en un pequeño taburete en el mismo lugar, y mirando siempre en la misma dirección, como si no quisiera que le echara a perder el vudú que tenía funcionando allí.

Un día, estando yo sentado en aquel taburete, ella roció un polvo de algo en el piso de madera. Después vino caminando hasta donde yo estaba, me miró a los ojos y dijo en voz muy baja: «¿Tú crees que yo pueda hacer llover?».

Yo miré por la ventana, y no vi otra cosa más que un cielo azul. «Yo no sé», le dije medio asustado, pero un poco curioso.

«Siéntate ahí», me dijo.

Entonces tita tomó su escoba y comenzó a barrer aquel polvo por todo el suelo, canturreando una tonadita que no se parecía a ningún canto que yo había oído jamás. Canturreaba y barría, canturreaba y barría, pasando la escoba por el suelo con barridas pequeñas. Barrió aquel polvo por todo el cuarto del frente, y después barrió una parte hacia el portal del frente, canturreando todo el tiempo.

Entonces me llamó. «Li'l Buddy, sal al portal».

Salí, y esto que te digo es verdad: se había formado una nube encima de la casa. Solo una nube; no se había llenado todo el cielo. Y en el mismo momento en que yo la miré, aquella nube soltó un relámpago y traqueteó un trueno. Pude sentir que retumbaba debajo de la casa. Entonces empezó a llover ahí mismo en el portal.

Tita levantó la cara hacia las gotas de lluvia, sonriendo un poco, como quien conoce un secreto. «Te lo dije», fue su comentario.

Menos a míster Ron, yo nunca le había contado eso a nadie, porque la mayoría de la gente diría que solo es superstición. Prefieren fingir que ese tipo de cosas no suceden.

65

Yo guié la Suburban milagrosamente sanada de vuelta por el camino de tierra roja, que terminó llevándonos a la Carretera 1. Seguimos como kilómetro y medio más o menos, en busca de otro camino de tierra; en realidad, solo una apertura en medio de la hierba, tan estrecha que le pasamos por al lado un par de veces y tuvimos que volver. Era el camino que llevaba a la casa de tía Pearlie May. En la década de 1960, ella se había mudado a una casa de tiro de rifle más cercana a la plantación, y desde entonces había vivido en ella.

Cuando introduje despacio la camioneta por aquel camino lleno de hoyos, el sorgo que me daba a la altura del parachoques se abrió para revelar un pedazo de Estados Unidos que la mayoría de los estadounidenses nunca llegan a ver. Había seis chabolas de tiro de rifle insignificantes en un claro del bosque, alineadas, como prisioneros secuestrados de otra era. No había patios que dividieran los lotes. Lo que sí había era muchos trastos amontonados alrededor de cada casa: neumáticos viejos, latas de cerveza, colchones de muelles herrumbrosos. Y en medio del camino estaba tirado el cadáver hinchado de un perro.

Frente a una de las casas, un hombre y una mujer negros jóvenes nos miraban desde un sofá despellejado que alguien había sacado fuera de alguna de las casitas. La mujer estaba fumando un cigarrillo, mientras unos pollos picoteaban alrededor de sus pies. Subía un humo por el aire desde un patio en el cual dos niños cuidaban una pila de basura que estaban quemando. Cerca de allí, una muchachita enganchaba la ropa recién lavada en un cordel que iba de la casa a un árbol muerto. Parecía tener doce años, y estaba embarazada.

Yo bajé la velocidad, como el que pasa junto a un accidente serio. Los residentes se me quedaban mirando como si yo fuera de otro planeta.

«Para aquí mismo», me dijo Denver. Allí, sentada junto al camino en el tocón de un árbol, había una anciana bebiendo una lata de cerveza a las tres de la tarde. Llevaba puestos unos pantalones de hombre y una camiseta toda manchada y llena de agujeros, y se animó cuando vio a Denver. Él salió del camión, la abrazó y después le dio un billete de cinco dólares. Con una jadeante risa, metió la mano por uno de los agujeros de su camiseta y metió el dinero en su sostén.

«Entren en la casa», dijo con voz ronca. «Tengo unos vegetales en la candela y son frescos».

Denver rechazó cortésmente la invitación, y se volvió a subir a la Suburban.

«No es familia», me dijo. «Solo es una amiga de Pearlie May».

Seguimos lentamente hasta la última casa, pasando junto a un hombre que estaba trabajando en un tractor. Había desarmado el motor y tenía varias docenas de piezas cerca de su puerta del frente, que en realidad no era una puerta, sino una manta roja a cuadros clavada allí para que no entraran las moscas.

La casa de Pearlie May estaba al final de aquella hilera de casitas. Alrededor de una docena de sillas plásticas de patio llenaban el suelo del frente, donde también había inmensas pirámides de latas vacías de cerveza Natural Light, apiladas como troncos de chimenea. Junto al portal había una montaña de jarras de rapé Garrett; eran centenares. Desde el final de una larga cadena, un perro callejero con manchas les ladraba a un grupo de pollos que permanecían imperturbables, porque sabían el largo que tenía la cadena.

«¡Li'l Buddy!», dijo tía Pearlie May cuando llegamos a su portal. «¡Señor, si no tienes la nariz de tu papá!». Denver le dio un abrazo, no muy grande, cuando ella se recostó en el portal medio podrido y le dirigió una mala palabra al perro, que seguía ladrando. «¡Cállate, perro, antes que yo salga y te calle!». Entonces se volvió y le sonrió a Denver, pero su arrugada cara mostraba preocupación por mi presencia. Para tranquilizarla, señalé con la cabeza hacia la montaña de latas de rapé y le dije que mi abuela y mis tías abuelas habían usado el rapé de Garrett. Eso pareció hacerla sentirse mejor.

Tía Pearlie May nos invitó a entrar a su sala, un espacio que medía unos dos metros por casi tres, y que tenía las paredes cubiertas con papel de regalos de Navidad, junto con tres cuadros de Jesús. De alguna manera, alguien se las había arreglado para hacer entrar como pudo dos asientos dobles gastados en aquel cuarto, y arreglarlos de manera que quedaran uno frente al otro. Cuando Denver y yo nos sentamos frente a Pearlie May y su esposo, nuestras rodillas chocaban unas con otras. Conversamos de esto y aquello, todos menos el esposo, que estaba sentado frente a mí sin expresión alguna, y nunca dijo una sola palabra. Más tarde, Denver me dijo que aquella era la vez que más amistoso lo había visto portarse.

«Vengan aquí atrás, para que vean mis puercos», nos dijo Pearlie May después de conversar un poco de tiempo. «Estoy pensando en venderlos todos. Quiero que ustedes los vean, en caso de que sepan de alguien que los quiera comprar».

Nos paramos como pudimos y cubrimos la distancia que había hasta la puerta del fondo con solo tres pasos largos. Afuera había dos cerdos corpulentos que husmeaban y gruñían, revolcándose en el fango hasta la barriga. Pearlie May hizo una pequeña propaganda de venta a favor de los puertos, y después habló alegremente del nuevo inodoro que tenía dentro de la casa. Lo había hecho instalar en el año 2001, y lo pagó con lo que había ganado toda una vida vendiendo de contrabando cerveza Natural Light desde la ventana de su dormitorio a dólar la lata. Dijo que sin embargo, todavía usaba más el escusado de afuera, porque todavía no le habían instalado todas las cosas de las tuberías.

Nos marchamos cuando ya iba a empezar a anochecer, y mientras nos alejábamos, aquellas imágenes de pobreza y suciedad se me iban grabando en el cerebro como detestables tatuajes. Apenas podía creer que existieran aún lugares como esos en Estados Unidos. Le di gracias a Denver por haberme llevado allí; por haberme quitado la venda de los ojos.

«Míster Ron, ellos están viviendo mejor de lo que vivía yo cuando estaba allí. Ahora sabes que era cierto cuando te dije que ser indigente en Fort Worth había significado un paso hacia arriba en mi vida».

66

Al llegar la segunda semana de septiembre, habían arribado a la misión más de medio millón de dólares. Un par de días antes de la ceremonia de colocación de la primera piedra para la capilla de Deborah, me llamó Mary Ellen. Quería comentarme algo que Jesús les había dicho a sus discípulos; una metáfora sobre su propia muerte, que recoge el Evangelio de Juan: «De cierto, de cierto os digo, que si el grano de trigo no cae en la tierra y muere, queda solo; pero si muere, lleva mucho fruto».

Mientras oraba aquella mañana, me dijo Mary Ellen, sintió que Dios le susurraba al corazón: *Deborah fue como ese grano de trigo*.

Al día siguiente vino Denver a visitarme. Sentado frente a mí en la mesa de la cocina, como lo había hecho tantas veces, me dijo casi la misma cosa, pero en el lenguaje de un predicador de campo: «Míster Ron, todas las cosas buenas se tienen que acabar», me dijo. «Y en realidad nada se acaba nunca, ni nada nuevo comienza nunca. Como miss Debbie. Ella ya no está, pero está empezando algo nuevo».

Tres días más tarde, el 13 de septiembre, nos reunimos para poner la primera piedra de «New Beginnings», la nueva misión. Solo dos días antes, unos terroristas habían estrellado dos aviones de pasajeros contra el World Trade Center, cambiando a Estados Unidos para siempre. Carson vivía en la ciudad de Nueva York. A mí me había tomado horas comunicarme con él por teléfono, sentado ante la cobertura en vivo de los noticieros de la televisión, aturdido ante la noticia, sabiendo que ahora no era únicamente mi propio mundo el que había sido cambiado para siempre a causa de una tragedia.

La nación entera se paralizó, pero en honor a Deborah, la junta de la misión decidió celebrar la colocación de la primera piedra. Yo seguí la ruta tan familiar por donde ella y yo habíamos ido tantas veces a la misión, pasando los raíles del tren, y los edificios abandonados, y los pasos inferiores que servían también de escusados para los indigentes. La primera vez que Deborah y yo pasamos por East Lancaster, ella soñó con llevar allí un poco de belleza. Y lo había logrado, aunque no de la forma que se había imaginado primero. En lugar de alinear bonitas cercas junto a las aceras, había logrado sacar los temores, los prejuicios y las críticas, creando con su sonrisa y su corazón abierto un santuario para centenares de necesitados. En lugar de sembrar flores amarillas, había sembrado semillas de compasión que habían cambiado corazones, y el mío y el de Denver solo eran dos de ellos.

Así que aquel día estuve allí con Regan, Denver, Tommye, mi madre, y alrededor de un centenar de amigos, bajo el azul dosel de Dios, usando el programa de la ceremonia para protegerme del sol. Escuchamos mientras el Alcalde Kenneth Barr y el Senador Estatal Mike Moncrief hablaban de la esperanza que esta nueva misión les llevaría a los indigentes de Fort Worth. Detrás de ellos había al descubierto un espacio de algo más de tres metros de tierra roja, y cuatro palas adornadas con lazos de cinta azul paradas como soldados en atención, listas para remover la tierra. Listas para recibir el grano de trigo.

Actualmente, en East Lancaster Street se encuentra una nueva misión que incluye nuevos servicios para los necesitados: cuartos residenciales para mujeres y niños, y la Capilla Memorial Deborah L. Hall. Todo esto es un memorial dedicado a una mujer que sirvió a la ciudad; una mujer que Dios se llevó al hogar para que, en su extraña providencia, los enfermos y los perdidos pudieran encontrar un refugio y una esperanza mayores. Me preguntaba con amargura si él no se las habría podido arreglar para construirlos sin llevarse a mi esposa. Se habría podido llamar «La capilla de Dios», y Deborah Hall lo habría podido servir allí.

Recordé lo que dijo C. S. Lewis sobre el choque entre el sufrimiento y la fe: «Las torturas suceden», escribió. «Si son innecesarias, entonces, o no hay un Dios, o es un Dios malo. Pero si hay un Dios bueno, entonces esas torturas son necesarias, porque ni siquiera un Ser moderadamente bueno las podría causar o permitir si no lo fueran».

El dolor por la pérdida de Deborah todavía me hace llorar. Y no puedo enmascarar mi profunda desilusión porque Dios no respondió positivamente a nuestras oraciones para pedirle su curación. Me parece que eso a él no le preocupa. Una de las frases que a nosotros los evangélicos nos gusta andar diciendo, es que «el cristianismo no es una religión, sino una relación». Yo lo creo, y por eso sé que cuando mi fe quedó hecha añicos y me enfurecí con Dios, él me siguió aceptando. Y aunque haya puesto una marca negra en su columna, puedo hablar con sinceridad acerca de ella. De eso se trata el que exista una relación.

Con todo, no puedo negar el fruto de la muerte de Deborah: Denver, un hombre nuevo, y los centenares de hombres, mujeres y niños que recibirán ayuda gracias a la nueva misión. Y por eso, se la vuelvo a poner a Dios en sus manos.

- - -

El domingo después de la ceremonia de la primera piedra, Denver y yo entramos en el estacionamiento de la iglesia New Mount Calvary Baptist, una congregación situada en un vecindario pobre del sureste de Fort Worth. El pastor Tom Franklin había oído a Denver cuando habló en el funeral de Deborah, y durante meses había estado detrás de mí, pidiéndome que tratara de convencerlo para que fuera a predicar a su iglesia. Finalmente, Denver aceptó ir. Yo había orado pidiendo que la iglesia estuviera repleta, pero por el aspecto del estacionamiento, la gente andaba por otro lugar esa mañana.

Si Abraham Lincoln hubiera sido negro, el pastor Tom habría sido gemelo suyo. De pelo canoso y con barba, nos recibió en la puerta de la iglesia, dándonos un fuerte abrazo a cada uno de los dos. Al mirar al santuario, yo solo pude ver a unas pocas personas esparcidas por las bancas.

El pastor Tom me leyó el pensamiento. «No te preocupes, Ron. Todos los que el Señor quiera que estén aquí, estarán».

Cuando comenzó el culto y la pequeña congregación llenó los aires con viejos cantos espirituales, Denver y yo nos juntamos en la última fila. El pastor Tom había querido que yo presentara a Denver desde el púlpito, pero pasó unos cuantos minutos primero relatando su historia. Como me sospechaba, a Denver no le gustaba nada de eso. Mientras ellos cantaban, él y yo nos unimos en la última banca para negociar.

—¡A nadie le importa cómo llegué yo aquí! —me susurró—. Además, yo no les quiero hablar de mí. Les quiero hablar del Señor.

—Entonces, ¿qué quieres que les diga?

Él hizo una pausa y se quedó mirando a la Biblia que estaba en la banca junto a mí.

—Solo diles que yo soy un don nadie que le está tratando de hablar a todo el mundo acerca de Alguien que puede salvar al que sea. Eso es lo que necesito que les digas.

Así que, cuando terminaron de cantar, pasé al frente y repetí sus palabras. Entonces Denver tomó el púlpito. Al principio le temblaba la voz un poco, pero hablaba alto. Y mientras más predicaba, más alta y más fuerte se volvía. Y como un imán, su voz atraía a la iglesia a la gente que andaba por la calle. Cuando por fin se secó el sudor de la cara y se sentó, las bancas estaban casi llenas.

El pastor Tom salió disparado de su asiento como una bala de cañón, levantando los brazos hacia la gente. «¡Yo creo que Dios quiere que Denver vuelva para predicar un avivamiento!», dijo. La congregación, formada en su mayoría por los que habían sido atraídos al santuario por la voz de Denver, estalló en aplausos.

Mi mente recordó el sueño de Deborah, en el cual ella veía el rostro de Denver, y recordaba las palabras de Salomón: *el hombre pobre, pero sabio, que con su sabiduría salva a la ciudad.*

Una vez más, había comenzado algo nuevo. Algo por lo cual yo estaba seguro que mi esposa estaba danzando de gozo en las calles de oro.

67

Como antes dije, cuando míster Ron me prometió que no me iba a pescar y soltar, me sentí escéptico. Pero escucha esto: poco después que prediqué en la iglesia del pastor Tom, míster Ron me pidió que me mudara con él. Y no vas a creer dónde: al Murchison Estate, en Dallas, en una mansión donde decía míster Ron que se solían quedar los presidentes de los Estados Unidos, estrellas del cine e incluso un tipo llamado J. Edgar Hoover.

Supongo que los Murchison fueron alguna vez los más ricos de Texas, y estuvieron entre los más ricos de todo el país. En el año 2001, falleció miss Lupe Murchison, se fue a reunir con su esposo, y su familia quería que míster Ron viviera en aquella propiedad y fuera vendiendo todas sus obras de arte. Tenían cientos de cuadros y estatuas y qué se yo cuántas cosas más. Míster Ron me dijo que valían chorrocientos millones de dólares. Así que me contrató para que viviera en aquella propiedad con él, y sirviera de vigilante. Aquello me iba bien, porque ya estaba listo para ganarme la vida trabajando, y tener algún dinero propio. La mansión era muy vieja y grandiosa, construida en la década de 1920, según me dijo míster Ron. Un par de noches, mientras la estaba custodiando, me encontré a unos cuantos fantasmas andando por ella.

Poco después de que me mudé a la mansión con míster Ron, encontré unas cuantas pinturas en el garaje, y decidí ponerme yo a pintar. Me estaban pagando para que guardara todas aquellas pinturas de un aspecto tan tonto como las de unos tipos al estilo de Picasso. No me parecía que fueran demasiado difíciles de pintar. Y así fue. Solo me llevó un par de horas antes de hacer un cuadro de un ángel que era tan bueno como algunas de las pinturas que yo estaba cuidando.

A míster Ron le gustó mucho cuando se la enseñé a la mañana siguiente.

—¿Cuánto quieres por ella? —me dijo.

—Un millón de dólares —le dije.

—¡Un millón de dólares! —me dijo riendo—. Yo no me puedo permitir tener pinturas tuyas.

—Míster Ron, no te estoy pidiendo que la compres. Te estoy pidiendo que la vendas, como vendes otros cuadros de millones de dólares.

Sin embargo, después de aquello, le enseñé mi cuadro del ángel a la hermana Bettie y ella me dijo que era su favorito entre todos los que había visto en su vida, así que se lo regalé. De todas maneras, ella ha sido un ángel conmigo. Entonces míster Ron me preparó mi propio estudio en el cuarto que estaba junto al garaje de cinco autos de Lupe Murchison. Calculo que debo haber pintado más de cien cuadros a estas horas. Y he vendido unos cuantos de ellos también.

Carson y míster Ron han vendido la mayor parte de las obras de arte de los Murchison, y también hubo alguien que compró la mansión. Ahora vivimos en otra casa dentro de la propiedad, mientras ellos venden el resto.

Durante el día, mientras no estoy trabajando, llevo en alto la antorcha de miss Debbie, la que el Señor me dijo que recogiera para que ella pudiera descansar. Todavía bajo al lote para ayudar a la hermana Bettie y a miss Mary Ellen. La hermana Bettie ya se está volviendo ancianita y me preocupo por ella. Una vez al mes, predico en la Iglesia Bautista Riteway. Les llevo ropa a los indigentes de allí, y ayudo a mis amigos que siguen viviendo en la calle, dándoles unos pocos dólares.

También viajo un poco. En enero de 2005, míster Ron y yo fuimos a la inauguración presidencial. Invitaron a míster Ron y él me pidió que fuera yo también. Aquella fue la primera vez que viajé en un avión. Aterrizamos en medio de una tormenta de nieve, pero yo no sabía que se suponía que debía estar asustado.

Así que allí estábamos, en el césped de la Casa Blanca, sentados en la primera fila, y yo miraba a todos los astronautas y los héroes de guerra, y preguntándome cómo era posible que un tipo como yo fuera a parar a un lugar como aquel. Aquello era algo con lo que nunca había soñado. No estaba tan lejos del presidente, pero lo quise ver un poco mejor, así que me levanté de mi silla y caminé hasta estar más cerca de donde él estaba sentado, preparándose para decir su discurso. Pero su hombre del Servicio Secreto, un tipo negro como yo, levantó la mano.

«Señor, ¿dónde va usted?».

«Vengo hasta aquí para ver al presidente», le dije.

Él me miró con algo así como firmeza. «No. Ya está lo suficientemente cerca».

Aquella noche, míster Ron y yo fuimos al baile de inauguración. El presidente y su esposa estaban bailando allí, frente a mí. Yo llevaba puesto un smoking y una corbata tipo pajarita. Me sentía bien con todo aquello.

Al día siguiente, fui a la escalera del Lincoln Memorial. Recordé que hacía mucho tiempo, cuando solo era un muchachito, Big Mama me había hablado de que el presidente Lincoln había libertado de la esclavitud a los negros. Por eso lo habían matado.

Me sentí muy bendecido de poder ir a ver al presidente. Míster Ron y yo también hemos hecho otros viajes. He estado en Santa Fe y en San Diego. En Dallas, seguimos yendo a restaurantes y cafés, al rancho y a los rodeos, y a la iglesia los domingos. Como puedes ver, somos grandes amigos. Muchas veces, nos sentamos en el portal de atrás del lugar de los Murchison, o en el patio de Rocky Top, viendo cómo la luna brilla sobre el río, y hablando sobre la vida. Míster Ron todavía tiene mucho que aprender.

Solo estoy bromeando contigo. Aunque ya casi tengo setenta años, también tengo mucho que aprender. Antes me pasaba el tiempo muchas veces preocupándome porque era diferente a las demás personas, incluso a los otros indigentes. Después que conocí a miss Debbie y a míster Ron, me preocupaba porque yo era tan diferente a ellos, que nunca íbamos a tener ningún futuro. Pero descubrí que todo el mundo es diferente... Tan diferente como yo. Solo somos gente común y corriente que va andando por el camino que Dios nos ha puesto delante.

La verdad sobre esto es que, tanto si somos ricos, como si somos pobres o estamos en el medio, esta tierra no es nuestro lugar final de descanso. Así que, en cierto sentido, ninguno de nosotros tiene una casa; solo nos estamos abriendo paso rumbo a nuestro hogar.

Epílogo

Las últimas palabras que me dijo Deborah fueron estas: «No te des por vencido con Denver. Dios va a bendecir la amistad de ustedes de maneras que no te puedes imaginar siquiera». Cuando regresé después de haber pasado casi cuatro meses en Italia, Denver se mudó conmigo, Regan y Carson. Como es probable que ya te hayas imaginado por el final del libro, nos volvimos una familia, cada cual buscando algún camino que nos pudiera ayudar a desechar la tela de saco y las cenizas de luto y sentir una vez más el gozo de la luz del sol en nuestros rostros.

Al final de la historia te dejamos en la Finca Murchison en Dallas. Regan y Carson se mudaron de allí después de un año más o menos, y nos dejaron a Denver y a mí en aquel lugar para encontrar la forma de coexistir en paz bajo el mismo techo. La palabra que nos hacía funcionar era «pacífico», porque muchas veces las cosas se volvían escabrosas, ya que Denver tenía que aprender a ser responsable y a rendir cuentas, dos ideas que nunca habían existido en su vida anterior como rey de la selva. Juntos, batallamos con sus demonios, y me imagino que con unos cuantos de los míos también. Tuvimos grandes victorias y unas cuantas derrotas dolorosas, pero lo soportamos todo, y fuimos llegando a una intimidad mayor que si hubiéramos sido hermanos, y compartimos la meta común de llevar adelante la antorcha de Miss Debbie.

Denver siguió manifestando su sabiduría, que con tanta frecuencia confundía a aquellos que el mundo habría considerado como sabios, y en especial, a mí. Sin libros, notas ni planes de estudio, me enseñó a mí, y a todo el que se detuvo a escuchar las crudas lecciones aprendidas de sus años en prisión, y de una vida vivida en las calles y en las selvas de los indigentes. En un momento brillante y seguro, trazó un plan de treinta y un días que tenía la posibilidad de terminar con la indigencia en Estados Unidos. Ese plan confundió a los líderes de una de las ciudades más grandes de la nación, y presentamos un bosquejo de él en nuestro libro de seguimiento llamado *What Difference Do It Make?* [¿Cómo cambia eso las cosas?].

Como vivía ahora en una lujosa casa, él sintió de repente la necesidad de ayudar a aquellos que aún seguían atrapados en algo que llamaba «la prisión de desesperanza del diablo». Sus «colegas» (como él los llamaba) de las calles sentían celosos de su recién hallada categoría de «estrella del rock», otorgada por haber sido autor *best seller*, según lo evaluaba el *New York Times*. Tal vez se tratara del Escalade pintado de blanco y blanco con orillas hechas a su gusto. O tal vez fuera el sombrero de fieltro negro con una cinta de sombrero de seda en la cual había una pequeña piedra, recogida en el monte Calvario y llevada a Texas por un predicador amigo suyo, O. S. Hawkins. Fuera lo que fuera, cuando Denver volvía, casi a diario, a las calles en las cuales él se había impuesto durante cerca de veinticinco años, atraía a un gran grupo de gente. Sentado en el borde de la acera, junto a su viejo basurero que le había servido de refugio durante años, compartía gratuitamente billetes de a dólar, cigarrillos y unos consejos aguzados por su vida anterior en las calles con sus compatriotas, mientras estos tomaban los restos de unas medias pintas casi vacías, pescadas en las alcantarillas y las latas de basura.

La mayoría de las mañanas, antes de comenzar su recorrido diario en el vecindario, llevando la antorcha de Debbie, él me invitaba a entrar en su estudio de arte para compartir sus últimas creaciones. Ese día parecía especialmente emocionado, mientras caminaba delante de mí un poco más rápido de lo normal.

«Señor Ron, se me ocurrió un cartel para los indigentes que les va a hacer más bien que decirles HAMBRIENTO, DIOS TE BENDIGA». Tomó el cartón acabado de pintar y se lo llevó al pecho para esconder lo que había escrito en él. Entonces, con su famoso guiño y su inclinación de cabeza, me preguntó: «¿Qué dice esto?».

Mientras yo leía en voz alta aquellas palabras mal escritas, «PREGÚNTAME SOBRE MI PLAN PARA ACABAR CON LA INDIGENCIA», él comenzó a reír histéricamente. Cuando por fin recuperó la respiración, le dio vuelta al cartel para revelar su brillante plan: «DEJA QUE YO ME MUDE CONTIGO».

Poco después del lanzamiento de nuestro libro en 2006, fuimos invitados a Pasco, Washington, para compartir nuestra historia con una gran iglesia. Este sería nuestro primer evento con un público numeroso en un lugar casi tan lejano como puede uno dejar el aeropuerto de Dallas–Fort Worth y estar aún en los Estados Unidos continentales. Como te podrás imaginar, tuvimos que hacer cambios de avión en varios aeropuertos, lo cual resultó ser una abrumadora tarea para Denver. Durante más de veinticinco años viviendo en las calles de Fort Worth, el tiempo nunca le importó a un hombre que no tenía lugar alguno donde estar, y todo el tiempo del mundo para llegar allí. Los aeropuertos y los cambios de avión fueron para él unas montañas más difíciles de escalar que aquellas a las que se enfrentó en Colorado cuando fue a llevar todos los bienes mundanos de mi hija al Campamento de Vida Joven en el cual ella trabajaba. Denver se movía a la velocidad que él decidía, lo cual era solamente un poco más rápido que quedarse quieto. Mientras yo trataba desesperadamente de apresurarlo por el aeropuerto mientras el sistema de megafonía nos estaba llamando por nombres para la última oportunidad de abordar el avión, él se detuvo en seco, negándose a moverse hasta que yo me di la vuelta, lo rodeé y lo enfrenté cara a cara.

—¿Alguna vez has oído hablar de algo que se llama «correr»? —le pregunté.

—Espera un minuto, Señor Ron. ¿Acaso no ves todos esos aviones parados allí en el hormigón? ¡Si perdemos el de nosotros, solo tenemos que meternos en uno de ellos!

—Las cosas no funcionan así —le ladré en mi frustración.

—Pues, en los trenes de carga, sí, ¡y te aseguro que si nos subimos a uno de esos aviones y nos quedamos sentados ahí el tiempo suficiente, terminaremos llegando a donde debemos llegar!

Unas cuantas semanas más tarde, cenamos en San Diego junto al océano; a la semana siguiente estábamos en Naples, Florida, desayunando en un café junto al mar que tenía un centro turístico.

—¿A mí me pareció oírte decir que tú eras negociante? —me preguntó algo irritado, como si le pillara desprevenido.

—Y lo sigo siendo —le contesté.

—¿Entonces, por qué no atendiste a tus negocios la última vez que estuvimos aquí, para que no tuviéramos que volver tan pronto?

—Nosotros nunca hemos estado antes aquí —le dije.

—¡Claro que sí! La semana pasada estábamos sentados aquí mismo mirando al océano.

—Denver, eso era en California. Ahora estamos en la Florida, que está a casi cinco mil kilómetros de allí, en el otro lado de Estados Unidos.

Él se rascó la cabeza para poner en orden sus pensamientos. Entonces, inclinando un ojo, me contestó:

—¿Tú me quieres decir a mí que la Florida se marchó y se consiguió también un océano, para ser parecida a California?

Tal como yo se lo había prometido a Deborah en su lecho de muerte, Denver y yo recogimos su antorcha a favor de los indigentes y la fuimos llevando por todos Estados Unidos, relatando nuestra historia y reuniendo dinero para los indigentes, en la esperanza de marcar una diferencia en su situación.

En los días en que no estábamos de viaje, contando nuestra historia a grandes audiencias en un intento por hacer que soltaran las grandes denominaciones de presidentes doblados, como llamaba Denver a los billetes, nos pasábamos juntos el tiempo en nuestro estudio de arte. Después de un escabroso comienzo, Denver fue creciendo en el amor a la pintura, y sus seguidores hacían cola para comprar sus obras más recientes. A mí me dio por hacer esculturas, inspirado por Calder. ¡Mis amigos las llamaban Halders! Era frecuente que trabajáramos juntos hasta tarde en la noche, tomándonos unos descansos para fumar habanos, recordar a Miss Debbie y abrigar la esperanza de ver que su estrella salía atravesando el cielo e iluminándolo.

Cuando la popularidad de Denver como artista fue creciendo, él se consiguió su propio vendedor, el cual nos pidió que hiciéramos una exhibición de los trabajos de ambos. La apertura de gala estaba repleta, y con una fila de personas en la acera, esperando a que hubiera un espacio para contemplar el arte y conocer al ahora famoso artista. Cuando se sirvió la última copa de vino y los últimos pedazos de queso se quedaron sobre unas bandejas de plata ya vacías, estuvimos recorriendo un despliegue cósmico de puntos rojos junto a todos los cuadros que Denver había pintado. Había logrado algo con lo que sueña todo artista, pero raramente ve: una exhibición totalmente vendida. ¡Y yo no había vendido ni una de mis esculturas! Después de disfrutar por un instante de su éxito, él le dijo a su vendedor que les enviara todo el dinero a los niños de Haití que no tenían un techo.

Por supuesto, pasamos un tiempo en Rocky Top, donde seguí intentando convertirme en vaquero, algo que no interesaba a Denver. Él decía de broma que unos muchachos blancos montados a caballo llevando sogas no eran algo que él tuviera ganas de ver. En lugar de ver aquello, daba largas caminatas junto al río Brazos, y por lo general, yo me lo encontraba ya al final de la tarde, sentado en la gran roca que hay al pie de la tumba de Miss Debbie.

En 2009, tres años después que se publicó este libro, le hicimos seguimiento con nuestro segundo libro, *What Difference Do It Make?*. Denver, Lynn Vincent y yo nos juntamos para escribir más historias que no estaban incluidas en el primer libro, algunas que se habían producido después, y otras que eran reflexiones sobre los centenares de cartas y mensajes electrónicos que habíamos recibido de lectores cuyas vidas habían sido impactadas por nuestro libro. Espero que hayas leído *What Difference Do It Make?*, o que lo vas a leer, puesto que está repleto de historias de Denver que son profundas, y con frecuencia, muy divertidas.

A fines de 2010, después de más de cinco años viajando y cuatrocientas reuniones que habíamos hecho juntos, la salud de Denver comenzó a fallar. Aceptamos menos invitaciones, y busqué tiempo para encontrar el amor. Me comprometí con Beth Walker, una joven de Charleston, Carolina del Sur, que había conocido cinco años antes. A Denver también le encantó, y después de cerca de un año de noviazgo, bendijo nuestro matrimonio. Durante ese año de noviazgo, Beth y yo perdimos la cuenta de la cantidad de viajes en medio de la noche a la sala de urgencias, y de los días que pasamos con él en el hospital. Después de veinticinco años de desespero en las calles, durante los últimos nueve años, por fin había llegado a tener voluntad para vivir y a marcar una diferencia en la vida, pero siempre me había dicho que desde el día en que se mudó a mi hogar, que vivir es sufrir y morir es ganancia.

Comenzó a visitar a sus viejos amigos y a sus parientes, y me decía con frecuencia lo mucho que sentía amor y agradecimiento hacia mí y mi familia. A menudo regresaba a Luisiana para visitar y bendecir a su tía, que tenía más de cien años de edad, y aún vivía en la pobreza al estilo de las plantaciones. En la última visita que le hizo, se durmió al timón en la Carretera Interestatal 20 y el auto cruzó la mediana, por lo que apenas se libró de chocar de frente con un camión de dieciocho ruedas. A la mañana siguiente, cuando yo entré en la cocina para hacer el café, allí estaba él sentado muy alerta a la mesa del desayuno.

—Señor Ron, estás viendo a un hombre muerto que camina —me dijo mientras se echaba a reír.

—¿De veras? ¿Cómo es eso?

Entonces comenzó a contarme la historia de que se había quedado dormido al timón solo unas pocas horas antes, y se había despertado ante las luces delanteras y el sonido de la bocina del camión de dieciocho ruedas. Le dio un giro al timón, con lo que apenas evitó la muerte, y terminó en la cañada llena de hierba que corría pareja con la carretera interestatal. Un ciudadano preocupado que había presenciado todo aquel desastre se detuvo y corrió hasta el Escalade de Denver para preguntarle cómo estaba. Denver le aseguró que no había tenido un ataque al corazón, sino que se había dormido al volante, y después procedió a informarle a aquel ciudadano preocupado que un ser espiritual iba sentado con él en el asiento delantero, y que era su protector y salvador.

El hombre le dijo con franqueza: «¡Señor, le puedo decir con toda seguridad que ese ser no era Jesús, porque yo lo vi saltar del vehículo cuando usted estaba a punto de estrellarse contra ese camión, porque ÉL pensaba que usted lo estaba tratando de matar!».

Denver se echó a reír mientras me contaba la historia hasta quedarse sin aliento, de manera que yo temí la posibilidad de que tuviera un ataque al corazón allí mismo en la cocina.

Unos pocos días más tarde, estábamos haciendo el equipaje para ir a Rocky Top a celebrar nuestra Reunión Anual de Primavera para Vaqueros. Él me dijo que estaba demasiado cansado, y que iría en su vehículo aquel mismo día, más tarde. Cuando yo vi que no se presentó, llamé, y él me tranquilizó, diciéndome que saldría a la siguiente mañana temprano, y que no se quería perder el ver a todos los vaqueros que eran amigos suyos. Cuando él no apareció, yo llamé varias veces sin obtener respuesta. Alrededor de la medianoche recibí la llamada que nunca habría querido recibir.

A continuación, el obituario que yo escribí el 31 de marzo de 2012.

DENVER T. MOORE:
30 DE ENERO DE 1937–31 DE MARZO DE 2012

¡Las puertas del cielo se abrieron de par en par el sábado 31 de marzo, y Denver entró por ellas! Él había cantado esas palabras de su viejo canto espiritual un número incalculable de veces, recibiendo un aplauso cerrado en todos Estados Unidos. Soñaba con el cielo y estaba listo para irse a unir con los santos y reunirse con Miss Debbie, la mujer que soñó que él podía marcar una diferencia. Tenía setenta y cinco años.

Aunque sus labios se movían continuamente como páginas de la Biblia, él solía decir que nunca había proclamado que era predicador; solo era un pecador salvado por gracia con un mensaje de esperanza para aquellos que carecían de ella.

Su historia, familiar para millones de personas, se narra en el libro *Uno tan diferente como yo*, un libro *best seller*, logrado solo por recomendación de boca a boca, que pasó tres años y medio en la lista *best seller* del *New York Times*. Su libro de seguimiento, *What Difference Do It Make?*, relata el resto.

Denver, exconvicto y anteriormente un indigente, se pasó gran parte de su vida en las calles de Fort Worth, Texas, hasta que Deborah Hall (Miss Debbie para él) soñó que él era un hombre pobre con sabiduría que transformaría la ciudad. ¡Y vaya si lo hizo! Pocos años después de ese sueño, Denver fue honrado como el Filántropo del Año por su amor a favor de los indigentes de Fort Worth. Aquel día repitió la historia de su transformación que había relatado en el programa de Tavis Smiley, en PBS. «Dios se dedica al reciclaje», dijo. «¡Lo que la mayoría de la gente de Fort Worth pensaba que era basura de las calles, Dios lo convirtió en un tesoro!» Amén a lo dicho.

En 2007, Barbara Bush escogió a *Uno tan diferente como yo* para destacarlo en sus recaudaciones de fondos Celebración de la Lectura en Dallas y en Washington, DC. Denver tuvo el honor de conocer al presidente y asistir a un almuerzo privado en la Casa Blanca con los miembros de la familia Bush y cuatro escritores *best seller*. Cuando se alejaba de la Casa Blanca en una larga limosina azul, le dijo a Ron Hall, su coautor: «¡Yo he pasado de vivir en los arbustos (inglés, *bushes*) a comer con los Bushes (inglés, la familia *Bush*). ¡Dios bendiga a Estados Unidos!», exclamó. «¡Este es un gran país!»

Desde 2005, Denver habló en más de cuatrocientos eventos para recogida de fondos, programas de radio y de televisión, en más de doscientas cincuenta ciudades. Con sus seguidores, alcanzó la fama de una estrella del rock, pero la única presentación que siempre pidió fue:

«¡Díganles que soy un DON NADIE que le está tratando de hablar a TODO EL MUNDO acerca de ALGUIEN que puede salvar a CUALQUIERA!». Y eso era lo que hacía. Ese Alguien era Jesús, y Denver se despertó en sus brazos este sábado. Su famosa cita, que forma las palabras finales de su libro, fue: «Todos somos indigentes; solo nos estamos esforzando por encontrar el camino al hogar». Bienvenido al hogar, amigo. Fuiste un siervo bueno y fiel.

Le sobreviven dos hijas, Tracy y Marva, y dos hijos, Thomas y Kirk.

Los años han pasado con rapidez. Parece como si hubiera sido ayer cuando Deborah tuvo su sueño, y nosotros, Deborah y yo, tuvimos nuestro primer encuentro transformador, y yo añadiría que lleno de temores, con el hombre que ella había visto en su sueño. Ahora, el mundo sabe que su sueño fue real. Denver era en realidad un hombre pobre, pero sabio, que cambiaría nuestra ciudad e incontables ciudades más en todos Estados Unidos. Para mis hijos y mis cuatro nietas, por medio de nuestra película y nuestros libros, yo quise documentar el legado de Deborah para que ellos conocieran la gran diferencia que marcó ella en las vidas de millones de personas. Y en cuanto a la familia de Denver, quiero que conozcan al hombre que en realidad ellos nunca conocieron, y se sientan orgullosos de su redención y de sus logros.

Te quiero dejar con unas pocas palabras procedentes de los labios mismos de Denver, el hombre sabio. Estas palabras me las dijo directamente a mí en uno de los primeros días que yo pasé caminando por las calles con él en su vecindario. Yo hice un comentario negativo acerca de uno de sus amigos, así que él se detuvo, me miró a los ojos y me empezó a educar.

Señor Ron, no se puede juzgar a las personas por lo que hacen, ni por lo que tienen. Hay que juzgarlas por las cosas por las que hayan pasado. Y nadie va a saber por lo que han pasado, a menos que le importe lo suficiente como para preguntárselo. Pero si fueran a decir realmente la verdad, Dios no necesita más jueces, y Él tiene los tribunales llenos de ellos. Lo que Dios necesita es siervos. Yo le ruego que tú llegues a ser uno de ellos. [Después de una pausa] Señor Ron, algunas veces la gente rica como tú se levanta tan alto para conseguirse más cosas, que no llega a conocer a Dios; en cambio, nunca se podrán inclinar demasiado para ayudar a alguien y para pensar en que Dios no va a saber nada sobre ustedes.

Esa es la oración que hago a tu favor, lector; que te conviertas en siervo y no pierdas la oportunidad de inclinarte bien bajo para ayudar a alguien.

Descansen en paz mi sabio amigo y mi bella esposa.

La creación de la película

La creación de la película *Uno tan diferente como yo* podría servir para toda una película más, llena de traiciones, dolores de cabeza, fracasos y una amplia gama de emociones que van desde el lodo hasta el coro. Un viejo amigo mío que era vendedor de arte me decía con frecuencia: «Algunas veces eres la estatua, y otras eres la paloma». Este asunto de hacer una película me ha hecho permanecer perpetuamente como la estatua. Pero justamente cuando la muerte de un sueño parecía inminente, le habían quitado los soportes vitales a este proyecto y se habían hecho sobre él los últimos ritos, apareció un héroe. En realidad, más de uno, sin mencionar una mano que nos guiaba desde arriba todo el tiempo. Pero me estoy adelantando demasiado. Todo comenzó en la primavera de 2007.

Nuestro libro había estado en los estantes de las librerías por nueve meses, pero estaba costando trabajo encontrar un público. Los autores que lanzan su primera obra relatando historias personales tienen una dificultad especialmente fuerte para recibir publicidad, y más fuerte aun para que les hagan publicidad y los promuevan. Un día, después de recibir varios rechazos de parte de clubes de libros y ferias, Denver se dio cuenta de mi estado de depresión.

«Señor Ron, nosotros no escribimos ese libro para clubes de libros, ferias ni programas de televisión. Lo escribimos para Miss Debbie, y más importante que eso, lo escribimos para Dios. Así que déjate de pedirle a la gente que haga algo a favor de nuestro libro. Desde ahora mismo, nos vamos a callar y entregárselo todo a Dios y permitir que sea él quien se haga cargo de sus negocios y del libro, que a nosotros nos va a ir bien». Y eso fue lo que hicimos.

Pocos días más tarde estábamos en Tampa, Florida. Estábamos atravesando el puente Sunshine Skyway, que atraviesa la bahía de Tampa, después de haber participado en el programa radial de charlas *The Joy FM Morning Cruise*. Se encendió mi celular, mostrando en la pantalla una zona de California.

«¿Hablo con Ron Hall, el que escribió *Uno tan diferente como yo*?»

Estaba en la línea Mark Clayman, quien había producido una de las películas favoritas de Denver y mías, *Same Kind of Different As Me*.

«¡Con ese libro se puede hacer una gran película, y yo quiero tener opción a ella, y producirla!», exclamó, mientras yo tocaba con el puño a Denver y a Carmen Brown, la anfitriona del programa de radio.

Uno de los mejores amigos de Deborah y míos de Dallas le había dado el libro a un amigo de Los Ángeles, y el libro había pasado de tercera y cuarta mano hasta ir a parar a las manos de Mark. Solo me hicieron falta dos segundos para aceptar el dejarle a él que recogiera la bola y corriera con ella. Y vaya si corrió. Las cosas comenzaron a pasar con rapidez. En cuestión de meses, teníamos un guión cinematográfico, y habíamos conseguido a Samuel L. Jackson para que hiciera el papel de Denver.

Desde aquel entonces he aprendido que el proceso de desarrollo y filmación de una película se toma un promedio de siete años. Sin embargo, después de más de dos años sin que estuviera hecha la película, Mark y sus socios permitieron generosamente que yo me saliera de mi contrato para buscar otras opciones, porque ya para entonces, yo creía que sabía un poco acerca del negocio del cine.

Tal como hice cuando escribí mi borrador para el libro original, estudié a grandes escritores y leí libros que habían ganado premios. Por eso, me imaginé que a mi edad, yo necesitaba aumentar la velocidad de mi aprendizaje si quería realmente hacer una película. Vi grandes películas, leí guiones cinematográficos que habían ganado premios Oscar y soñé en grande. Miraba a los grandes directores de cine y parafraseando una cita que leí en aquellos momentos, aprendí que hacen falta la pasión, la paciencia y la perseverancia para ser cineasta. La única de las tres de la cual carecía era la paciencia, y me temo que esa, nunca la voy a aprender.

Al recordar mis primeros intentos de hacer una película, yo bromeaba con mis amigos, diciéndoles que habría debido estudiar la película y el guión cinematográfico para el *Titanic*, puesto que tomó tres años para fabricarlo, y solo horas para hundirlo hasta el fondo del mar.

Con la pasión y la perseverancia aún a mi favor, presenté a opción nuestro libro de nuevo, esta vez a un estudio importante y un productor famoso. Antes que se secara la tinta del contrato, yo ya estaba preparando mi discurso en la premiación de los Oscars. Pero después de meses llenos de problemas, me vi obligado a admitir mi error.

El guión cinematográfico había tomado un rumbo que me perturbaba tanto, que lo rompí en dos y lo devolví con una carta en la cubierta que solo decía: NUESTRA VERDAD ES MEJOR QUE SU FICCIÓN. No podía permitir que aquello se convirtiera en nuestra película. Habían dejado sin alma y sin corazón a la historia de esperanza y redención de Deborah y Denver, y yo estaba de vuelta a bordo del *Titanic*. En mi bote salvavidas solo había una pila de facturas legales.

Denver se lo tomó todo con calma, sin creer realmente que él fuera a llegar alguna vez a ser un astro del cine, y por supuesto, sin querer más notoriedad, aunque eso lo salvara de unas cuantas multas de tránsito. Pero como siempre, me ofreció una de sus perlas para consolarme. «¡Señor Ron, si el diablo no te está molestando, eso es señal de que ya te tiene atrapado!»

En mis oraciones yo siempre había pedido que no hiciéramos una película solo para contar nuestra historia, sino que hiciéramos una película que entretuviera al mismo tiempo que hacía algo más importante: cambiar la forma en que el mundo mira a los indigentes. Desde el principio, yo quería unir de alguna manera la filmación con la filantropía. Quería hacer esa clase de película que se convierte en un movimiento.

El productor seguía sintiendo pasión por nuestra historia, y él mismo no estaba contento con el último escritor del guión, que lo había llevado hasta el mundo de la fantasía. Mientras hablábamos, él se sintió convencido de que yo nunca estaría contento con que ninguna otra persona contara nuestra historia, y era yo mismo quien debía escribir el guión cinematográfico. Mi reacción inicial fue una mezcla de vacilación y de duda en cuanto a mi capacidad para presentar nuestra historia usando unas pocas palabras en un formato en el cual nunca antes había intentado nada. Este amigo mío me recordó que yo tampoco había intentado escribir un libro antes, y sin embargo, de alguna manera se convirtió en un *best seller* platino para el *New York Times*. Colgué el teléfono y tomé mi pluma.

Hacia el final de mi primer período de opción con Mark Clayman, hubo un médico que leyó nuestro libro a insistencia de su esposa y, probablemente por el interés de mantener unida la familia, escuchó el delicado susurro de ella y tomó un avión para venir a Dallas y encontrarse con Denver y conmigo. Trajo consigo a un joven productor llamado Darren Moorman, quien a través de una gran cantidad de peripecias terminó convirtiéndose en productor de nuestra película. Darren y el médico vinieron acompañados por sus esposas, quienes se pasaron el día recogiendo las perlas de Denver y lanzando ideas para la creación de la película. Al final del día, yo los llevé de vuelta a su avión privado, y acordamos quedar como amigos y mantenernos en contacto, aunque la posibilidad de hacer negocio con ellos era muy limitada, puesto que en esos momentos yo estaba en un acuerdo de opción con otras personas. El médico sintió que yo necesitaba alguien que me protegiera las espaldas mientras nadaba en el tanque de tiburones de la industria cinematográfica, así que se ofreció para ayudarme en ese aspecto como regalo, lo cual yo acepté con agrado.

Hacia el final de mi segundo período de opción, el médico me presentó a un abogado amigo suyo que también había leído nuestro libro a insistencia de su esposa. Yo me estaba ahogando en medio de las facturas legales, con pocas esperanzas de conseguir un acuerdo. Ellos se ofrecieron a ayudarme para que llegara hasta la meta sin llevar el banco a la bancarrota con el pago de honorarios. En aquellos momentos me pareció una oración respondida. Al cabo de unas semanas, había escapado de nuevo de las garras de un estudio que no compartía mi visión.

Con mi pasión y mi persistencia todavía bien vivas, y mi paciencia arrastrándose detrás de ellas, oré y comencé a explorar ideas para crear una película independiente. Me había convencido de que aquel era el único camino que me permitía controlar su contenido.

Alrededor de aquel tiempo, me encontré la siguiente cita del director Adam Green: «Te gustará el fútbol, pero eso no significa que estés capacitado para jugar este juego. Lo mismo pasa con la creación de películas... Todo el mundo tiene una idea maravillosa para una película, ¿pero tienes la fortaleza necesaria para ser bueno en ese oficio y enfrentarte a lo doloroso que es?». Y yo añadiría: «¿Tienes los recursos económicos necesarios para batallar contra los gigantes?». He descubierto que la creación de las películas es un compromiso a tiempo absolutamente entero con un proyecto que no genera ingreso alguno hasta que llega el momento de las entradas y las palomitas de maíz. Y si sigues los informes acerca de este oficio, solo un pequeño porcentaje de las películas llegan a dar ganancias alguna vez. Es un negocio loco que hace que parezca fácil vender arte, y personalmente, yo sé lo difícil que es *eso*.

Al cabo de unas semanas, yo había escrito un guión cinematográfico de 157 páginas que creía que era un ganador. Mi amigo productor me informó cortésmente que era lo suficientemente largo para crear una miniserie, y que yo necesitaba ayuda. Sí me dijo que había logrado hallar el código para la voz de Denver, que en dos intentos anteriores no había logrado. Pero me sorprendió que me dijera que no había sabido acertar con el mío propio. Me sugirió que consiguiera un verdadero creador de guiones cinematográficos para que alisara los puntos difíciles y le diera un buen brillo a todo, y mientras lo hacía, introducirle algo de magia. Puesto que soy obstinado, durante los meses que siguieron escribí siete versiones más antes de alzar mi bandera blanca de rendición.

Entran en escena Michael Carney y Alex Foard, socios dedicados a la creación de guiones, que trabajan en Los Ángeles. Mi amigo abogado había informado a Michael acerca de nuestro proyecto, pero no estaba interesado en participar en un proyecto basado en la fe, porque estos proyectos muchas veces pueden ser el beso de muerte para los que aspiran a algo en Hollywood. Un día, él le estaba mencionando aquel dilema a su padre por teléfono, y todo cambió cuando mencionó el nombre de nuestro libro. ¡Lo que él no sabía era que su padre, que era pastor, había comprado cerca de cuatrocientos ejemplares de nuestros libros y los había distribuido entre los miembros de su iglesia y sus amigos de Hot Springs, Arkansas! Haciendo caso del consejo de su padre, él y Alex viajaron hasta Dallas.

—¿A quiénes se refiere esta historia? —fue la primera pregunta que me hizo.

—A Deborah y a Denver —le respondí—. Los dos están ya en el cielo. ¿Quién quedó aquí para contarla?

Mientras yo viajaba por todos Estados Unidos durante más de diez años para relatar nuestra historia, siempre le había dicho a mi público que había tenido el privilegio de ser testigo de esta gran historia. Pero, a decir verdad, yo solo era el relator de la historia de Deborah y de Denver. Mi guión cinematográfico original había sido escrito a partir de la voz de Denver, pero él ya no podía hablar por sí mismo. Michael y Alex me convencieron de que lo que se escribiera de nuevo debía partir de mi propia voz. Y así fue.

En el libro había numerosos personajes: amigos, parientes, voluntarios de la misión y gente de Dios (según Deborah) que le habían dado forma a nuestra historia, y yo quería incluirlos a todos ellos. Así fue como terminé con 157 páginas.

«¿Cuáles son los personajes que van impulsando la historia?», fue la pregunta que me hicieron una y otra vez cuando nos enfrentamos con la intimidación de la página. Earl, mi padre, y nuestra pobre relación no eran un tema central en el libro original, sino un tema que era prevalente en mi vida y en mi camino espiritual, que presentábamos en nuestro segundo libro. En nuestra reconciliación, el catalizador era Denver. Él fue quien me sugirió que rociara algo de Windex en un paño suave y limpiara mi espejo retrovisor, para que reflejara a un hombre que necesitaba perdonar a su padre. Michael y Alex me convencieron de que el público necesitaba ver lo importante que fue Denver, tanto en mi vida como en la de Deborah, e incluso en la de mi viejo padre racista. Ahora, después de haber visto esto representado en la película, veo la genialidad de ellos, al ver a Jon Voight, ganador de un Oscar, representar a Earl de una manera tan brillante, que cualquiera habría pensado que lo había robado de la tumba y le había dado nueva vida para representar su propio personaje.

Mientras tanto, la noticia sobre mis fracasos anteriores se propagó como si hubiera sido un fuego incontrolado en medio de los cardos rodadores del oeste de Texas. Mi teléfono sonaba continuamente con cineastas, tanto grandes como pequeños, que me ofrecían ideas sobre cómo llevar la historia a la pantalla grande. Puesto que yo ya había tomado demasiadas decisiones poco afortunadas, el médico y el abogado se ofrecieron a revisar esas llamadas, y yo acepté. Las cosas marchaban a las mil maravillas cuando nos reuníamos los tres para hablar sobre cómo tres cristianos sin experiencia alguna en el cine se podrían introducir en un negocio que no recibía demasiado bien a los que eran como nosotros.

Después de una serie de reveses financieros, yo estaba al borde de la quiebra. Ellos me propusieron que formáramos una sociedad que me cubriera a mí las espaldas y cubriera también mi escasez de dinero. Por cinco mil dólares les vendí dos tercios de los derechos de mi libro, my vida y de la película. Hay un viejo refrán de los vaqueros que dice que el buen juicio viene de la experiencia, y que gran parte de esa experiencia viene del mal juicio.

Un año después que yo firmara entregando mis derechos, mis nuevos amigos intentaron una adquisición hostil. Después de haber profesado mucho amor por mí, y preocupación porque yo estaba cometiendo un inmenso error, el médico y el abogado habían llegado después de orar a la decisión de permitir que yo me uniera a ellos en llevar la película en la dirección que ellos escogieran, lo cual incluía eliminar nuestro guión cinematográfico y despedir a Michael, Alex y Darren. Yo me quedé estupefacto, puesto que acababa de reunir más de tres millones de dólares procedentes de mis amigos para hacer la película que había soñado hacer. Mis socios no habían estado, ni seguían estando dispuestos a contribuir, o a levantar fondos para el proyecto, afirmando que no sería prudente el que ellos invirtieran su propio dinero, o el de sus amigos. No obstante, sí me ofrecieron comprarme, puesto que después de un año de conversaciones, habían llegado a comprender que nuestro proyecto era valioso. Yo me negué rotundamente, señalando enfáticamente que yo no estaba en venta, y que en realidad, se trataba de mi vida y de mi proyecto. Pensaban lo contrario y me pidieron que leyera el contrato que había firmado dándoles dos tercios del control. Después de varios días de oración y cualquier otra cosa que estuvieran haciendo, llegaron a mí con una oferta para venderme su parte por $525.000 pagaderos en efectivo dentro de los siguientes treinta días; de lo contrario, ellos tomarían el control de todo.

Con solo treinta días para pagar, me puse mis almohadillas para las rodillas y le quité el polvo a mi Maestría en Administración de Empresa. Lo primero que me vio a la mente fue sacar una hipoteca con el rancho, pero me di cuenta de que se lo había dado a mis hijos. Entonces, de la nada, se presentó en mi puerta un líder cristiano conduciendo un Bentley y trayendo consigo oro, incienso y mirra. Según él, su palabra era sólida, y él pagaría los $525.000 en el día señalado, a cambio de un diez por ciento de interés en las ganancias. (¡Como te dije anteriormente, la historia de la creación de esta película es casi tan interesante como la misma película!).

Muchos me han preguntado cómo es que un vendedor de arte supuestamente acaudalado no puede escribir un cheque por medio millón de dólares. La palabra que opera aquí es *supuestamente*. Cinco años antes, yo habría podido escribir ese cheque, aunque fuera muchas veces más grande, pero después de un ataque de mal juicio en cuanto a decisiones sobre inversiones, y un antiguo vendedor de arte ahora cumpliendo dieciocho años en prisión, los ahorros de mi vida habían desaparecido, convirtiéndose un montón de polvo.

Mi esposa Beth y yo nos sentíamos tan aliviados y seguros, que dos días antes que se tuviera que pagar el dinero, salimos a hacer un viaje por carretera desde Dallas hasta Charleston para visitar a su familia y explorar lugares para tomas de la película a lo largo del camino. Sobre todo, yo quería que ella viera la plantación de Luisiana donde Denver había recogido algodón para «da Man». Yo no había vuelto a ir allí en varios años, y me entristeció ver que las casas de Denver y de Hershalee habían sido quemadas sin que quedara nada de ellas. Hubo un tiempo en que tuve la idea de comprarlas y convertirlas en sitios históricos para sus seguidores, pero aquel sueño se había esfumado en medio de las llamas.

Nosotros le hablábamos a diario a nuestro nuevo socio y, por supuesto, todo parecía marchar bien para aquel hombre, cuya palabra se nos antojaba como de oro. En el día final en que yo perdería el control de todo si no se pagaba el dinero, nuestro salvador simplemente se evaporó con Bentley y todo, sin decir ni siquiera un «lo siento», ni siquiera tener la cortesía de responder a su teléfono. Beth y yo nos quedamos sentados en el auto en el estacionamiento de la Plantación Dunleith, en Natchez, Misisipí, en medio de esa especie de sacudida muda que desafía toda descripción más amplia. Teníamos una hora para que se produjera un milagro. Yo llamé a mi banco, tomé $200,000 de la cuenta de ahorros de mi madre de noventa y dos años de edad, para enviárselos electrónicamente a mis socios como ofrecimiento no reembolsable con el fin de que me dieran una extensión de cinco días para entregarles el resto del dinero. Me siento agradecido de que ellos aceptaran aquello. Entonces Beth me sugirió que llamara a un amigo que había prometido invertir en nuestra película, y le pidiera el dinero. Yo marqué su número, sin esperar jamás que me fuera a responder, y mucho menos sacarme del apuro, pero su respuesta inmediata fue: «Gracias por haberme llamado, y voy a hacer cuanto le sea necesario para recuperar el control de la historia de Debbie y de Denver». Su palabra sí fue de oro, a diferencia del oro falso que se nos había prometido antes. Beth me recordó que nuestro amigo Denver siempre me decía que si el diablo no lo está molestando a uno, es porque ya lo tiene atrapado. El diablo nos ha llevado al infierno y nos ha vuelto a traer, pero Dios nos ha salvado. Aquel dinero no era para la película en sí, pero eran los fondos necesarios para que yo volviera a tomar el control de mi propia historia. Aún había una batalla por delante, pero aquel alivio fue indescriptible. Estaba más decidido que nunca a hacer una película inspiradora y narrar la historia que quería narrar.

Mi primera llamada fue para invitar a Michael a ser el director, y para que Michael, Alex y Darren fueran mis socios de producción, junto conmigo. Un problema: todos teníamos que trabajar sin paga hasta que las cámaras comenzaran a rodar. Todos estuvimos de acuerdo, porque todos ya habíamos trabajado durante más de un año sin recibir dinero para nuestros gastos, o cheque alguno, y Denver solía decir: «¡El hambre lleva al hombre a trabajar aunque no tenga un auto!».

Ya estaba llegando el final del día. Beth y yo seguíamos allí sentados en nuestro auto, en el mismo estacionamiento de la plantación de Natchez, en conflicto entre la euforia y el agotamiento. Cuando discutimos si debíamos o no irnos a un hotel y gastarnos $170 en una noche, el agotamiento ganó la partida, y nos fuimos al hotel.

Cuando sacamos nuestro equipaje del auto y lo llevamos a la habitación, una atractiva pareja de mediana edad entró en una moto Harley y se estacionó junto a nosotros. Yo le pregunté de broma a Beth si tendríamos una Harley en nuestro futuro, y ella me miró como si yo hubiera sufrido algún daño al cerebro debido a la montaña rusa de emociones en que nos habíamos pasado el día entero.

Aquella misma noche, más tarde, nos sentamos en una mesa elevada en la histórica Bowie's Tavern, con vista al río Misisipí. Estábamos disfrutando de una copa de vino y analizando cómo nos habíamos metido en semejante enredo, y dónde íbamos a ir desde donde estábamos, cuando el Sr. y la Sra. Motocicleta se sentaron en la mesa que estaba al lado de la nuestra. Después de cerca de una hora, la esposa se levantó para ir al baño y yo me incliné hacia él de una forma amistosa al estilo sureño, para decirle que su moto parecía una buena diversión.

Él se rio y me preguntó:

—¿De dónde son ustedes?

—De Dallas.

—¿Y qué están haciendo en Natchez?

—Explorando lugares para filmar una película.

—¿Cuál es el nombre de su película?

—*Uno tan diferente como yo.*

—No puede ser —me contestó con una gran sonrisa—. ¡Ese es el libro favorito de mi esposa y mío!

—Yo soy el autor —le dije, al mismo tiempo que su esposa llegaba de regreso a la mesa.

—¡Mi amor, este señor es el autor de *Uno tan diferente como yo*!

—¿Y de *What Difference Do It Make*? —añadió ella de inmediato.

—Al parecer, ustedes han leído los dos libros —les dije, aceptando su agradable elogio.

—Vengan y únanse a nosotros en nuestra mesa. Yo soy David Landrum y esta es mi esposa, Jill. Somos de Jackson.

Nosotros nos pasamos a su mesa, y Dios tomó el control de todo. David procedió a decirme que uno de sus buenos amigos de Jackson era uno de nuestros mayores entusiastas.

—¿Stephen Johnston? —le pregunté.

—Por supuesto. ¿Cómo lo supo? —me contestó David.

—Esta tarde yo estaba hablando con Darren Moorman, uno de nuestros productores, y él me dijo que si estábamos cerca de Jackson, debíamos tratar de reunirnos con él. Darren se había sentado cerca de uno de sus empleados, que estaba leyendo nuestro libro en un avión, hace un par de años, y le había escuchado decir lo mismo acerca de Stephen, pero no lo había conocido personalmente.

David nos dijo entonces que él y Stephen supieron que nosotros estábamos haciendo una película, y recientemente habían llamado a mis socios (ahora exsocios) para hablar acerca de hacer una inversión. Según Stephen, mis socios fueron cortantes con él, y no mostraron interés en él ni en su dinero, de manera que habían olvidado el asunto. Y sin embargo, aquí estábamos nosotros, que de alguna manera habíamos tropezado con ellos. Deborah y Denver habrían dicho que la mano de Dios nos estaba guiando de una manera muy clara.

—¿Así que usted aún sigue con la idea de hacer una película?

—¡Por supuesto!

—¿Qué necesita?

—¡Dinero!

—¿Cuánto?

—Estoy tratando de conseguir otros cinco millones. ¿Aún siguen ustedes interesados? —le pregunté haciendo un guiño.

—Probablemente. Llamemos a Stephen por teléfono —me contestó mientras llamaba a su celular. Yo me quedé allí sentado en estado de shock.

David procedió a vendernos la idea de que filmáramos en Misisipí. Incluso llegó a prometernos que si filmábamos allí, él y Stephen conseguirían en Jackson los cinco millones. ¡Las cosas se estaban moviendo a mayor velocidad en la Bowie's Tavern que en los últimos siete años! David nos prometió una reunión con el Gobernador Phil Bryant y con Stephen Johnston, posibles inversores, y con la comisión de cine, para el lunes siguiente.

Por loco que esto parezca, una hora después de pasarnos a la mesa de David y Jill estábamos cerrando un trato verbal sobre una película que se filmaría en Misisispí.

La noche aún era joven. David y Jill querían escuchar historias sobre Denver, así que durante las dos horas siguientes, los entretuve con historias de su héroe. Yo compartí con ellos un número incalculable de fotos de Denver, de Deborah, de nuestra familia y de otros héroes de nuestro libro que tenía guardadas en mi teléfono celular para noches como aquella. Ellos tenían planes de llegarse a Fort Worth para conocerlo en la misión, y les entristeció enterarse de que no tendrían ya la oportunidad de hacerlo.

El cantinero dijo que el bar se iba a cerrar y nos trajo una última copa. Brindamos con una copa de Cabernet y yo comencé a compartir el increíble relato de cómo unas pocas horas antes, nosotros habíamos estado en un barco que naufragaba en el estacionamiento, antes que Dios nos salvara. Él no solo nos salvó, sino que nos llevó a la Bowie's Tavern, junto a David y Jill Landrum, quienes nos hablaron de cómo nuestros libros habían transformado sus vidas. Y ahora, la apuesta pareja de motociclistas que se estacionó junto a nosotros aquella tarde estaba a punto de cambiar la nuestra. Dios obra de maneras que parecen locas.

A medianoche, cuando volvimos caminando hasta nuestras habitaciones, David dijo:

—¡Oh, casi se me olvida! Yo les quería preguntar qué le sucedió al amigo de Denver, ya saben, ¿el hombre blanco que vendía obras de arte?

¿Estaría hablando en serio?, me pregunté, pero era evidente que sí. Con una traviesa sonrisa, le respondí:

—Nadie me ha hecho antes esa pregunta, pero te voy a contar un pequeño secreto... ¡Has estado hablando con él toda la noche!

Una semana más tarde, tal como nos habían prometido, nos reunimos en Jackson con el Gobernador Stephen Johnston y con la comisión de cine. Para mediados de julio ya teníamos compromisos por cerca de diez millones de dólares. Nos reunimos en Los Ángeles con la agencia Creative Artists y comenzamos nuestra búsqueda de talentos. A mediados de agosto, ya teníamos un acuerdo verbal con Mary Parent y con la Paramount. Fijamos el 27 de octubre de 2014 como el día en que comenzaríamos la fotografía principal.

Djimon Hounsou, nominado dos veces para el premio Oscar, fue el primer miembro del elenco en comprometerse, a principios de agosto de 2014. Dos semanas más tarde, Jon Voight, ganador de un Oscar, se unió al grupo para hacer el papel de mi padre. A principios de septiembre, Greg Kinnear leyó nuestro guión cinematográfico y pidió una reunión en Nueva York. Salimos de ella con un acuerdo verbal y una necesidad urgente de tener una primera actriz. Faltaban cinco semanas para que las cámaras comenzaran a filmar en Jackson, y nosotros estábamos de rodillas, pidiendo que Renée Zellweger, ganadora de un Oscar, nos diera su aceptación. Las dos semanas siguientes, en las cuales no dormimos, me parecieron dos años en que había estado viendo mi correspondencia electrónica y verificando mi teléfono celular virtualmente cada minuto, orando para que pudiera aparecer en la pantalla un RZ. Finalmente, Dios contestó nuestras oraciones y tuvimos completo nuestro elenco principal. Como gratificación, Dios nos bendijo con Olivia Holt, la joven estrella de Disney, quien firmó con nosotros para actuar por vez primera en las películas, haciendo el papel de mi hija Regan.

Cuatro meses después de reunirnos con David y Jill en Natchez, Beth y yo nos mudamos a Jackson para comenzar la preproducción. La terminamos el 10 de diciembre de 2014. Toda la gloria le sea dada a Dios. Ahora, como cuando Denver me exhortó a poner nuestro libro en las manos de Dios, vamos a hacerlo de nuevo. ¡Dios mío, la película es toda tuya!

Todo el mundo puede ayudar a alguien

El martes después del Día del Trabajo, estábamos en el sitio en Misisipí, en busca de lugares que teníamos la esperanza de que tuvieran un fuerte parecido a los lugares donde se produjeron realmente los sucesos que aparecen en el libro. Una plantación con los campos de algodón listos para ser recogidos estaba en un lugar destacado de la lista, como lo estaba una cabaña de esclavos semejante a la de Big Mama, una mansión para Ron y Deborah y una selva de vagabundos para Denver. Sí, ya sé que es triste, pero es cierto. Por supuesto, también teníamos que encontrar una misión a los indigentes en una fuerte necesidad de mejoras. Lamentablemente, hay una de ellas en casi todas las ciudades de Estados Unidos.

Nuestro equipo se reunió en el centro de la ciudad de Jackson en una ardiente mañana de septiembre, mientras el vapor del calor subía desde la resquebrajada acera que estaba afuera de la oficina del alcalde. Jason Goree, uno de los jóvenes asistentes del alcalde, estaba emocionado con el proyecto de nuestra filmación, y tenía un ardiente deseo de marcar una diferencia en la ciudad de Jackson. Nos había expresado su esperanza de que nuestra película fuera el catalizador que él había estado esperando. Jason se sentó delante, a la derecha del conductor, en el carro que iba al frente de nuestra caravana, y señaló el camino la calle Farish, al oeste del centro de la ciudad. La calle Farish es significativa en la historia de Jackson por dos motivos: la música de los *blues,* tal como la hemos llegado a conocer, fue tocada allí por vez primera (aunque en Memphis hay quienes discuten ese punto), y es el lugar que escogió Medgar Evers para establecer su oficina de la Asociación Nacional para el Avance de las Personas de Color en 1954. Dicha oficina se convirtió en la sede central de los movimientos pro derechos civiles en el Sur.

Al cabo de un par de minutos estábamos avanzando lentamente junto a edificios de ladrillo quemados y dilapidados que en su tiempo fueran el orgulloso centro social y cultural de los Afroamericanos sureños... antes de la década de 1960. Ahora, estas tristes reliquias estaban repletas de botellas de vino vacías, latas de cerveza y montañas de basura procedente de aquellos que aún habitaban estas pocas cuadras de estructuras inhabitables.

Jason señaló una diminuta placa clavada a un poste de teléfono cubierto por enredaderas y situado a la entrada de una estructura de vidrios rotos, con el techo caído y repleta de pintadas. La pestilencia de la orina depositada hacía poco sobre pequeños montones de ropas desechadas y basura brotaba desde todas las grietas. «Esa es la oficina de Medgar Evers», nos informó con una mirada de bochorno o de profunda tristeza; probablemente ambas cosas. No hacían falta lentes de diseño de alta definición, de los que usaban la mayoría de los miembros de nuestro equipo, que estaban allí pasmados, para ver que era necesario hacer algo para conservar este sitio histórico y honrar a un héroe y mártir de Estados Unidos. Aunque este edificio y Medgar Evers en particular no formaran parte de nuestra historia, nos seguirán persiguiendo hasta que las cosas se hagan bien.

Íbamos rodando junto a unas estructuras en decadencia que había en la cuadra siguiente, cuando William O. Hunter, nuestro diseñador de producción, gritó: «¡PARA!» en un tono tan alto que yo creí que estábamos a punto de atropellar a un niño que corría tras una bola hacia la calle. «Eso mismo es», dijo, seguro de que habíamos encontrado el lugar de nuestra misión. Mientras nosotros permanecíamos en medio de la calle Farish, boquiabiertos como turistas que hubieran visto a una estrella del cine, Stephen Cook, el pastor y director de la misión, se nos acercó con curiosidad, porque nunca había visto tanta conmoción un lunes por la mañana en todos los años que llevaba en ese vecindario.

El Pastor Cook nos invitó a entrar para enseñarnos el centro comunitario y misión diurna de su iglesia, que les distribuía emparedados y ropa a los indigentes y casi indigentes que se presentaban allí diariamente. Mientras estaba en aquel oscuro vestíbulo, me llamó la atención ver que esta misión era casi idéntica a la de Fort Worth donde comenzó nuestra historia en el año 1998. Las paredes de bloque y los pisos de baldosas de alquitrán estaban limpios, pero la oscuridad no podía esconder el hecho de que la misión necesitaba unas reparaciones con desesperada urgencia. El calor que había dentro era sofocante, y la temperatura era casi idéntica a la temperatura de tres dígitos que había en el exterior. Lamentablemente, no tenían dinero para pagar la electricidad que se necesitaba para tener aire acondicionado y luces.

El Pastor Cook y su congregación habían estado orando y pidiéndole ayuda a la ciudad durante más de veinte años. De hecho, él nos dijo que hacía veintiocho años que los líderes de la ciudad les habían asegurado que la ayuda estaba en camino. Pero mientras yo estaba allí, me di cuenta de que después que había pasado tanto tiempo, era probable que la congregación creyera que era más posible que un tornado azotara la misión, que el que llegara finalmente aquella ayuda. Según el Pastor Cook, hacía varios años que la ciudad les había pagado unos pocos millones de dólares a algunos promotores para que le devolvieran la vitalidad a la calle Farish, pero esos promotores habían tomado la mayor parte del dinero para ir a gastarlo en otros lugares, incluyendo unos condominios frente a las playas para ellos mismos, según rumores. Así que la calle Farish seguía en ruinas.

Casi al final de nuestra visita a la misión, Michael Carney, el director, le preguntó a nuestro equipo: «¿Qué habría hecho Debbie?». Cuando miramos a nuestro alrededor y nos miramos unos a otros, se nos hizo evidente que Michael acababa de lanzar una idea destinada a reunir la película con la filantropía.

Las producciones de películas, limitadas por sus presupuestos, siempre usan humo y espejos para filmar una escena, y después limpian el desorden, pagan una cantidad irrisoria por el uso del local y salen corriendo de la ciudad. Nosotros como equipo vimos una necesidad en aquella comunidad, y entendimos que el humo y los espejos nunca nos podrían aliviar la conciencia si le volvíamos las espaldas al problema. El pastor se quedó sorprendido cuando le propusimos remodelar su misión y añadirle una nueva cocina comercial, sueño por el cual su congregación había estado orando, aunque en realidad nunca creyera que llegaría a suceder, a menos que ocurriera un milagro.

Por supuesto, el Pastor Cook estaba a favor, pero las decisiones de darles libertad a unos desaliñados productores de película con camiseta negra para desordenar y echar abajo cosas en su misión con la esperanza de repararla necesitaban los votos de aprobación de la junta de ancianos y la congregación.

El sábado siguiente, cinco días más tarde, regresamos a la misión en una mañana típicamente calurosa y húmeda de Misisipí para reunirnos con la junta y formalizar nuestro ofrecimiento. Sinceramente, estábamos esperando que nos elogiaran como salvadores, pero nos encontramos en cambio con ocho miembros muy escépticos y con cara de piedra cuyos recuerdos se remontaban mucho más allá de los veintiocho años que habían estado esperando la ayuda. ¿Por qué les habrían de confiar el futuro de su misión a unos pocos personales tipo

Hollywood que hablaban rápido y acababan de llegar a la ciudad, sin referencia alguna, ni créditos en sus páginas de Internet Movie Database? Ciertamente, lo que ellos sí sabían era que veintiocho años de promesas por parte de la ciudad de Jackson solo habían producido frustración, escepticismo y desconfianza. Tal vez recordaran que el Presidente Lincoln había prometido unas libertades que se habían tardado cerca de cien años para alcanzar a Jackson, Misisipí. O quizá vieran una misión (con necesidades, pero aún en funcionamiento), destruida por los miembros de un equipo cinematográfico fuertemente tatuados que desaparecerían pronto en medio de una nube de polvo, y una caravana de camiones que se dirigiría hacia el oeste, de vuelta a Hollywood. Estoy seguro de que al menos un miembro de la junta había visto las imágenes de lo que es un director de cine, con el altavoz junto a los labios, gritando: «¡Hemos terminado!» y se preguntaba quién se quedaría en Jackson para ver que se cumpliera lo prometido. Con todo el entusiasmo que yo tenía por el proyecto, no fui capaz de ver que otros que nunca habían oído hablar de Debbie y Ron Hall, o de Denver Moore, podrían no compartir mi visión. Cuando Denver distribuía dinero en las calles, me decía que se sentía como Papá Noel. Me imagino que yo me sentía igual aquel sábado por la mañana cuando me enfrenté a la junta de ancianos. Y si alguno de ellos estaba pensando lo mismo, puedo ver lo difícil que les sería confiar en un hombre delgado de cara astuta con un traje a rayas de hombre de negocios, ofreciendo un trineo lleno de golosinas solo por la bondad de su corazón.

Salimos de la reunión sin tener la seguridad de que los ancianos nos creían. Ciertamente, la congregación quería grandes mejoras, una cocina comercial y el embellecimiento del local, ¿pero estaría dispuesta a confiar en que Papá Noel cumpliría lo que había prometido?

Pasaron las semanas. Nuestro calendario de producción había sido fijado y nos enfrentábamos a fechas límite para asegurar los lugares. Teníamos nuestra plantación y los campos de algodón. Teníamos la mansión de Ron y Debbie, mucho mejor que todas las mansiones en las que vivimos. Teníamos la casa de Big Mama y una ciénaga con cipreses para un bautismo. Teníamos un club de campo y una selva de indigentes. La misión era lo único que nos faltaba. Las cosas habían dado una vuelta extraña, y nos encontrábamos necesitados de un milagro, porque íbamos a comenzar a filmar al día siguiente.

Nos reunimos de nuevo con el anciano Herbert Terry, el Pastor Cook y el abogado de ellos para suplicarles que tuvieran fe. ¡El anciano Terry expresó francamente que toda la iglesia tenía mucha fe en Dios, pero que todos los demás tendrían que pagar en efectivo! Los fondos que les debíamos dar de acuerdo a lo prometido no estaban en nuestro presupuesto firmemente controlado, y los tendríamos que conseguir de forma privada entre los parientes y los amigos. Como equipo, teníamos la fe de que hasta el último centavo necesario para cumplir nuestra promesa sería conseguido a tiempo. Horas más tarde, salimos de la reunión con un acuerdo firmado que comprendía algún dinero en efectivo (la única cosa que levanta el nivel de comodidad) y ciertas garantías personales. Nuestros equipos de trabajo comenzaron a trabajar en cuestión de horas.

Mientras los camiones y el equipo iban llegando, los miembros del personal examinaban ansiosos con los ojos bien abiertos el infame vecindario donde trabajarían día y noche durante las siguientes semanas. Alrededor de la misión se extendían por varias cuadras los restos de muchas casas pequeñas, abandonadas y quemadas, además de unas cuantas casuchas donde vivía gente. Unos perros *pitbull* muertos de hambre, maltratados y atados a largas cadenas, añadían las únicas señales de vida que se veían durante las horas de luz.

A la mañana siguiente, se corrió la voz en nuestro campamento base de los Estudios de Cine de Canton, Misisipí, acerca de las condiciones deplorables en que se hallaba el vecindario. Aquellos de nosotros que negociamos el trato estábamos muy conscientes de la situación, pero me imagino que no le habíamos pasado toda esa información al resto del personal. No obstante, yo no me sentía preocupado, puesto que se trataba de grupos de construcción para las películas muy expertos, mayormente de Nueva Orleans, que habían construido escenarios en condiciones sumamente peligrosas después del huracán Katrina. Y si ves suficientes películas, sabrás que muy pocas presentan vecindarios de cuentos de hada, al estilo de Beaver Cleaver. Así que esos equipos de constructores habían visto más de lo que les correspondía en cuanto a ciudades con vecindarios repletos de pandillas. La calle Farish era de esa clase de vecindarios. Pero aunque ellos estaban preparados para los posibles peligros, no estaban preparados para ver los maltratos tan extendidos que sufrían unos inocentes perros, forzados a hacer labor de esclavos para proteger a aquellos que llamaban hogar a aquel vecindario infernal.

Muchos miembros del personal compraban comida y, después de calcular la longitud de las cadenas, se la echaban a aquellos perros muertos de hambre. Mary Parent, nuestra jefa de producción, se hallaba entre aquellos que hacían parte de su rutina diaria el mostrarles un poco de amor, aunque fuera a la distancia, a aquellos desnutridos *pitbulls*. Finalmente, su bondad le ganó el corazón de su perro favorito y con el ofrecimiento de una cantidad de dinero digna de un campeón del Westminster Kennel Club, se convirtió en su nueva dueña. Y en un cuento de libro de historias, digno de otra película, el perro maltratado y golpeado por la pobreza se convirtió en el sapo que besó la princesa y se convirtió en príncipe. Unos cuantos días después de recibir su corona, el príncipe subió a un avión jet y, después de despedirse de Jackson, Misisipí, y de la pobreza, fue a aterrizar en Beverly Hills. En la actualidad está viviendo una vida regalada, semejante a la de otras estrellas que se llaman *Pitbull*.

Ahora bien, con tantos perros del vecindario recibiendo una renovación, la próxima en la fila para recibir la suya era la misión, tal como habíamos prometido. Darren Moorman, Stephen Johnston y yo, todos productores de la película, establecimos una fundación de caridad que tomó su nombre de nuestro libro infantil, *Everybody Can Help Somebody* [Todo el mundo puede ayudar a alguien]. Yo envié fotos de la misión e hice llamadas a amigos de Texas, que habían sido los primeros en contribuir a la edificación de la misión soñada por Deborah en Fort Worth. Una de las mejores amigas de Deborah, que había echado a andar todo después de la muerte de ella en el año 2000, respondió con un cheque por 150.000 dólares. En cuestión de días, nuestros amigos de Texas habían respondido con miles más. Cuando estábamos transformando la misión para la película, también se le estaban haciendo mejoras sustanciales. Unos pocos meses después que Michael Carney proclamara que la película «SE HABÍA TERMINADO» en el escenario de la misión, se les presentó una hermosa propiedad nueva a los ciudadanos de la calle Farish, en Jackson.

Con todas las buenas noticias que debemos dar, aún queda mucho trabajo por hacer en ese vecindario y en otros como él, tanto en mi ciudad como en la tuya. La oficina de Medgar Evers me sigue obsesionando. Nosotros tenemos la esperanza de que nuestra película te inspire a asociarte con nosotros para arreglarla. En una de las escenas finales de la película, se ve a Julio Larraz pintando un paisaje grande y hermoso de la costa italiana. Después de oír y ver lo que teníamos planificado para la misión, él donó esa pintura, con un valor de 130.000 dólares para que se vendiera, y el producto fuera puesto en la Fundación *Everybody Can Help Somebody* con el fin de continuar la obra de cambiar a Estados Unidos, misión tras misión. Te ruego que te unas a nosotros en ese esfuerzo. Aquí tienes un enlace para donar fondos a nuestro portal en la web: www.samekindofdifferentasme.com.

Reconocimientos

En primer lugar, quiero alabar a Dios por su bondad, su misericordia y por velar por mí y proteger su historia a través de las numerosas pruebas y tribulaciones que supuso el llevarla a la pantalla grande. Gracias también a Chris Bancroft, quien intervino para salvar nuestro proyecto en el último minuto hace ya dos años, cuando parecía que no había esperanza y que todo estaba perdido. Y mi gratitud en especial a mi esposa, Beth, quien me animó a mantener viva la fe a lo largo de ese oscuro período y visualizó un final perfecto, hacia el cual me fue llevando.

Les quiero dar las gracias a Michael Carney y Alex Foard, quienes escribieron en conjunto conmigo el guión de la película y después ayudaron a producirla, guiarla y dirigirla.

Mi gratitud a David Landrum, al Gobernador Phil Bryant y al estado de Misisipí, por hacer que sucedieran cosas que parecían imposibles de una manera tal que anima a los creyentes y lleva a otros a la fe. Mi gratitud a los buenos amigos que creyeron en el poder transformador de nuestra historia e invirtieron millones en nuestra película. Y por último, mi profunda gratitud a los productores, Mary Parent, Darren Moorman, Stephen Johnston, Cale Boyter y la Paramount, quienes se asociaron con nosotros, usando de un talento increíble para hacer una película mucho mejor de lo que yo nunca hubiera llegado a pensar que sería.